가장 쉬운 독학

알고리즘 첫걸음

파이썬편

코딩 테스트에 대비하는 25가지 기초 알고리즘과 최적화

가장 쉬운 독학 알고리즘 첫걸음 – 파이썬편

1판 1쇄 인쇄 | 2022년 4월 26일
1판 1쇄 발행 | 2022년 5월 13일

지은이 | 마스이 도시카츠
옮긴이 | 박광수(아크몬드)
발행인 | 김태웅
기획편집 | 이중민
교정교열 | 박지영
디자인 | nuːn
마케팅 총괄 | 나재승
마케팅 | 서재욱, 김귀찬, 오승수, 조경현, 김성준
온라인 마케팅 | 김철영, 장혜선, 최윤선, 변혜경
인터넷 관리 | 김상규
제 작 | 현대순
총 무 | 윤선미, 안서현, 지이슬
관 리 | 김훈희, 이국희, 김승훈, 최국호

발행처 | (주)동양북스
등 록 | 제2014-000055호
주 소 | 서울시 마포구 동교로 22길 14 (04030)
구입 문의 | 전화 (02)337-1737 팩스 (02)334-6624
내용 문의 | 전화 (02)337-1734 이메일 dybooks2@gmail.com
ISBN 979-11-5768-805-0 93000

Pythonではじめるアルゴリズム入門——伝統的なアルゴリズムで学ぶ定石と計算量
(Python de hajimeru algorithm Nyumon:6323-9)
ⓒ2020 Toshikatsu Masui
Original Japanese edition published by SHOEISHA Co.,Ltd.
Korean translation rights arranged with SHOEISHA Co.,Ltd. through Botong Agency.
Korean translation copyright ⓒ 2022 by Dongyang Books Co.

가장 쉬운
독학
IT 첫걸음

가장
쉬운
독학

마스이 도시카츠 지음
박광수(아크몬드) 옮김

코딩 테스트에 대비하는 25가지 기초 알고리즘과 최적화

알고리즘
첫걸음 파이썬편

동양북스　SE SHOEISHA

〔 지은이 · 옮긴이 소개 〕

지은이 마스이 도시카츠(Masui Toshikatsu)

마스이 기술사 사무소 대표. 정보 공학 부문 기술사이며 정보 처리 기술자 시험에도 다수 합격했습니다. 비즈니스 수학 검정 1급에 합격하고 공익 재단 법인 일본 수학 검정 협회 인정 트레이너로도 활동 중입니다. 비즈니스와 수학 그리고 IT를 조합하여 컴퓨터를 효율적으로 사용하기 위한 지원 및 각종 소프트웨어 개발, 데이터 분석 등을 실시하고 있습니다. 저서로는『그림으로 배우는 프로그래밍 구조』,『그림으로 배우는 보안 구조』,『프로그래밍 언어 도감』(이상 영진닷컴),『잠자는 코딩 브레인을 깨우는 알고리즘 퍼즐 69』,『코딩의 수학적 기초를 다지는 알고리즘 퍼즐 68』(이상 프리렉),『이토록 쉬운 딥러닝을 위한 기초 수학 with 파이썬』(루비페이퍼),『IT용어 도감』(성안당) 등이 있습니다.

URL https://masuipeo.com

옮긴이 박광수(아크몬드)

박광수라는 이름보다 '아크몬드'라는 필명으로 더 잘 알려진 블로거입니다. 2004년부터 지금까지 최신 윈도우 정보를 꾸준히 나누고 있습니다. 지금까지 7회 마이크로소프트 MVP(윈도우 부문)를 수상하기도 했습니다. 마이크로소프트 365, 애저(Azure) 등 마이크로소프트의 최신 기술에 열광합니다. 심리학에 관심이 많으며 현재 일본에서 개발자로 일하면서 딥러닝에 많은 관심을 두고 있습니다.

지은 책으로는『윈도우 10 마스터북』, 옮긴 책으로는『만들면서 배우는 파이토치 딥러닝』,『파이썬으로 배우는 딥러닝 교과서』,『파이썬으로 배우는 머신러닝의 교과서』,『처음 배우는 딥러닝 수학』(이상 한빛미디어),『가장 쉬운 독학 알고리즘 첫걸음: C&자바편』,『캐글 가이드』(이상 동양북스) 등이 있습니다.

프로그래밍+알고리즘을 동시에 정복하기

이 책은 전통적인 알고리즘을 배우는 책이자 파이썬 프로그래밍의 입문서입니다. 대학교의 컴퓨터공학에서 알고리즘 수업을 진행하는 느낌으로 내용을 전개합니다. 순서도를 그리며 알고리즘을 살펴본 뒤 파이썬 소스 코드로 구현합니다. 소재나 난도가 균형 잡혀 있으므로 도중에 흥미를 잃지 않고 이어나갈 수 있습니다. 이 책의 장점은 같은 문제를 여러 가지 방식으로 해결할 수 있을 때, 어떤 방식을 선택하느냐에 따라 코드의 길이와 시간 복잡도가 크게 달라짐을 명쾌하게 보여준다는 점입니다. 더 나은 알고리즘을 찾기 위한 노력이 중요하다는 것을 알려줍니다.

변하지 않는 것

2022년의 첫 책입니다. 2020년부터 이어진 코로나 시국이 여전히 가라앉을 기미를 보이지 않고, 세계 정세가 크게 변하는 요즘입니다. 올해 초에는 새 직장에 들어왔습니다. 한국과 마찬가지로 이곳에서도 기초 지식이 매우 중요합니다. 새로운 프로그래밍 언어나 개발 도구에 적응해야 하므로 변화가 많지만, 알고리즘과 같은 기본 개념은 배신하지 않고 저를 든든히 지켜줍니다. 새로운 곳에서도 '나다움'을 잃지 않도록 여유를 가지고 기술 공부를 계속할 생각입니다. 번역의 기회를 주신 이중민 님, 원고를 보완하느라 고생한 박지영 님, 사랑하는 아내 쓰카모토 유이(塚本 唯) 님께 감사드립니다.

2022년 5월
박광수(아크몬드)

블로그를 작성할 때 '검색 결과 상위에 노출되는 알고리즘'을 신경 쓰는 것은 당연한 일이 되었습니다. 의료 업계에서도 '치료 알고리즘' 등의 단어를 사용하게 되었습니다. 이처럼 IT 업계에 한정하지 않고 일반인도 '알고리즘'이라는 말을 접할 기회가 늘고 있습니다.

원래 알고리즘은 '문제를 해결하는 절차와 계산 방법'을 가리키는 단어입니다. 산법算法이라고도 하는데, 답을 구할 때의 절차를 구체적이면서도 명확하게 나타낸 것입니다. 적절한 알고리즘으로 절차에 따라 작업하면 누구나 동일한 답을 얻을 수 있습니다.

그러나 프로그래밍의 경우에는 컴퓨터를 사용해 문제를 해결하는 절차 또는 해당 프로그램의 구현을 가리키는 말로 쓰입니다. 동일한 답을 얻을 수 있는 여러 가지 해법이 있을 때, 효율적으로 처리할 방법을 찾으려면 알고리즘에 따른 사고방식이 필요합니다. 컴퓨터는 대량의 단순 계산을 빠르게 처리할 수 있지만 처리 절차를 조금만 바꿔도 처리 시간을 대폭 단축할 수 있기 때문입니다.

이 책에서는 잘 알려진 기본적인 알고리즘을 최근 널리 쓰이는 프로그래밍 언어인 파이썬Python으로 설명합니다. 파이썬 프로그래밍을 배우고 싶지만 어디서부터 손을 대면 좋을지 모르겠거나, 과거에 파이썬 기반 알고리즘을 배우려고 했지만 자료가 적었거나, 정보 처리 시험에 파이썬 문제가 나와 학습하려는 경우 등을 상정하여 진행합니다. 또한, 프로그래머이지만 알고리즘 지식이 부족한 분이나, 편리한 라이브러리를 사용하지만 내부에서 어떻게 처리하는지 알고 싶은 분께도 추천합니다.

실무에 적용할 알고리즘이 필요하다면?

실무에서는 이미 준비된 라이브러리를 사용하므로, 교과서에 실리는 기본적인 알고리즘을 직접 사용하는 일은 거의 없습니다. 하지만 기본적인 알고리즘을 배우고 스스로 구현해 프로그래밍 언어에 익숙해진다는 측면에서 기본 알고리즘을 배우는 의미가 있습니다.

변수나 배열, 반복이나 조건 분기 등 프로그래밍의 기초 요소가 기본적인 알고리즘에 가득 차 있습니다. 아울러 자료구조를 익히면 더 나은 구현을 할 수 있습니다.

알고리즘에는 문제 해결의 본질이 담겨 있습니다. 실제 업무에서 알고리즘을 그대로 사용할 일은 거의 없지만 알고리즘의 사고방식을 아는 것과 모르는 것은 응용력에서 큰 차이가 있습니다.

여러 구현 방식을 비교해보면, 프로그램의 설계에 따라 처리 속도가 크게 바뀌는 것을 확인할 수 있습니다. 즉, 어떤 알고리즘을 선택하는지가 중요합니다. 데이터양이 적을 때는 느린 알고리즘으로도 문제가 없지만 데이터양이 증가했을 때 처리에 많은 시간이 걸리면 알고리즘의 중요성을 깨닫게 됩니다. 이런 '복잡도'의 개념이 들어간 알고리즘의 지식은 필수입니다.

알고리즘 학습 방법

알고리즘을 배울 때는 더 좋은 방법이 없을지 항상 생각하는 습관을 기르세요. '일단 구현해보자'고 생각하는 것이 아니라, 어떻게 하면 더 간단히 구현할 수 있을지, 처리 속도를 올릴 수 있을지를 생각하는 습관이 몸에 배면, 단순히 복사해 실행하는 것 이상을 얻게 됩니다.

이 책으로 알고리즘을 배울 때도 소스 코드를 복사해 붙여넣어 제대로 작동하는지 확인하는 독자가 있을 겁니다. 그것도 하나의 방법이지만 직접 입력해보기를 권장합니다. '원본을 그대로 베끼는' 것이기는 하지만 프로그래밍을 배우려면 직접 손으로 입력해보는 것이 효과적입니다.

원본을 그대로 베끼더라도 일단 스스로 입력해 실행해보세요. 오타가 발생해 작동하지 않을 수도 있지만 그때 표시되는 오류 메시지를 읽고 해결해보는 것이 프로그래밍 숙달의 지름길입니다. 또한, 직접 입력하는 과정에서 텍스트 편집기의 사용법이나 IDE^{integrated development environment}(통합 개발 환경)에서 제공하는 기능도 이해할 수 있습니다. 다양한 환경에서 코드 입력을 해본 후 비교해보세요.

다음 단계로 책에 실린 소스 코드를 보지 않고 처음부터 프로그램을 스스로 구현해보세요. 머리로는 알고 있더라도 처음부터 만드는 것은 상당히 어렵습니다.

스스로 생각하고 입력하는 습관을 지니면 새로운 프로그래밍 언어를 배울 때를 비롯해 많은 경우에 도움이 됩니다. 알고리즘뿐만 아니라 향후 프로그래밍을 배울 때도 꼭 적용해보세요.

이 책의 구성

이 책은 다음과 같은 6개 장과 부록으로 구성됩니다.

장	구성
1장	파이썬의 개요와 문법, 실행 방법 등을 설명합니다.
2장	간단한 프로그램을 몇 개 작성하고 순서도와 파이썬 구현을 설명합니다.
3장	복잡도의 개념을 살펴보고 여러 구현 중에서 최적 알고리즘을 선택하는 것의 중요성을 설명합니다.
4장	많은 데이터 중에서 원하는 데이터를 찾는 '탐색'의 전통적인 방법들을 설명하고 비교합니다.
5장	주어진 데이터를 고속으로 정렬sort하는 다양한 방법을 설명하고 정렬 속도와 구현 방법을 비교합니다.
6장	실무에서 자주 사용되는 알고리즘을 소개하고 스스로 구현할 수 있도록 개념을 설명합니다.
부록	파이썬 설치 방법과 함께 각 장의 마지막에 실린 연습 문제의 해설을 다룹니다.

예제 파일 다운로드

예제 파일(이 책 프로그램의 소스 코드)는 다음 사이트에서 내려받을 수 있습니다.

URL https://github.com/dybooksIT/ESS-algorithm-Python

이 책의 예제 파일 구성은 다음과 같습니다.

```
01                      1장 예제 파일이 모여 있는 디렉터리
└ scope.py              1장에 해당하는 각 예제 파일
02                      2장 예제 파일이 모여 있는 디렉터리
└ convert1.py           2장에 해당하는 각 예제 파일
......
Appendix                각 장 '이해도 Check!' 파일이 모여 있는 디렉터리
└ chosun.py             '이해도 Check!'에 해당하는 각 예제 파일
Readme                  이 책을 읽는 데 도움이 되는 자료
```

이 책에서는 파이썬 설치, 예제 프로그램의 개발 및 실행에 파이썬 공식 사이트의 개발 환경 혹은 아나콘다Anaconda를 사용합니다. 공식 사이트의 개발 환경 및 아나콘다의 세부 사항과 설치 방법 등은 부록 A를 참조하세요. 부록에서 제공하는 파일은 다음 환경에서 실행 확인했습니다.

- Anaconda 2021.11
- Python 3.10.x

이 책의 예제 파일을 실행할 코드 편집기 사용법은 다음 자료를 참고하기 바랍니다.

URL https://dybit.tistory.com/24

각 장의 개요

1장 파이썬의 기본 및 자료구조 알아보기

파이썬이라는 프로그래밍 언어의 특징과 파이썬을 실행하는 방법을 살펴봅니다. 그리고 여러 가지 알고리즘을 배우기 전 파이썬의 기본 문법을 복습합니다.

> 핵심 용어 컴파일, 인터프리터, 변수, 리스트, 튜플, 문자열, 조건 분기, 반복, 리스트 내포, 함수, 클래스

2장 기본적인 프로그램 작성하기

파이썬 프로그램을 작성하는 방법과 알고리즘을 만들고 구현하는 데 필요한 순서도 그리기를 확인합니다. 그리고 몇 가지 수학 기반 알고리즘을 실제 구현하면서 알고리즘이 무엇인지를 이해합니다.

> 핵심 용어 순서도, FizzBuzz, 기수 변환, 소수, 피보나치 수열, 메모이제이션

3장 복잡도 학습하기

복잡도는 알고리즘과 프로그램의 성능을 평가하는 핵심 개념입니다. 알고리즘은 단순히 원하는 결과를 내는 프로그램을 작성하는 것이 아닙니다. 복잡도라는 개념을 고려해 적은 컴퓨팅

자원을 사용하면서도 원하는 결과를 빠르고 정확하게 내는 프로그램을 구현하는 방법을 연구하는 것입니다.

> **핵심 용어** 빅오 표기법, 시간 복잡도, 공간 복잡도, 복잡도 클래스, 최악 시간 복잡도, 평균 시간 복잡도

4장 다양한 검색 방법 배우기

복잡도를 고려해 최적의 성능을 내는 알고리즘을 구현하는 것은 프로그램에서 다루는 데이터를 얼마나 효율적으로 찾느냐에 달려 있습니다. 4장에서는 리스트를 기반으로 자료구조의 데이터를 찾는 여러 가지 방법을 살펴봅니다. 그리고 이러한 방법을 기반으로 구현하는 6가지 재밌는 예제를 살펴봅니다.

> **핵심 용어** 선형 검색, 이진 검색, 트리 구조, 너비 우선 탐색, 깊이 우선 탐색, 전위 순회, 후위 순회, 중위 순회

5장 데이터 정렬에 걸리는 시간 비교하기

데이터를 효율적으로 검색하거나 필요한 데이터를 빠르게 꺼내 사용하려면 데이터를 정렬해야 합니다. 5장에서는 선택 정렬, 삽입 정렬, 버블 정렬, 힙 정렬, 병합 정렬, 퀵 정렬을 살펴봅니다. 또한 정렬의 처리 속도를 비교해 상황에 맞게 정렬 방법을 선택하는 노하우도 이해합니다.

> **핵심 용어** 선택 정렬, 삽입 정렬, 버블 정렬, 힙 정렬, 병합 정렬, 퀵 정렬, 복잡도

6장 실무에 도움되는 알고리즘 알아보기

1~5장을 통해 여러분은 파이썬 알고리즘의 기본을 익혔습니다. 6장에서는 배운 것을 정리하고, 실무나 코딩 테스트 등에서 볼 수 있는 8가지 알고리즘의 원리를 살펴봅니다. 다음으로 여러분이 할 일은 이 책에서 다루지 않은 알고리즘을 더 살펴보면서 구현하기 원하는 프로그램을 많이 만들어보는 것입니다.

> **핵심 용어** 최단 경로 문제, 벨만-포드 알고리즘, 데이크스트라 알고리즘, A* 알고리즘, 완전 탐색 알고리즘, 보이어-무어 알고리즘, 역폴란드 표기법, 우선순위 큐, 그래프

부록 A

파이썬을 처음 접하는 분을 위해 파이썬 개발 환경을 구축하는 두 가지 방법을 설명합니다. 또한 앞으로 파이썬으로 프로그램을 만들 때 알아야 할 가상 환경 만들기와 패키지 설치 및 삭제 방법을 설명합니다.

핵심 용어 파이썬 시스템 이해, 아나콘다, 가상 환경, 라이브러리, 패키지

부록 B

각 장의 마지막에 소개했던 '이해도 Check!'의 모범 답안을 소개합니다.

핵심 용어 함수, 조건문, 반복문의 활용

파이썬 기반의 컴퓨터 알고리즘을 처음 접해서 이 책으로 어떻게 공부해야 할지 막막한 분은 다음에 제시하는 학습 진도표에 따라 공부하는 것을 추천합니다. 진도표에 따라 공부하기 전에는 '각 장의 개요'에서 설명하는 주요 핵심 용어나 학습 목표를 얼마나 알고 있는지 판단해본 후 기간을 설정하면 도움이 될 것입니다.

학습 진도표에 따라 공부할 때 참고할 점

- 이 책으로 알고리즘을 처음 공부할 때는 1장에서 설명하는 자료형, 리스트 선언, 제어문(if~else, if~elif~else), 반복문(for, while)의 기본을 꼭 숙지하는 것이 좋습니다.

- 클래스, 함수, 참조의 개념을 추가로 읽고 공부한다면 도움이 될 것입니다. 이들은 완벽하게 깊이 이해하지 않아도 괜찮습니다. 단, 해당 개념을 처음 들어보는 수준이면 안 됩니다. 공부할 때는 다양한 매체(책, 동영상 강의, 인터넷 자료) 중 자신에게 맞는 것을 선택해 살펴보면 됩니다.

- '이해도 Check!'를 해결할 때 정말 막막하더라도 부록 B를 바로 보지 말고 인터넷 검색 등을 활용하면서 최대한 해결해보세요. 인터넷 검색을 잘 활용하는 것도 앞으로 프로그래밍을 공부할 때의 기술 중 하나입니다. 단, 코드나 정답 등을 그대로 찾기보다는 문제 해결의 열쇠가 되는 개념을 찾아본다는 마음가짐으로 검색하세요.

항목	체크포인트
부록 A (선택)	☐ 파이썬 공식 사이트의 개발 환경 혹은 아나콘다 설치하기 ☐ 파이썬 가상 환경 만들기 ☐ 패키지 설치 및 삭제하기 ☐ (선택) pyenv 설치하기
1장 읽고 '이해도 Check!' 해결하기	☐ 파이썬 개요의 모든 코드 실행하기 ☐ 자료형 종류, 리스트의 기본 숙지하기 ☐ 제어문(if~else, if~elif~else), 반복문(for, while)의 기본 숙지하기 ☐ 함수와 클래스의 개념 이해하기

항목	체크포인트
2장 읽고 '이해도 Check!' 해결하기	□ 순서도의 요소를 살펴보고 작성 방법 이해하기 □ for 문 실행을 if~else 및 if~elif~else로 제어하는 방법 이해하기 □ FizzBuzz 예제 구현 후 숫자 100까지 확장한 프로그램 만들기 □ 거스름돈 계산하기 예제 구현 후 화폐 단위를 바꿔서 거스름돈 구해보기 □ 기수 변환 예제 구현 후 다양한 비트 연산 예제 직접 만들어 실행해보기 □ 소수 판정하기 예제 구현 후 SymPy 라이브러리의 다른 사용법 찾아보기 □ 피보나치 수열 예제 구현 후 메모이제이션을 사용하는 다른 사례 찾아보기
3장 읽고 '이해도 Check!' 해결하기	□ 알고리즘의 시간 복잡도 이해하기 □ 복잡도를 비교하는 방법 이해하기 □ 연결 리스트의 개념 파악하기 □ 리스트와 연결 리스트의 차이 파악하기 □ 복잡도 클래스 이해하기 □ NP 문제와 NP 난해 문제 이해하기
4장 읽고 '이해도 Check!' 해결하기	□ 선형 검색, 이진 검색, 트리 구조 이해하기 □ 너비 우선 탐색과 깊이 우선 탐색의 응용 개념 파악하기 □ 미로 탐험 문제의 좌수법과 우수법 정리하기 □ n퀸 문제의 n을 바꿔가면서 패턴 수 변화 확인하기 □ (선택) macOS와 리눅스에서의 os 모듈 사용법 차이 정리하기 □ 사람과 컴퓨터가 대결하도록 틱택토 프로그램 바꿔보기
5장 읽고 '이해도 Check!' 해결하기	□ 선택 정렬, 삽입 정렬, 버블 정렬, 힙 정렬, 병합 정렬, 퀵 정렬의 기본 개념 정리하기 □ 언결 리스트 기반으로 각 정렬을 구현해보고 복잡도 정리하기 □ 이진 검색 기반으로 삽입 정렬 구현해 보기 □ 이 책에서 소개한 것 이외의 버블 정렬의 개선 방법 찾아보기 □ heapq 모듈의 사용법 별도로 정리하기 □ 병합 정렬과 퀵 정렬의 시간 복잡도 차이 기억하기 □ 정렬 각각의 복잡도 비교해 기억하기

항목	체크포인트
6장 읽고 '이해도 Check!' 해결하기	□ 최단 경로 문제와 NP 문제의 연관성 파악하기 □ 벨만−포드 알고리즘, 데이크스트라 알고리즘. A* 알고리즘의 응용 분야 찾아서 정리하기 □ 완전 탐색 알고리즘과 보이어−무어 알고리즘의 차이점과 응용 분야 찾아서 정리하기 □ 역폴란드 표기법을 사용하는 프로그래밍 언어 찾아보기 □ 유클리드 호제법을 활용할 수 있는 수학 이론 정리하기
복습하기	□ 장별로 체크포인트 항목을 정리한 노트 만들기

2주 완성

날짜	진도표	완료 여부
1일	부록 A 및 학습 진도표 살펴보고 공부 방향 정하기	□
2~3일	1장 읽고 '이해도 Check!' 해결하기	□
4~5일	2장 읽고 '이해도 Check!' 해결하기	□
6~7일	3장 읽고 '이해도 Check!' 해결하기	□
8~9일	4장 읽고 '이해도 Check!' 해결하기	□
10~11일	5장 읽고 '이해도 Check!' 해결하기	□
12~13일	6장 릭고 '이해도 Check!' 해결하기	□
14일	복습하기	□

30일 완성

날짜	진도표	완료 여부
1~3일	부록 A 및 학습 진도표 살펴보고 공부 방향 정하기	□
4~7일	1장 읽고 '이해도 Check!' 해결하기	□

날짜	진도표	완료 여부
8~11일	2장 읽고 '이해도 Check!' 해결하기	□
12~15일	3장 읽고 '이해도 Check!' 해결하기	□
16~17일	1~3장 복습하기	□
18~21일	4장 읽고 '이해도 Check!' 해결하기	□
22~25일	5장 읽고 '이해도 Check!' 해결하기	□
26~29일	6장 읽고 '이해도 Check!' 해결하기	□
30일	마무리 정리하기	□

4개월 완성

날짜	진도표	완료 여부
1주	부록 A 및 학습 진도표 살펴보고 공부 방향 정하기	□
2~3주	1장 읽고 '이해도 Check!' 해결하기	□
4~5주	2장 읽고 '이해도 Check!' 해결하기	□
6~7주	3장 읽고 '이해도 Check!' 해결하기	□
8주	복습하기	□
9~10주	4장 읽고 '이해도 Check!' 해결하기	□
11~12주	5장 읽고 '이해도 Check!' 해결하기	□
13~14주	6장 읽고 퀴즈와 확인 문제 해결하기	□
15주	이해도 Check! 다시 복습하기	□
16주	마무리 문제 해결하기	□

〔 목차 〕

6장 실무에 도움되는 알고리즘 알아보기 — 239

Chapter 1

파이썬의 기본 및 자료구조 알아보기

파이썬이라는 프로그래밍 언어의 특징을 살펴보고 파이썬을 실행하는 방법을 살펴봅니다. 그리고 여러 가지 알고리즘을 배우기 전 파이썬의 기본 문법을 복습합니다.

1.1 프로그래밍 언어 선택

Point 프로그래밍 언어는 본인이 만들고 싶은 것에 맞춰 선택합니다.

Point 프로그래밍 언어의 실행 방식에는 컴파일러와 인터프리터의 두 종류가 있습니다.

1.1.1 목적에 따라 프로그래밍 언어 선택하기

컴퓨터는 한글이나 영어 등 사람의 말을 이해할 수 없습니다. 따라서 컴퓨터가 이해할 수 있는 말로 지시해야 합니다. 하지만 컴퓨터가 이해할 수 있는 것은 다음과 같이 0과 1로만 이루어진 '기계어'라 불리는 언어입니다. 이러한 기계어를 사람이 이해하고 입력하기란 어렵습니다.[1]

```
01010101 10001011 10000001 11101100 11100100 00000000 00000000
00000000 01010011 01010110 01010111 10001101 00011100 11111111
11111111 11111111 10111001 00111001 00000000 00000000 00000000
...
```

그래서 많은 '프로그래밍 언어'가 만들어졌습니다. 소프트웨어 개발자는 프로그래밍 언어를 배우고 그 문법에 따라 '소스 코드'라는 파일을 작성합니다. 프로그래밍 언어로 작성된 소스 코드는 기계어보다 알기 쉬우며 기계어로 쉽게 변환할 수 있습니다.

프로그래밍 언어나 분야에 따라 능숙하거나 서투른 환경이나 업무가 있습니다. 각자 만들고 싶은 시스템이나 서비스, 목적에 맞춰 최적의 프로그래밍 언어를 선택해야 합니다(그림 1-1).

그림 1-1 목적에 맞는 프로그래밍 언어 선택하기

---

1 16진수를 사용해 자릿수를 줄일 수 있지만, 실제 내용이 바뀌는 것은 아닙니다.

예를 들어 스마트폰 앱을 개발한다고 가정했을 때 안드로이드^{Android} 앱이라면 자바나 코틀린^{Kotlin}, 아이폰/아이패드^{iOS} 앱이라면 Objective-C나 스위프트^{Swift} 같은 프로그래밍 언어를 사용합니다. 윈도우^{Windows} 응용 프로그램이라면 C#과 VB.NET을, 엑셀 작업의 자동화에는 VBA를, 웹 애플리케이션에는 PHP와 펄^{Perl}, 자바스크립트^{JavaScript} 등을 많이 사용합니다.

1.1.2 파이썬을 선택하는 이유

이 책에서는 파이썬[2]이라는 프로그래밍 언어를 사용해 알고리즘을 설명합니다. 파이썬은 웹 애플리케이션의 개발에 사용될 뿐만 아니라, 통계 데이터 등을 처리하는 데 유용한 라이브러리가 풍부해 데이터 분석에도 많이 쓰입니다. 라즈베리 파이^{Raspberry Pi}등의 소형 컴퓨터에도 기본 탑재되며 사물인터넷^{Internet of Things, IoT} 기기의 센서를 조작하는 처리도 쉽게 구현할 수 있습니다.

잊지 말아야 할 것이 인공지능^{Artificial intelligence, AI} 연구 및 개발 분야입니다. 현재 머신러닝은 통계의 사고방식 중심이다 보니 많은 개발자가 통계에 강한 파이썬을 선택합니다. 각종 도서 및 웹사이트 등에서 쉽게 자료를 얻을 수 있으므로 큰 인기를 얻고 있습니다. 실제로 프로그래밍 언어 인기도 평가 기관으로 유명한 티오베^{TIOBE}의 2022년 4월 시점 순위[3]에서 파이썬은 표 1-1처럼 1위를 차지했습니다.

표 1-1 티오베 순위[4]

순위	언어명	비율
1	Python	13.92%
2	C	12.71%
3	Java	10.82%
4	C++	8.28%
5	C#	6.82%
6	Visual Basic	5.40%

2 https://www.python.org

3 https://www.tiobe.com/tiobe-index

4 옮긴이: 전 세계 엔지니어 수, 교육 과정 수, 서드파티 공급 업체(third party vendor) 수 등에 따른 프로그래밍 언어 사용 비율

순위	언어명	비율
7	JavaScript	2.41%
8	Assembly language	2.35%
9	SQL	2.28%
10	PHP	1.64%

또한, 2020년부터 시험 과목이 전면 개정된 정보처리기사 시험의 '프로그래밍 언어 활용' 부문에 파이썬이 추가되었습니다. 이처럼 파이썬을 활용하는 사례가 늘어날 것으로 예상되므로, 배워두면 앞으로도 도움이 될 것입니다.

1.1.3 프로그램 실행 방식의 차이 알아보기

프로그래밍 언어는 크게 컴파일러compiler와 인터프리터interpreter라는 두 가지 프로그램 실행 방식이 있습니다. 컴파일러는 프로그래밍 언어로 작성된 소스 코드를 실행하기 전에 기계어 프로그램으로 변환한 뒤에 실행하는 방법입니다. 미리 기계어 프로그램으로 변환되어 있으므로 고속으로 처리할 수 있는 것이 특징입니다(그림 1-2).

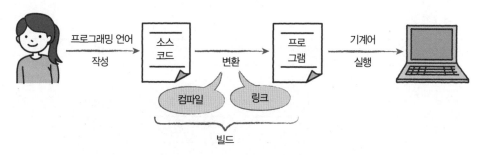

그림 1-2 컴파일러의 소스 코드 변환 과정

한편 인터프리터는 소스 코드를 기계어로 변환하면서 처리를 실행합니다. 사전에 변환되지 않았으므로 사람이 만든 소스 코드를 한 줄씩 해석하면서 실행하는 이미지입니다(그림 1-3).

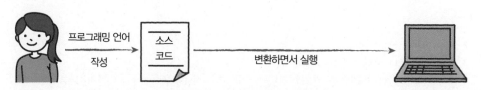

그림 1-3 인터프리터의 소스 코드 변환 과정

이 차이는 흔히 번역translate과 통역interpret으로 비유됩니다(그림 1-4). 영문을 사전에 국문으로 번역해두면, 영어를 모르더라도 한글을 알면 원활하게 읽을 수 있습니다. 그러나 영어 문장이 변경되면 전문가에게 번역을 다시 의뢰해야 합니다.

한편 통역은 영어로 말하는 화자 옆에 통역자가 있는 이미지입니다. 매번 변환하므로 변환에 시간은 걸리지만 영어 문장이 바뀌어도 즉시 대응할 수 있습니다. 다만, 이용자 옆에 항상 통역자가 있어야 합니다.

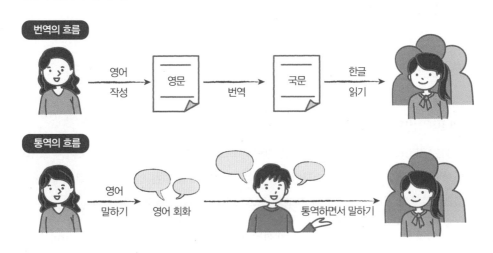

그림 1-4 번역 및 통역의 차이

컴파일러와 인터프리터의 차이도 이와 마찬가지입니다. 인터프리터는 통역에 비유할 수 있습니다. 소스 코드를 작성해 즉시 실행할 수 있으므로 실행까지의 시간이 짧아집니다. 그러나 해석과 동시에 실행하므로 실행 시간이 길어지는 경향이 있으며 이용자의 환경에 변환용 소프트웨어를 도입해야 합니다. 한편 컴파일러는 번역에 비유할 수 있습니다. 사전에 변환해야 하므로 실행까지의 시간이 길어지지만 실행 시간은 짧아집니다. 이용자 환경에 특별한 소프트웨어를 준비할 필요도 없습니다.

정리하면 다음 표 1-2와 같습니다.

표 1-2 인터프리터와 컴파일러의 비교

	장점	장점
인터프리터	○ 간편하게 실행할 수 있음 ○ 실행 환경에 의존하지 않고 배포할 수 있음	○ 처리 속도가 느림 ○ 실행할 때 실행 환경이 필요함

	장점	장점
컴파일러	○ 처리 속도가 빠름 ○ 실행 파일만 배포하면 됨	○ 실행까지 절차가 번거로움 ○ 실행 환경에 맞는 실행 파일이 필요함

1.2 파이썬 개요

Point 현재는 Python 3.x가 많이 쓰입니다.

Point 파이썬 처리를 실행하는 방법으로 '대화형 모드'와 '스크립트 파일 실행'이 있습니다.

1.2.1 파이썬의 특징

파이썬은 인터프리터 방식의 언어, 혹은 간단한 프로그램을 작성할 목적으로 쓰이는 '스크립트 언어'로 분류되기도 합니다. 스크립트 언어는 같은 처리를 다른 언어보다 간결하게 작성할 수 있으므로 C나 자바 등의 언어와 비교해 소스 코드가 짧다는 특징이 있습니다.

1991년 발표된 파이썬은 이후 조금씩 개선되며 버전업해 왔습니다. 1994년 Python 1.0이 공개된 뒤 2000년에는 Python 2.0이, 2008년에는 Python 3.0이 공개되었습니다. 현재는 2.0의 후속인 2.x와 3.0의 후속인 3.x 버전이 모두 쓰입니다. 최근에는 3.x를 사용하는 경우가 늘었지만 버전 사이에 호환성이 부족해 아직 2.x도 많이 사용하고 있습니다.

다른 언어에서는 일반적으로 이전 버전에서 작성한 소스 코드를 새 버전에서도 실행할 수 있습니다. 그러나 파이썬은 두 버전이 호환되지 않습니다. 물론 2.x간 버전업이나 3.x간 버전업(마이너 업데이트^{minor update})은 호환성이 확보됩니다. 따라서 2.x로 작성된 기존 소스 코드가 남아 있을 경우 3.x로 실행하지 못하는 기업의 수가 적지 않습니다.

한편 Python 2.x와 3.x를 동시에 설치할 수 있으므로, 이미 2.x가 설치되어 있어도 이를 제거하지 않고 3.x를 설치할 수 있습니다.

2.x의 기술 지원 만료가 2020년 1월 1일까지이므로, 지금까지 파이썬을 사용한 적이 없다면 3.x를 사용하면 문제없을 것입니다. 만약 오래된 시스템을 운영해야 한다면 2.x를 공부해야 할 수 있습니다.

1.2.2 파이썬 실행하기

파이썬은 공식 사이트에서 필요한 것만 다운로드해 설치할 수 있으며, 아나콘다^{Anaconda}라는 배포판^{distribution}(일괄 설치 패키지)을 사용할 수도 있습니다. 이 책에서는 파이썬 공식 사이트에서 배포하는 파이썬 개발 환경과 아나콘다를 사용해 3.x를 설치합니다. 설치 방법은 이 책의 부록 A에서 소개합니다.

리눅스나 macOS에서 파이썬을 설치해 버전을 확인하려면 xterm, iterm, macOS의 터미널 등 셸 환경을 지원하는 CUI 애플리케이션에서 다음 명령(python --version)을 입력하고 Enter 키로 실행합니다. 이때 화면의 맨 앞에 보이는 $ 기호는 입력할 필요가 없습니다.

실행 결과_ 버전 확인(리눅스나 macOS)

```
$ python --version
Python 3.9.6 ── 명령 실행 결과
```

윈도우에서 '명령 프롬프트(Anaconda Prompt)' 또는 'Windows PowerShell(Anaconda PowerShell Prompt)'을 사용해 실행하는 경우 C:\>라는 프롬프트 뒤에 다음과 같이 입력하고 Enter 키로 실행합니다.

실행 결과_ 버전 확인(윈도우)

```
C:\> python --version
Python 3.10.2 ── 명령 실행 결과
```

설치한 버전에 따라 출력되는 메시지 내용은 다르지만 앞의 코드처럼 'Python x.x.x'이 표시되면 설치 성공입니다(여기서 설치한 버전은 3.10.2입니다). 또한, Python 2.x도 설치된 경우 Python 3.x를 실행하려면 python3 --version처럼 python 대신 python3을 지정하세요.

파이썬 개발 환경이나 아나콘다를 설치했는데 이와 같은 메시지가 표시되지 않으면 컴퓨터를 다시 시작해 환경 변수 'PATH'에 파이썬 실행 파일 위치가 지정되어 있는지 등 설정을 확인하세요(아나콘다를 사용하는 경우 시작 메뉴에서 'Anaconda Prompt'을 선택하면 PATH 설정 등은 필요 없습니다).

이후에는 각 운영체제의 셸 환경에서 명령을 실행한다고 가정하여 설명합니다.

1.2.3 대화형 모드로 파이썬 사용

파이썬은 '대화형 모드'라는 실행 방법이 있습니다. 입력한 소스 코드를 즉시 실행해 그 결과를 화면에 표시합니다. 대화형 모드로 들어가려면 명령줄에 python을 입력해 실행합니다. 행의 첫머리에 >>>라는 문자가 표시되며 이 뒤에 수행할 처리를 입력합니다.

> **tip** 이 책은 윈도우에서 파이썬을 사용한다고 가정하고 프롬프트를 C:\> 혹은 >로 나타내겠습니다. C:\>로 나타낼 때는 대화형 모드를 사용하는 것입니다.

대화형 모드를 사용하면 다음과 같은 계산을 간단히 실행할 수 있습니다.

실행 결과_ 대화형 모드로 계산

```
C:\> python
>>> 1 + 2 * 3
7
>>>
```

여러 줄에 걸친 처리를 구현하려면 소스 코드 중간에 줄바꿈(Enter 키 입력)을 합니다. 그러면 행 첫머리에 ...라는 문자가 표시됩니다. 이는 이전 행에서 계속됨을 의미합니다. 해당 행의 입력을 마치려면 ... 다음에 아무것도 입력하지 않고 다시 줄바꿈합니다.

파이썬의 대화형 모드를 종료하려면 exit() 또는 quit()를 입력합니다.

실행 결과_ 소스 코드 도중에 줄바꿈

```
>>> exit()
C:\> python
>>> if True:
...     1 + 2 * 3          처음에는 4칸의 공백을 입력( Space  4번 입력)
...
7
>>>
```

이 책에 등장하는 소스 코드 중 맨 앞이 >>> 또는 ...로 시작하는 코드는 대화형 모드를 사용해 실행한 것입니다. 대화형 모드를 켜고 소스 코드를 입력하면서 결과를 확인해보세요.

뒤에서도 설명하겠지만, 파이썬에서는 들여쓰기^indent가 중요한 의미를 지닙니다. 여기서는 4칸의 공백(스페이스)으로 들여쓰기했는데 2칸의 공백이나 탭을 사용하는 사람도 있습니다. if 문이나 for 문 같은 경우 들여쓰기 입력이 일정해야 합니다. 소스 코드가 잘 실행되지 않는다면 들여쓰기의 공백을 제대로 일정하게 넣었는지 확인해주세요. 참고로 파이썬 공식 문서에서는 4칸 공백으로 들여쓰기할 것을 권장[5]합니다.

아나콘다의 경우 명령 프롬프트가 아니라, 제공된 IDE^integrated development environment(통합 개발 환경)인 스파이더^Spyder를 사용하는 방법도 있습니다. 스파이더를 실행[6]하면 그림 1-5와 같은 화면이 표시됩니다.

화면 오른쪽 아래의 콘솔 부분에 소스 코드를 입력해도 좋습니다.

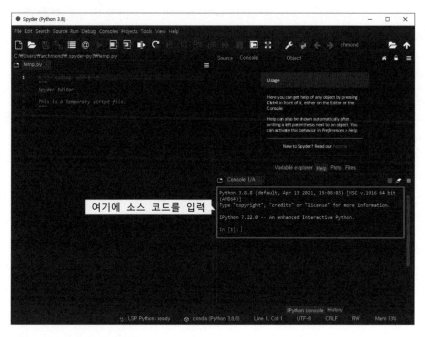

그림 1-5 스파이더의 콘솔 화면

---

5 옮긴이: https://www.python.org/dev/peps/pep-0008/#indentation
6 윈도우 시작 메뉴에서 [Anaconda] 메뉴에 있는 [Spyder (Anaconda3)]를 선택합니다.

1.2.4 스크립트 파일로 저장

대화형 모드에서 한 번 수행한 작업을 나중에 다시 실행하려면 소스 코드를 매번 입력해야 합니다. 하지만 파이썬을 비롯한 많은 프로그래밍 언어는 대화형 모드보다 소스 코드를 파일로 저장해 실행하는 방법을 더 많이 사용합니다. 소스 코드를 '스크립트 파일'이라는 형태로 저장함으로써, 같은 처리를 여러 번 실행하는 경우 매번 입력하지 않아도 실행할 수 있습니다.

파이썬 스크립트 파일은 .py라는 확장자를 붙여 저장합니다. 파일을 작성하고 저장하기 위해 윈도우라면 메모장 등을 사용해도 좋고 그림 1-5에 나오는 스파이더 왼쪽의 에디터 부분을 사용하는 방법도 있습니다. 잠시 뒤 칼럼에서 소개할 텍스트 편집기도 꼭 사용해보세요.

실행할 때는 저장된 스크립트 파일의 이름을 지정합니다. 예를 들어 코드 1-1의 소스 코드를 작성해 `fibonacci.py`라는 이름으로 파일을 저장했다고 합시다. 이는 직전 두 수를 더한 값을 출력하는 처리를 재귀적으로 반복하여 '피보나치 수열'이라는 수의 나열을 출력합니다.

코드 1-1 fibonacci.py

```python
def fibonacci(n):
    if n == 0:
        return 1
    elif n == 1:
        return 1
    else:
        return fibonacci(n - 1) + fibonacci(n - 2)

for i in range(8):
    print(fibonacci(i))
```

소스 코드의 자세한 내용은 2장에서 설명하겠습니다. 여기서는 파일에 저장된 소스 코드의 실행 방법을 알아봅니다.

이 파일을 C:\py-algo\01이라는 폴더에 저장해 실행(여러분이 원하는 폴더를 만들어 저장해도 괜찮습니다)하려면, 해당 디렉터리로 이동해 python 명령어 뒤에 스크립트 파일명을 지정합니다. 실행 결과는 다음과 같이 나타납니다.[7]

---

7 Anaconda Spyder라면 메뉴에서 '실행(Run file)'을 선택하면 실행할 수 있습니다.

실행 결과_ fibonacci.py(코드 1-1) 실행

```
C:\> cd \py-algo\01 ───── C:\py-algo\01로 이동
C:\py-algo\01> python fibonacci.py ───── fibonacci.py를 실행
1
1
2
3
5
8
13
21
C:\>
```

tip 이 책은 윈도우에서 파이썬을 사용한다고 가정하고 프롬프트를 C:\> 혹은 >로 나타내겠습니다. >로 나타낼 때는 스크립트 파일을 실행하는 것입니다. 이 책에서 제공하는 예제 파일을 다운로드한 경로나 직접 코드를 입력해서 파일을 저장하는 경로는 독자마다 다를 것이기 때문에 경로를 생략한 >로 나타내는 것입니다. 참고로 화면의 맨 앞에 보이는 > 기호는 입력할 필요가 없습니다.

1.2.5 문자 인코딩에 주의하기

파이썬 소스 코드에서 한글을 사용할 때는 문자 인코딩에 주의해야 합니다. Python 3.x라면 문자 인코딩으로 'UTF-8'을 사용합니다. 텍스트 편집기의 저장 옵션에서 문자 인코딩 'UTF-8'을 지정하세요.

그러나 어떤 사정으로 Python 2.x를 사용할 때는 주의해야 합니다. 문자 인코딩으로 'UTF-8'을 지정해 저장할 뿐만 아니라, 소스 코드의 시작 부분에 다음과 같은 코드도 함께 작성하기 바랍니다. 이를 작성하지 않으면 생각지도 못한 오류가 발생하므로 반드시 적어줍니다.

```
# -*- coding:utf-8 -*-
```

또는 다음과 같이 작성해도 됩니다.

```
# coding:utf-8
```

Python 3.x의 경우에는 작성할 필요가 없습니다.

1.2.6 주석

앞에서 문자 인코딩을 지정할 때도 사용했지만, 행의 첫머리에 #을 적으면 그 행의 # 이후 부분이 주석^{comment}(코멘트) 취급되어 파이썬 소스 코드에서 무시됩니다. 주석을 이용하면 코드 작성자의 의도를 읽는 사람에게 쉽게 전달하거나 디버깅 및 유지 보수에 필요한 내용을 작성할 수 있으므로 편리해집니다.

행 첫머리뿐만 아니라 행 도중에도 사용할 수 있습니다. 실행하고 싶지 않은 코드를 일시적으로 비활성화할 때도 간단하게 주석 처리^{comment out}할 수 있습니다(코드 1-2 두 번째 줄 참고).

코드 1-2 주석 이용하기(tax_rate.py)

```
              맨 앞에 #을 적으면 그 행은 주석 처리됨
# 소비세를 계산
# tax_rate1 = 0.08    # 소비세가 8%이므로 세율을 0.08로 함
tax_rate2 = 0.1      # 소비세가 10%이므로 세율을 0.1로 함
              행 도중에 #를 작성하면 그 뒤가 주석 처리됨
print(tax_rate1)
print(tax_rate2)
```

실행 결과_ tax_rate.py(코드 1-2) 실행

```
> python tax_rate.py
Traceback (most recent call last):
  File "tax_rate.py", line 5, in <module>
    print(tax_rate1)
NameError: name 'tax_rate1' is not defined. Did you mean: 'tax_rate2'?
>
```

tax_rate1이라는 변수는 주석 처리되었으므로 실행 결과에서 정의되지 않았다는 메시지와 함께 에러가 발생합니다.

그럼 print(tax_rate1)을 # print(tax_rate1)로 주석 처리한 후 코드 1-2를 다시 실행하겠습니다.

실행 결과_ tax_rate.py(코드 1-2) 실행

```
> python tax_rate.py
0.1
>
```

tax_rate2 변수에 할당한 0.1이라는 값을 출력합니다.

이후에는 파이썬을 사용한 소스 코드 작성을 자세히 살펴보겠습니다.

[Column] 텍스트 편집기를 사용하자

간단한 소스 코드를 작성할 때는 메모장을 사용해도 되지만 규모가 큰 프로그램을 만들 경우에는 텍스트 편집기를 사용하면 편리합니다. 컴퓨터 발전 초창기 텍스트 기반의 운영체제부터 사용되고 있는 텍스트 편집기로는 Emacs와 vi(Vim) 등이 있습니다. GUI 환경이 보편화된 최근에는 비주얼 스튜디오 코드(Visual Studio Code)나 아톰(Atom)과 같은 편집기가 인기 있습니다(그림 1-6).

그림 1-6 비주얼 스튜디오 코드

이러한 편집기는 단축키 및 자동 완성 기능을 포함하고 여러 가지 색상을 이용해 소스 코드의 여러 가지 요소를 구분하므로 개발 효율 향상을 기대할 수 있습니다. 또한, 여러 개의 파일을 폴더 단위로 관리하고 탭을 전환해 사용할 수 있으므로 프로그래밍뿐만 아니라 글쓰기 등 다양한 업무에 폭넓게 활용할 수 있습니다.

1.3 사칙 연산과 우선순위

Point 파이썬은 사칙 연산을 할 수 있지만 나눗셈과 소수의 계산에는 주의가 필요합니다.

Point 파이썬은 복소수도 계산할 수 있습니다.

Point 파이썬은 숫자뿐만 아니라 문자열, 리스트, 집합, 사전 등의 자료형도 제공합니다.

1.3.1 파이썬의 기본 계산

평소 사용하는 수학 기호를 써서 일반적인 사칙 연산을 계산할 수 있습니다. 연산의 우선순위는 수학에서 배운 것처럼 곱셈이나 나눗셈이 덧셈이나 뺄셈보다 우선합니다. 다만, 곱셈은 * 기호를 사용합니다.

나눗셈은 주의가 필요합니다. Python 3.x에는 //와 /의 두 종류가 있습니다. //는 나눗셈의 몫을 정수로 반환하는 반면, /는 나눗셈의 결과를 소수^{decimal}로 반환합니다.

실행 결과_ 사칙 연산의 예

```
C:\> python
>>> +3 ──── 양의 단항 연산
3
>>> -3 ──── 음의 단항 연산
-3
>>> 2 + 3
5
>>> 5 - 2
3
>>> 3 * 4
12
>>> 13 // 2 ──── 13을 2로 나눈 몫을 정수로 반환
6
>>> 13 / 2 ──── 13을 2로 나눈 몫을 소수로 반환
6.5
>>>
```

또한, 나눗셈의 나머지는 %로, 거듭제곱은 **를 사용해 계산합니다. 다음의 경우에 11 ÷ 3의 나머지를 계산해 2가 되었고 2^3을 계산하여 8이 되었습니다.

```
C:\> python
>>> 11 % 3 ──── 11을 3으로 나눈 나머지
2
>>> 2 ** 3 ──── 2의 3승
8
>>>
```

연산의 우선순위를 변경하고 싶을 때는 수학에서처럼 괄호를 사용합니다. 여러 개의 괄호로 묶을 경우에도 전부 ()를 사용합니다.

실행 결과_ 연산의 우선순위 변경

```
C:\> python
>>> (2 + 3) * 4
20
>>> (2 + 3) * (1 + 2)
15
>>>
```

1.3.2 소수 계산

컴퓨터는 '계산기'라는 의미가 있을 만큼 계산에 자신 있는 기계[8]로 정수뿐만 아니라 소수 등도 취급할 수 있습니다. 하지만 내부에서는 2진수로 처리된다는 점을 이해하는 것이 중요합니다.

정수의 경우 10진수 값을 2진수로 변환한 뒤 다시 10진수로 되돌리면 원래 값과 정확히 일치합니다. 그러나 소수의 경우에는 순환 소수[9]가 될 가능성이 있고 컴퓨터에서 취급할 수 있는 자릿수에 상한이 있으므로, 2진수를 10진수로 바꾸면 완전히 일치하지 않을 수 있습니다.

---

8 옮긴이: '컴퓨터(Computer)'라는 명칭의 유래는 먼저 계산한다는 뜻의 라틴어 '콤푸타레(computare)'에서 유래했습니다. 이 단어의 어근은 '콤(com)'과 '푸투스(putus)'로, '함께(com)'와 '생각하다(putus)'의 합성어입니다. '생각을 정리하며 수식을 따라 계산하는 것'을 의미합니다(출처: 위키백과 https://ko.wikipedia.org/wiki/컴퓨터).

9 옮긴이: 순환소수(循環小數, repeating decimal 또는 recurring decimal)는 소수점 아래의 어떤 자리에서부터 0이 아닌 일정한 숫자의 배열이 계속해서 되풀이되는 무한소수를 말합니다. 예를 들어 0.1111...과 같은 소수들을 말합니다 (출처: 위키백과 https://ko.wikipedia.org/wiki/순환소수).

예를 들어 10진수 '0.5'를 2진수로 변환하면 '0.1'이 됩니다. 이 경우 2진수의 '0.1'을 10진수로 변경하면 원래 값과 동일한 '0.5'를 얻을 수 있습니다. 하지만 10진수 '0.1'을 2진수로 변환하면 '0.0001100110011...'과 같은 순환 소수가 됩니다. 순환 소수는 무한히 계속되므로 취급 가능한 자릿수로 구분하게 되어, 10진수로 되돌리면 원래 값과는 다른 값이 되어 버립니다. 따라서 소수의 곱셈을 하면 적용되는 값에 따라 다음과 같이 상정한 결과와 다를 수 있습니다.

실행 결과_ 소수의 곱셈

```
C:\> python
>>> 2.5 * 1.2
3.0
>>> 2.3 * 3.4
7.819999999999999
>>>
```

또한, 정수와 소수의 계산 등 서로 다른 자료형의 데이터에 대해 연산을 수행하면 정밀도가 더 높은 자료형으로 변환됩니다. 예를 들어 정수와 소수를 연산하면 결과는 소수가 됩니다.

실행 결과_ 서로 다른 자료형의 연산(정수와 소수의 연산 예)

```
C:\> python
>>> 3 + 1.0 ──────[ 정수와 소수의 덧셈 ]
4.0
>>> 2.0 + 3 ──────[ 소수와 정수의 덧셈 ]
5.0
>>> 2 * 3.0 ──────[ 정수와 소수의 곱셈 ]
6.0
>>> 3.0 * 4 ──────[ 소수와 정수의 곱셈 ]
12.0
>>>
```

파이썬은 복소수를 간단히 취급할 수 있습니다. 복소수를 수학에서 다룰 경우 $3 + 4i$처럼 허수를 i로 표현하지만 파이썬에서는 j를 사용합니다.

실행 결과_ 소수의 곱셈

```
C:\> python
>>> 1.2 + 3.4j
(1.2+3.4j)
>>> (1.2 + 3.4j) * 2
(2.4+6.8j)
>>> 1.2 + 3.4j + 2.3 + 4.5j
(3.5+7.9j)
>>> (1 + 2j) *(1 - 2j)
(5+0j)
>>>
```

1.3.3 자료형 확인

많은 프로그래밍 언어에서는 정수, 소수, 복소수 등을 취급하는 경우에 내부에서 '형(자료형, 데이터 타입)'으로 분류합니다. 파이썬에는 표 1-3과 같은 자료형이 준비되어 있습니다. 각 자료형을 차례로 설명합니다.

표 1-3 파이썬 자료형의 예

분류	자료형	내용	예
숫자형	int	정수	3
	float	소수	3.5
	complex	복소수	2 + 3j
시퀀스형	list	리스트	[1, 2, 3]
	tuple	튜플	(1, 2, 3)
	range	범위	range(10)
논리형	bool	참/거짓	True, False
텍스트 시퀀스형	str	문자열	'abc'

분류	자료형	내용	예
바이트 시퀀스형	byte	ASCII 문자열	b'abc'
집합형	set	집합	{'one', 'two'}
사전형	dict	사전(연관 배열)	{'one': 1 'two': 2, 'three': 3}
클래스	class	클래스	Math

자료형을 확인하려면 type에 이어 조사하려는 값을 지정해 실행합니다.

실행 결과_ 자료형 알아보기

```
C:\> python
>>> type(3)
<class 'int'>————[ 3은 정수이므로 int형 ]
>>> type(3.5)
<class 'float'>————[ 3.5는 소수이므로 float형 ]
>>> type(2 + 3j)
<class 'complex'>————[ 2 + 3j는 복소수이므로 complex형 ]
>>> type('abc')
<class 'str'>————[ 'abc'는 문자열이므로 str형 ]
>>>
```

1.4 변수, 대입, 리스트, 튜플

Point 변수에 값을 대입해 계산 결과 등을 재사용할 수 있습니다.

Point 리스트나 튜플을 사용하면 여러 데이터를 한꺼번에 다룰 수 있습니다.

1.4.1 변수

한 번 사용한 값을 임시로 저장할 때 '변수'를 사용합니다. 변수는 값을 넣어둘 수 있는 그릇과 같은 것으로, 변수에 계산 결과 등을 저장해두면 필요할 때 그 값을 다시 사용할 수 있습니다.

변수에는 알파벳과 숫자, 밑줄(언더바 혹은 언더스코어)을 사용해 이름(변수명)을 붙입니다. 변수명을 만들 때 첫 번째 문자로는 알파벳이나 밑줄(_)을, 두 번째 문자 이후로는 알파벳, 숫자, 밑줄을 사용해야 합니다. 변수명의 길이에는 제한이 없으며 대소문자가 구별됩니다. 다만, 파이썬에서 제공하는 예약어(if 나 for, return 등)는 변수명으로 사용할 수 없습니다. 또한, 밑줄로 시작하는 이름은 뒤에서 설명하듯이 특별한 의미가 있으므로 꼭 필요한 경우를 제외하고는 사용하지 않습니다.

변수명으로 사용할 수 있는 이름과 사용할 수 없는 이름의 예는 표 1-4와 같습니다.

표 1-4 파이썬에서 사용할 수 있거나 없는 변수명의 예

사용할 수 있는 변수명	사용할 수 없는 변수명
X	if
variable	for
tax_rate	8percent
Python3	10times

작성된 소스 코드를 누구나 읽기 쉽고 유지 보수하기 쉽도록 변수명을 정하기 위해, 조직이나 제품에서 통일된 '코딩 규약(스타일 가이드)'이 정해질 수 있습니다. 파이썬 코딩 규약으로는 'PEP 8[10]'이 유명합니다.

PEP 8에서는 변수명으로 소문자만을 사용하고 여러 단어를 사용하는 경우에는 밑줄(_)로 구분하도록 정해져 있습니다. 또한, 단독으로 밑줄만 변수명에 사용한 경우에는 해당 변수를 이후 처리에서 사용하지 않으므로 무시해도 좋다는 특별한 의미가 있습니다.

1.4.2 대입

변수명 뒤에 =를 적고 값을 지정하면 변수에 값을 저장할 수 있습니다. 이를 '대입'이라고 하며, 대입을 사용하면 다음과 같은 처리를 할 수 있습니다.

실행 결과_ 대입의 예

```
C:\> python
>>> x = 10 ── 변수 'x'에 10을 대입
```

---

10 https://www.python.org/dev/peps/pep-0008

```
>>> x ─ 변수 'x'의 내용을 확인
10
>>> y = 2 * 3 + 4 * 5 ─ 변수 'y'에 '2 × 3 + 4 × 5'의 결과를 대입
>>> y ─ 변수 'y'의 내용을 확인
26
>>> x + y ─ 변수 'x'의 내용과 변수 'y'의 내용 더하기
36
>>>
```

변수에 값을 대입하면 해당 변수명을 지정해 변수의 내용을 읽을 수 있습니다. 대화형 모드에서는 변수명만 지정하면 그 변수에 저장된 값을 볼 수 있습니다.

파이썬에서 변수에 값을 대입하는 경우, 사전에 변수의 자료형을 지정해둘 필요가 없으며 대입되는 값에 따라 변수의 크기 등을 자동으로 계산해 처리해줍니다.

또한, 대입과 함께 연산을 수행할 수 있으며 연산 결과를 대입할 수 있습니다. 예를 들어 사칙연산 등의 기호(연산자)와 =를 나열해 다음과 같은 결과를 얻을 수 있습니다.

실행 결과_ 대입과 함께 연산하기

```
C:\> python
>>> a = 3
>>> a += 2 ─ a = a + 2와 같음
>>> a
5
>>> a -= 1 ─ a = a - 1과 같음
>>> a
4
>>> a *= 3 ─ a = a * 3과 같음
>>> a
12
>>> a //= 2 ─ a = a // 2와 같음
>>> a
6
>>> a **= 2 ─ a = a ** 2와 같음
>>> a
36
>>>
```

1.4.3 리스트

파이썬에서는 단일 값뿐만 아니라 여러 값을 한꺼번에 취급할 수 있습니다. 그중 한 방법이 리스트(그림 1-7)입니다. 리스트에 저장된 개별 데이터를 '요소'라고 하며, 맨 앞으로부터의 위치를 지정해 요소에 접근합니다.

여기서는 '3', '1', '4', '2', '5'의 5개 값을 저장한 리스트에 a라는 이름을 붙이고 있습니다. a[0], a[1], … 처럼 0번부터 순서대로 지정해 각 요소에 접근합니다.

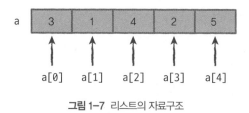

그림 1-7 리스트의 자료구조

리스트의 요소는 0부터 세므로 a[3]은 네 번째 요소를 지정한다는 점에 주의해야 합니다. 이처럼 원하는 요소의 번호에서 1을 뺀 수를 지정합니다. 또한, 요소 번호로 음숫값을 지정하면 뒤에서부터 반대로 접근할 수 있습니다. 예를 들어 요소 번호를 −1로 지정하면 마지막 요소에, −2를 지정하면 마지막에서 두 번째 요소에 접근할 수 있습니다.

또한, 리스트에 저장할 수 있는 자료형에는 제약이 없으며 서로 다른 자료형의 요소라도 같은 리스트에 저장할 수 있습니다.[11]

실행 결과_ 리스트를 작성하고 요소 얻기

```
C:\> python
>>> a = [3, 1, 4, 2, 5]  ── 리스트를 작성하고 변수 'a'에 대입
>>> a[0]  ── 리스트의 첫 번째 요소를 지정
3
>>> a[3]  ── 리스트의 네 번째 요소를 지정
2
>>> a[-1]  ── 리스트의 마지막 요소를 지정
5
>>> b = [1, 2.0, 3 + 4j, 'abc', [-1, 1]]   자료형이 다른 요소로 구성된 리스트를 작성
                                           하고 변수 'b'에 대입
```

---

11 파이썬은 동일한 자료형의 값만 저장할 수 없는 '배열'이라는 자료구조(표준 라이브러리의 array 모듈)도 있지만, 그다지 사용되지 않으므로 여기서는 다루지 않습니다.

```
>>> b
[1, 2.0, (3+4j), 'abc', [-1, 1]]
>>>
```

리스트의 범위를 콜론(:)으로 구분해 지정함으로써 연속하는 요소를 한꺼번에 얻을 수 있습니다(이때 : 뒤에 지정한 요소 위치는 포함하지 않습니다). 예를 들어 요소 번호로 1:3이라는 범위를 지정하면 두 번째에서 세 번째 요소까지 얻을 수 있습니다.

실행 결과_ 리스트에서 연속되는 요소 얻기

```
C:\> python
>>> a = [3, 1, 4, 2, 5]  —— 리스트를 작성하고 변수 'a'에 대입
>>> a[1:3]  —— 두 번째부터 세 번째까지의 요소를 지정
[1, 4]
>>> a[2:]  —— 세 번째 이후의 요소를 지정
[4, 2, 5]
>>> a[:3]  —— 세 번째까지의 요소를 지정
[3, 1, 4]
>>> a[:-3]  —— 뒤에서 네 번째까지의 요소를 지정
[3, 1]
>>>
```

1.4.4 튜플

리스트와 비슷한 자료구조로 튜플tuple을 사용할 수도 있습니다. 리스트는 대괄호([])로 요소를 둘러싸지만 튜플은 소괄호(())로 요소를 둘러쌉니다.

실행 결과_ 리스트와 튜플

```
C:\> python
>>> list_data = [1, 2, 3, 4, 5]  —— 리스트
>>> tuple_data = (1, 2, 3, 4, 5)  —— 튜플
>>> type(list_data)
<class 'list'>
>>> type(tuple_data)
<class 'tuple'>
>>>
```

리스트와 튜플은 생김새가 비슷하지만 차이가 있습니다. 예를 들어 리스트는 요소를 추가할 수 있지만 튜플은 한 번 만들면 요소를 추가할 수 없습니다. 물론 튜플의 요소를 제거하거나 변경할 수도 없습니다. 튜플의 요소를 변경하려고 하면 다음과 같은 오류가 발생합니다.

실행 결과_ 리스트는 수정이 가능하지만 튜플은 불가능

```
C:\> python
>>> list_data = [1, 2, 3, 4, 5]
>>> list_data[2] = 10 ── 리스트의 경우 수정 가능
>>> list_data
[1, 2, 10, 4, 5]
>>> tuple_data = (1, 2, 3, 4, 5)
>>> tuple_data[2] = 10 ── 튜플의 경우 오류 발생
Traceback (most recent call last):
  File '<stdin>', line 1, in <module>
TypeError: 'tuple' object does not support item assignment
>>>
```

튜플을 사용하면 리스트보다 처리 속도가 빨라질 뿐만 아니라 실수로 데이터를 수정해 버릴 염려가 없습니다. 상황에 따라 구분해 사용합시다. 참고로 이 책에서는 전부 리스트를 사용해 소스 코드를 작성합니다.

1.5 문자와 문자열

Point 파이썬에서는 문자와 문자열을 동일하게 취급합니다.

Point 리스트처럼 범위를 지정하여 문자열 일부를 꺼낼 수 있습니다.

Point 여러 문자열을 연결해 새로운 문자열을 생성할 수 있습니다.

1.5.1 문자와 문자열 다루기

프로그램에 따라서는 앞에서 소개한 숫자뿐만 아니라 문자나 문자열(연속된 문자들)을 처리해야 합니다. 파이썬에서 작은따옴표(') 또는 큰따옴표(")로 둘러싼 부분이 문자 혹은 문자열로 처리됩니다(문자 및 문자열을 다르게 취급하는 프로그래밍 언어도 있지만 파이썬은 같은 것으로 간주합니다).

문자열의 범위를 지정해 리스트처럼 일부를 꺼낼 수 있습니다.

실행 결과_ 문자열 얻음

```
C:\> python
>>> 'abcdefg'      ─── 작은따옴표로 문자열을 설정
'abcdefg'
>>> "abcdefg"      ─── 큰따옴표로 문자열을 설정
'abcdefg'
>>> 'abcdefg'[2]   ─── 세 번째 문자를 꺼냄
'c'
>>> 'abcdefg'[2:5] ─── 세 번째부터 다섯 번째 문자열까지 꺼냄
'cde'
>>> 'abcdefg'[-3]  ─── 뒤에서 세 번째 문자를 꺼냄
'e'
>>> 'abcdefg'[2:]  ─── 세 번째 이후의 문자열을 꺼냄
'cdefg'
>>> 'abcdefg'[:5]  ─── 맨 앞부터 다섯 번째까지의 문자열을 꺼냄
'abcde'
>>>
```

1.5.2 문자열 연결

+ 연산으로 여러 문자열을 연결해 새로운 문자열을 만들 수 있습니다.

실행 결과_ 문자열의 연결

```
C:\> python
>>> "abc" + "def"
'abcdef'
>>> 'abc' + 'def'
'abcdef'
>>>
```

덧붙여 문자열과 숫자 등 자료형이 다른 것에 대해 + 연산을 수행하면 다음과 같이 오류가 발생합니다.

실행 결과_ 자료형이 다른 것끼리 + 연산(오류 발생)

```
C:\> python
>>> 'abc' + 123 ──── 문자열과 숫자 더하기
Traceback (most recent call last):
  File '<stdin>', line 1, in <module>
TypeError: can only concatenate str (not 'int') to str
>>> 123 + 'abc' ──── 숫자와 문자열 더하기
Traceback (most recent call last):
  File '<stdin>', line 1, in <module>
TypeError: unsupported operand type(s) for +: 'int' and 'str'
>>>
```

문자열과 숫자를 결합해 문자열로 만들고 싶다면 형 변환을 수행하거나 문자열에 삽입하는 방법 등이 있습니다.

실행 결과_ 자료형이 다른 것끼리 + 연산(정상 출력)

```
C:\> python
>>> 'abc' + str(123) ──── 문자열과 숫자 더하기
'abc123'
>>> str(123) + 'abc' ──── 숫자와 문자열 더하기
'123abc'
>>> 'abc%i' % 123 ──── 문자열에 숫자 삽입하기
'abc123'
>>>
```

1.6 조건 분기와 반복

Point 조건에 부합하는지에 따라 처리를 분기하고 싶은 경우에는 if를 사용합니다.

Point 같은 처리를 반복할 때는 for나 while을 사용하며, 들여쓰기로 블록 범위를 지정합니다.

1.6.1 조건 분기

파이썬뿐만 아니라 대부분의 프로그래밍 언어는 소스 코드를 앞에서부터 차례대로 읽어 처리합니다. 하지만 조건을 충족한 경우에 처리를 나누고 싶을 수 있습니다.

이럴 때는 if 이후에 조건을 지정하고 조건을 만족시키는 경우에만 수행할 처리를 다음 행에 작성합니다. 조건을 만족하지 않을 때만 수행할 처리는 else를 사용해 다음 행에 처리를 작성합니다. 이를 통해 둘 중 한쪽만 처리됩니다. 또한, 조건의 마지막 부분에는 :를 붙입니다.

```
if 조건식:
____조건을 충족할 때 수행할 작업
else:
____조건을 충족하지 않을 때 수행할 작업
```

다음 실행 결과의 경우에는 변수 a에 3이 설정되어 있으며 a == 3이라는 조건을 충족하기 때문에 a is 3이라는 결과가 출력됩니다.

실행 결과_ if와 else에 의한 조건 분기

```
C:\> python
>>> a = 3
>>> if a == 3: 'a is 3'     ──  'a == 3'의 조건을 충족하는 경우의 처리
... else: 'a is not 3'      ──  'a == 3'의 조건을 충족하지 않을 경우의 처리
...
a is 3
>>>
```

또한, else에서 지정한 블록은 실행되지 않습니다. 여기서 =가 2개인 점에 주의하세요. =이 하나라면 대입이지만 동일한 것인지 확인할 때는 =를 두 번 씁니다.

하지만 일반적으로는 이와 같이 사용하지 않습니다. 분기의 범위에 여러 처리를 나열하게 될 가능성이 있으므로, 많은 언어에서는 조건 뒤에 중괄호({}) 등의 기호로 분기 범위(블록)을 명시합니다.

파이썬에서는 이러한 기호를 사용하지 않고 '들여쓰기indent'로 블록을 지정합니다. 즉 조건 분기에서 복수의 처리를 지정할 경우에는 들여쓴 부분이 그 블록이 됩니다.

들여쓰기는 탭 문자나 공백(스페이스) 2개를 사용할 수도 있지만 파이썬에서는 보통 다음과 같이 공백 4개를 사용합니다.

실행 결과_ 조건 분기에는 들여쓰기를 사용

```
C:\> python
>>> a = 3
>>> if a == 3:
...     'a is 3'
... else:
...     'a is not 3'
...
a is 3
>>>
```

공백 4개를 넣음

if 조건에 지정하는 비교 연산자는 표 1-5와 같습니다.

표 1-5 파이썬에서 사용할 수 있는 비교 연산자

비교 연산자	의미
a == b	a와 b가 같음(값이 동일)
a! = b	a와 b가 같지 않음(값이 동일하지 않음)
a < b	a보다 b가 큼
a > b	a보다 b가 작음
a <= b	a보다 b가 크거나 같음
a >= b	a보다 b가 작거나 같음
a <> b	a와 b가 같지 않음(값이 동일하지 않음)
a is b	a와 b가 같음(객체[12]가 동일)
a is not b	a와 b가 같지 않음(객체가 동일하지 않음)
a in b	a라는 요소가 리스트 b에 포함됨
a not in b	a라는 요소가 리스트 b에 포함되지 않음

여러 조건을 지정할 경우 '논리 연산자'를 사용합니다. 논리 연산자는 True(참)와 False(거짓)
의 두 가지 값에 대해 수행된 연산으로, 파이썬에는 표 1-6과 같은 논리 연산자가 준비되어
있습니다.

---

12 1.8.4절에서 쉽게 설명합니다. 더 자세한 내용은 여러 가지 자료를 참고하세요.

표 1-6 파이썬에서 사용할 수 있는 논리 연산자

논리 연산자	의미
a and b	a와 b가 모두 True일 때는 True, 그렇지 않으면 False
a or b	a와 b 중 하나라도 True이면 True, 모두 False이면 False
not a	a가 False이면 True, a가 True이면 False

예를 들어 10 이상 20 미만의 범위인지를 확인할 때 다음과 같이 논리 연산자를 지정할 수 있습니다.

실행 결과_ 논리 연산자 사용

```
C:\> python
>>> a = 15
>>> if (a >= 10) and (a < 20):    10 이상 20 미만의 범위인지 확인
...     '10 <= a < 20'
... else:
...     'a < 10 or 20 <= a'
...
10 <= a < 20'
>>>
```

또한, 연산자에는 우선순위가 있으며 표 1-7과 같은 순서대로 처리됩니다(곱셈이 덧셈보다 우선순위가 높다고 앞에서 이미 설명했습니다).

표 1-7 파이썬에서 연산자의 우선순위

우선순위	연산자	내용
높음 ↕ 낮음	**	지수
	*, /, //, %	곱셈, 나눗셈, 나머지
	+, -	덧셈, 뺄셈
	<, <=, ==, !=, >, >= 등	비교 연산자
	not	논리 NOT
	and	논리 AND
	or	논리 OR

비교 연산자 쪽이 논리 연산자보다 우선순위가 높으므로, 조금 전의 소스 코드는 다음과 같이 괄호를 빼고 작성할 수도 있습니다.

실행 결과_ 연산자의 우선순위를 이용해 코드 재작성

```
C:\> python
>>> a = 15
>>> if a >= 10 and a < 20:        조건식에서 괄호 제거
...     '10 <= a < 20'
... else:
...     'a < 10 or 20 <= a'
...
10 <= a < 20
>>>
```

다만, 이해를 돕기 위해 괄호로 묶어 표기하는 방법이 많이 사용됩니다. 덧붙여 범위를 지정할 경우 파이썬에서는 if 10 <= a < 20:과 같이 변수 양쪽에 범위를 지정할 수도 있습니다.

1.6.2 긴 줄의 작성 방법

복잡한 조건식을 사용할 때처럼 내용이 길어져 한 줄을 넘는 경우가 있습니다. 편집 화면에서 가로 스크롤은 번거로우므로 화면 가장자리에서 자동으로 접어서 표시해주는 편집기도 있지만, 파이썬에서는 긴 줄을 도중에 줄바꿈해서 여러 줄로 나누어 쓸 수 있습니다.

그 방법은 역슬래시(\)를 사용하는 것입니다.[13] 줄 끝에 역슬래시를 쓰면 그 뒤의 줄바꿈을 무시하고 해당 행이 이어진다고 판단합니다(코드 1-3).

코드 1-3 long_sentence.py

```
long_name_variable =  1111111111
if (long_name_variable == 1111111111) \
or (long_name_variable == 2222222222) \
or (long_name_variable == 3333333333):
    print('long value')
```

---

13 사용자 환경에 따라 원won 기호(₩)로 표시됩니다.

실행 결과_ long_sentence.py(코드 1-3) 실행

```
> python long_sentence.py
long value
>
```

URL 등 긴 문자열의 경우 공백으로 분리해 결합할 수 있습니다. 역슬래시와 조합하면 여러 줄일 때도 하나의 문자열로 처리할 수 있습니다. 예를 들어 코드 1-4의 세 가지 문자열은 모두 동일한 URL을 나타냅니다.

코드 1-4 url.py

```
url1 = 'https://archmond.net/archives/11551'
url2 = 'https://archmond.net' '/archives/11551'
url3 = 'https://archmond.net' \
       '/archives/11551'


print(url1)
print(url2)
print(url3)
```

실행 결과_ url.py(코드 1-4) 실행

```
> python url.py
https://archmond.net/archives/11551
https://archmond.net/archives/11551
https://archmond.net/archives/11551
>
```

리스트나 튜플 등과 같이 괄호로 묶은 경우에는 여러 줄이더라도 행이 이어진다고 판단합니다. 그러므로 코드 1-5처럼 하나의 요소가 길 때는 보통 각 요소를 한 줄에 하나씩 씁니다.

코드 1-5 url_list.py

```
url_list = [
    'https://archmond.net',
    'https://www.dongyangbooks.co.kr',
    'http://m.dongyangbooks.com'
]
```

```
print(url_list)
```

실행 결과_ url_list.py(코드 1-5) 실행

```
> python utl_list.py
['https://archmond.net', 'https://www.dongyangbooks.co.kr', 'http://m.dongyangbooks.com']
>
```

1.6.3 반복

동일한 작업을 반복하려면 for를 사용합니다. for는 지정된 횟수만큼 작업을 반복할 때 유용합니다. 횟수를 지정하려면 range에 이어 반복할 횟수를 씁니다. 이렇게 range처럼 값을 지정해 결과를 돌려받는 문법을 함수^{function}라고 합니다.[14] 그리고 다음 실행 결과처럼 range(3)을 지정할 경우, 이 '3'과 같은 값을 함수의 인수^{argument}라고 합니다.

실행 결과에서는 다음 행에서 print라는 함수를 사용합니다. 이것은 지정된 인수를 표준 출력 (화면)으로 출력하는 함수입니다.

실행 결과_ for에 의한 반복 처리

```
C:\> python
>>> for i in range(3):  ── 3회 반복하여 변수 i에 0~2를 순서대로 저장
...     print(i)  ── 변수 i의 내용을 출력
...
...
0
1
2
>>>
```

range 함수는 인수로 하한값과 상한값을 지정해 범위를 좁힐 수도 있습니다. 이때 지정한 하한값은 대상에 포함되지만 상한값은 포함되지 않는다는 점에 주의하세요.

---

14 함수에 대해서는 1.8절에서 자세히 설명합니다.

실행 결과_ range 함수로 반복 범위 좁히기

```
C:\> python
>>> for i in range(4, 7):
...     print(i)
...
4
5
6
>>>
```

또한, for 조건 부분에 리스트를 지정해 해당 리스트의 요소에 순서대로 접근할 수도 있습니다. 리스트에 저장된 요소를 해당 요소의 위치에 맞춰 순서대로 처리하고 싶을 때는 enumerate _{열거형} 함수의 인수로 리스트를 지정하는 방법이 자주 쓰입니다.

실행 결과_ for의 조건으로 리스트를 지정

```
C:\> python
>>> for i in [5, 3, 7]:          리스트 지정
...     print(i)
...
5
3                        리스트 요소 수만큼 반복해, 변수 i의 위치를
7                        변수 e의 요솟값으로 순서대로 저장
>>> for i, e in enumerate([5, 3, 7]):
...     print(i, ':', e)         변수 i와 e의 내용을 출력
...
0 : 5
1 : 3
2 : 7
>>>
```

for의 경우 횟수와 요소를 지정했지만 횟수와 요소가 정해지지 않았을 수도 있습니다. 반복 조건을 알고 있는 경우에는 for를 사용하는 대신 while 뒤에 if와 같은 조건을 지정하는 방법도 있습니다. while 다음에 지정한 조건을 만족하는 동안에만 뒤에 이어지는 블록에 작성한 처리를 실행할 수 있습니다.

```
while 조건:
____조건을 만족하는 동안만 수행할 처리
```

실행 결과_ while에 의한 반복 처리

```
C:\> python
>>> i = 0
>>> while i < 4: ── i가 4보다 작을 동안만 다음 과정을 반복
...     print(i)
...     i += 1 ── i값을 1씩 증가
...
0
1
2
3
>>>
```

이러한 반복(루프loop)의 개념은 다른 언어에서도 대체로 동일하며, 블록을 지정할 때는 if에 의한 조건 분기와 마찬가지로 들여쓰기를 사용합니다.

1.7 리스트 내포

Point 리스트 내포list comprehension를 사용해 리스트 생성 및 조작을 간단하게 구현할 수 있습니다.

Point 리스트 내포를 사용하면 처리가 빨라질 수 있습니다.

1.7.1 리스트 생성

반복을 사용하면 리스트에 요소를 연속해서 추가할 수 있습니다. 리스트에 요소를 추가하는 append 메서드를 여러 번 실행합니다.

실행 결과_ 반복을 사용한 리스트 요소 추가

```
C:\> python
>>> data = [] ── 빈 리스트를 작성
>>> for i in range(10): ── 리스트에 요소 추가
...     data.append(i)
...
>>> data
[0, 1, 2, 3, 4, 5, 6, 7, 8, 9]
>>>
```

하지만 파이썬은 리스트 내포list comprehension라는 작성 방법을 이용해 동일한 처리를 다음과 같이 간단하게 작성할 수 있습니다.

실행 결과_ 리스트 내포로 코드 재작성

```
C:\> python
>>> data = [i for i in range(10)] ─── 0에서 9까지의 10개 요소를 생성
>>> data
[0, 1, 2, 3, 4, 5, 6, 7, 8, 9]
>>>
```

리스트 내포는 수학의 '집합'을 나타내는 방법과 유사합니다. 예를 들어 수학에서는 $\{x \mid x$는 10 미만의 자연수$\}$ 같이 작성합니다. 앞의 소스 코드와 표현이 비슷하다고 느끼는 사람이 많을 것입니다.

1.7.2 조건을 지정해 리스트 생성

조건을 지정하고 해당 조건에 일치하는 항목만으로 리스트를 만들 때도 다음과 같이 작성할 수 있습니다. 이렇게 쓰면 0부터 9까지의 숫자 중 짝수만 꺼내어 리스트를 만들 수 있습니다.

실행 결과_ 리스트 내포로 '조건에 일치하는 항목 리스트' 작성

```
C:\> python
>>> data = [i for i in range(10) if i % 2 == 0]
>>> data                                    └── 2로 나뉠 때(짝수)
[0, 2, 4, 6, 8]
>>>              └── 0부터 9까지의 수를 생성
```

파이썬에서는 루비Ruby와 같은 프로그래밍 언어와 다르게 if를 문장 뒤에 쓸 수 없지만 리스트 내포를 사용하면 조건을 문장 뒤에 지정할 수 있습니다. 이러한 리스트 내포를 사용하면 단순한 반복문을 사용할 때보다 작업을 빠르게 처리할 수 있으므로, 작성 방법에 익숙해지는 것이 좋습니다.

리스트 내포로 if~else와 같이 조건을 충족하지 못하는 경우의 처리를 지정할 때는 작성 방법이 조금 달라집니다. 예를 들어 짝수일 때는 해당 숫자를 출력하고 홀수일 때는 0을 출력해야 한다면, 해당 조건을 앞쪽에 작성합니다.

실행 결과_ 리스트 내포로 조건을 충족하지 않는 경우의 처리를 지정

```
C:\> python
>>> data = [i if i % 2 == 0 else 0 for i in range(10)]
>>> data
[0, 0, 2, 0, 4, 0, 6, 0, 8, 0]
>>>
```

1.8 함수와 클래스

Point 함수를 만들면 처리 코드의 중복 작성을 줄일 수 있습니다.

Point 파이썬에서 함수의 인수는 기본적으로 '참조에 의한 전달'입니다.

Point 변수의 유효 범위에 주의해야 합니다.

1.8.1 함수 작성

여러 번 수행할 작업을 구현할 때는 실행 횟수만큼 똑같은 처리 내용을 반복해 작성해도 되지만, 해당 내용을 함수로 정의해두고 함수를 호출해 처리하도록 만들면 좋습니다. 함수를 사용할 때는 함수를 정의할 때 지정한 매개변수의 조건에 맞는 값을 바꾸어가며 동일한 작업을 수행할 수 있습니다. '매개변수의 조건에 맞는 값'을 '인수'라고 하며, 인수는 함수명 뒤에 괄호로 묶어서 표현합니다.

또한, 처리에 수정이 필요할 때도 해당 처리를 구현하는 함수의 내용만 고치면 되므로 수정할 범위를 줄일 수 있습니다.

```
def 함수명(매개변수):
____수행할 처리
____return 반환값
```

함수를 정의하려면 def 키워드를 사용합니다. 값을 반환할 때는 반환하는 값을 return 뒤에 지정하지만, 화면에 결과를 출력하기만 하거나 처리를 하나로 묶을 때는 값을 반환하지 않는 함수나 인수가 없는 함수를 만들 수 있습니다. 이때 반환하는 값을 '반환값' 또는 '리턴값'이라고 합니다.

예를 들어 인수 2개를 받고 그 합을 반환하는 함수는 다음과 같이 만들 수 있습니다.

실행 결과_ 간단한 함수의 예

```
C:\> python
>>> def add(a, b):       ── a와 b라는 인수 2개를 받음
...      return a + b    ── a와 b의 합을 반환
...
>>> add(3, 5)   ── 인수를 지정해 실행
8
>>> add(4, 6)   ── 인수를 지정해 실행
10
>>>
```

작성한 함수의 호출 방법은 지금까지 print 함수 등을 사용할 때와 마찬가지로, 함수명 뒤 괄호 안에 인수를 지정합니다.

1.8.2 값에 의한 전달과 참조에 의한 전달

앞에서 함수에는 매개변수^{parameter}와 인수^{argument}라는 두 가지 개념이 있다고 설명했습니다. 앞에서 작성한 함수 add의 경우 a와 b가 매개변수이고 3과 5, 4와 6이 인수입니다. 즉, 함수의 정의에 사용되는 것이 매개변수이고 함수를 호출할 때 함수에 전달되는 것이 인수입니다.

이때 값이 저장된 변수를 인수로 사용하는 상황을 생각해봅시다. 예를 들어 다음과 같이 호출된다고 가정합니다.

실행 결과_ 매개변수와 인수

```
C:\> python
>>> def add(a, b): ─── a, b: 매개변수
...     return a + b
...
>>> x = 3
>>> y = 5
>>> add(x, y) ─── x, y: 인수
8
>>>
```

여기서 함수의 매개변수에 인수의 값을 복사해 전달하는 방법을 '값에 의한 전달pass by value'이라고 합니다(그림 1-8). 다른 프로그래밍 언어를 안다면 a에 x값이, b에 y값이 복사해 전달된다고 생각할 수도 있습니다. 다만, 어디까지나 '복사'이므로 함수에서 a의 값이 변경되어도 호출한 x값은 변경되지 않습니다.

한편 함수의 매개변수에 인수의 메모리 위치(주소)를 전달하는 방법을 '참조에 의한 전달pass by reference'이라고 합니다. 변수에 저장된 값은 메모리의 확보된 영역에 저장되어 있으므로, 그 장소를 전달하면 변수 내용을 읽고 쓸 수 있습니다. 이때 해당 위치의 값을 바꿔쓰므로 함수에서 a의 값이 바뀌면 호출한 x값도 바뀝니다.

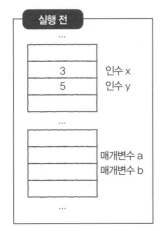
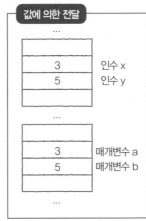
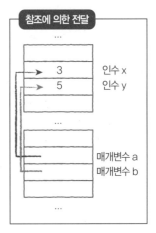

그림 1-8 값에 의한 전달과 참조에 의한 전달

파이썬은 기본적으로 참조에 의한 전달pass by reference이 사용됩니다. 하지만 전달된 변수의 자료
형data type에 따라 다르게 작동합니다. 예를 들어 다음과 같이 인수로 '정수'를 전달하는 처리를
실행하면, 함수 내에서 a의 값을 갱신하지만 호출한 x값은 변경되지 않습니다.

실행 결과_ 함수의 인수로 '정수'를 전달한 경우

```
C:\> python
>>> def calc(a):
...     a -= 1 ── 매개변숫값을 고쳐 씀
...     return a
...
>>> x = 3 ── 처리 전 값을 설정
>>> calc(x) ── 함수 호출
2
>>> x ── x값이 변하지 않음
3
```

한편, 인수로 '리스트'를 전달하는 처리를 실행하면, 함수에서 a의 값을 고치면 호출한 x값도
바뀝니다.

실행 결과_ 함수의 인수로 '리스트'를 전달한 경우

```
C:\> python
>>> def calc(a):
...     a[0] -= 1 ── 매개변숫값을 고쳐 씀
...     return a
...
>>> x = [4, 2, 5] ── 처리 전 값을 설정
>>> calc(x) ── 함수 호출
[3, 2, 5]
>>> x ── x값이 변했음
[3, 2, 5]
```

함수에서 고쳐쓸 수 없는 자료형은 정수와 부동소수점 숫자, 문자열, 튜플 등을 꼽을 수 있습
니다. 이러한 자료형을 불변형immutable type이라고 합니다. 한편, 리스트나 사전(dict), 집합(set)
등은 함수에서 고쳐쓸 수 있으므로 가변형mutable type이라고 합니다. 이처럼 파이썬에서 함수에
인수를 전달할 때는 해당 인수가 불변형인지 가변형인지 의식해 구현해야 합니다.

1.8.3 변수의 유효 범위

파이썬에서는 변수에 자료형을 미리 선언할 필요가 없습니다. 변수에 값을 대입한 시점에 해당 변수의 자료형이 정해져 적절한 크기의 영역을 메모리에 확보합니다. 다만, 그 변수가 사용되는 범위(유효 범위variable scope)는 알고 있어야 합니다.

파이썬에서 변수의 범위는 표 1-8의 4종류가 있습니다. 일반적으로 사용되는 것은 전역 변수global variable와 지역 변수local variable의 두 가지입니다.

표 1-8 파이썬의 변수 범위

변수 범위	내용
지역 변수local variable	함수 내부 등 일부에서만 접근할 수 있는 변수
인클로징 범위 변수enclosing scope variable	함수 외부에 있는 지역 변수(함수 내에서 함수를 정의하는 경우 등에 사용됨)
전역 변수global variable	프로그램(파일) 내에서 어디서나 접근할 수 있는 변수
내장 변수built-in variable	len이나 range와 같은 내장 함수 등 어디서나 접근할 수 있는 변수

코드 1-6과 같은 소스 코드를 살펴봅시다. 여기서 사용된 변수 x는 전역 변수이며 함수 check에서 사용되는 변수 a는 지역 변수입니다. 외형에는 차이가 없지만 범위는 서로 다릅니다.

코드 1-6 scope.py

```
x = 10 ── 전역 변수에 값을 설정


def check():
    a = 30 ── 지역 변수에 값을 설정
    return
```

코드 1-7처럼 소스 코드를 바꿔서 각 변숫값을 출력해봅시다.

코드 1-7 scope1.py

```
x = 10


def check():
    a = 30
```

```
    print(x) ── 전역 변숫값을 출력
    print(a) ── 지역 변숫값을 출력
    return

check() ── 함수 check를 호출
print(x) ── 전역 변숫값을 출력
print(a) ── 지역 변숫값을 출력(에러 발생)
```

9번째 줄에서 함수 check를 호출해 해당 함수의 내부 처리가 실행됩니다. 함수 내에서 변수 a
에 30을 넣은 후 x와 a값을 순서대로 출력합니다. 그러나 함수 check가 종료된 후에 x와 a값을
출력하려고 하면 x는 출력할 수 있지만 a는 정의되지 않아 오류가 발생합니다.

실행 결과_ scope1.py(코드 1-7) 실행

```
> python scope1.py
10 ── 함수 check 내에서 전역 변수 출력
30 ── 함수 check 내에서 지역 변수 출력
10 ── 함수 check 종료 후 전역 변수 출력
Traceback (most recent call last):
  File "scope1.py", line 11, in <module>
    print(a)
NameError: name 'a' is not defined
>
```

x는 전역 변수이므로 함수의 내부나 외부에서 접근할 수 있지만, a는 지역 변수이므로 함수 내
부에서만 접근할 수 있습니다. 또한, C++와 같은 다른 언어에서는 if 문이나 for 문에서 정
의한 변수에 if 문이나 for 문의 범위 외부에서 접근할 수 없는 경우가 있지만, 파이썬의 경우
에는 코드 1-8처럼 문제없이 접근할 수 있습니다.

코드 1-8 scope2.py

```
x = 10

if True:
    a = 30 ── if 내에서 변수에 대입
    print(x)
    print(a)
```

```
print(x)
print(a)
```

실행 결과_ scope2.py(코드 1-8) 실행

```
> python scope2.py
10
30
10
30
>
```

다만, 전역 변수는 함수 내에서 읽어들이는 것만 가능합니다. 따라서 함수 내에서 값을 얻을 수 있지만 함수 내에서 다시 값을 쓸 수는 없습니다. 예를 들어 코드 1-9의 코드는 에러가 발생합니다.

코드 1-9 scope3.py

```
x = 10

def update():
    x += 30  ─── 갱신하려는 변수 x는 지역 변수
    print(x)

update()
print(x)
```

실행 결과_ scope3.py(코드 1-9) 실행

```
> python scope3.py
Traceback (most recent call last):
  File "scope3.py", line 7, in <module>
    update()
  File "scope3.py", line 4, in update
    x += 30
UnboundLocalError: local variable 'x' referenced before assignment
>
```

이것은 코드 1-9의 네 번째 줄에서 갱신(x += 1)하려고 했던 변수 x가 전역 변수가 아닌 지역 변수로 인식되고 있기 때문입니다. 따라서 x가 정의되지 않았다는 오류가 발생합니다.

코드 1-10처럼 전역 변수와 같은 이름의 변수에 값을 설정하면 함수 내에서는 지역 변수로 처리됩니다. 함수 내에서 값은 설정되지만 함수를 빠져나가면 그 값은 파기됩니다.

코드 1-10 scope4.py

```
x = 10

def reset():
    x = 30 ──── 전역 변수와 같은 이름이지만 지역 변수로 처리됨
    print(x)

reset()
print(x)
```

실행 결과_ scope4.py(코드 1-10) 실행

```
> python scope4.py
30
10
>
```

전역 변숫값을 갱신하려면 코드 1-11처럼 global을 지정하여 함수 내에서 변수를 선언해 사용합니다.

코드 1-11 scope5.py

```
x = 10

def reset():
    global x ──── 전역 변수로서 선언됨
    x = 30 ──── 전역 변수에 대입됨
    print(x)

reset()
print(x)
```

```
> python scope5.py
30
30
>
```

전역 변수를 사용하면 인수나 반환값을 사용하지 않고 함수 안팎에서 값을 주고받을 수 있습니다. 그러나 예상하지 못한 부분에서 변수의 내용을 갱신할 가능성이 있으므로, 대규모 소스 코드를 작성하는 경우에는 최대한 변수의 유효 범위를 좁히는 것이 중요합니다. 가능한 한 전역 변수는 사용하지 않고 지역 변수를 사용하도록 합시다.

1.8.4 객체 지향과 클래스

파이썬은 객체 지향 언어object-oriented language입니다. 객체 지향에서는 '데이터'와 '작업'을 한곳에 모아 처리하는 것이 특징입니다. 지금까지는 변수라는 데이터와 함수를 따로 처리했습니다. 이를 한 덩어리로 처리하면 수정의 영향을 최소화하는 등 유지보수를 쉽게 할 수 있습니다.

한 덩어리로 만든 대상을 객체object라고 하며, 객체 내부의 데이터에는 준비된 조작을 통해서만 접근할 수 있도록 하는 캡슐화encapsulation라는 구조가 있습니다(그림 1-9).

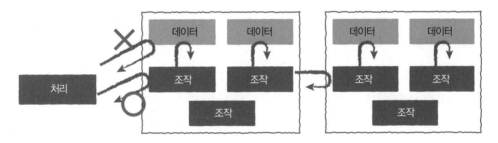

그림 1-9 객체 지향 프로그램의 이미지

다른 곳에 보일 필요가 없는 조작은 외부에서 처리할 수 없도록 할 뿐만 아니라, 필요한 조작만 공개하여 잘못된 방법으로 사용되는 것을 방지합니다.

객체 지향에서는 처리 대상을 객체 단위로 분할해 객체끼리 메시지를 주고받으며 작업을 진행합니다. 또한, 객체의 설계도와 같은 것을 클래스class라고 하며, 실체화한 것을 인스턴스instance 라고 합니다(그림 1-10).

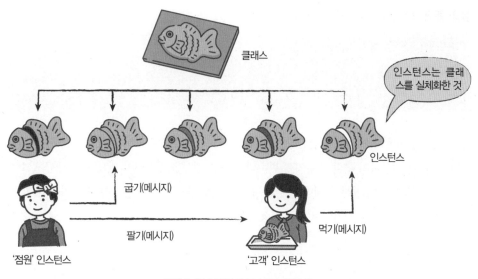

그림 1-10 클래스와 인스턴스의 관계

이 책에서 배우는 알고리즘을 구현하는 정도라면 새로운 클래스를 만들 필요는 없을지도 모르지만, 라이브러리를 사용하는 경우에는 객체 지향의 사고방식을 알고 있어야 합니다. 또한, 향후 다른 분야에서 파이썬을 사용할 경우에도 객체 지향 개념을 익혀두면 대규모 시스템 개발에 사용할 수 있습니다.[15]

파이썬 소스 코드에서 데이터와 함수 등은 모두 객체입니다. 지금까지 설명한 정수와 소수, 문자열, 리스트, 튜플 등도 모두 객체라는 사실은 지금까지 등장한 type 함수의 결과를 보면 분명해집니다(1.3.3절 및 1.4.4절의 실행 결과 참고).

파이썬으로 클래스를 만들 때는 class 키워드에 이어 클래스명을 지정합니다. 이때 클래스명은 대문자로 시작합니다. 클래스 변수와 클래스 내 함수(메서드method)는 들여쓰기로 정의합니다. 메서드를 정의할 때는 함수와 마찬가지로 def 키워드를 사용합니다. 잠시 뒤 살펴볼 '클래스를 정의하여 인스턴스 생성'하는 코드에서 클래스와 메서드를 정의하고 있습니다.

```
class 클래스명:
____def 메서드명(인수):
_____처리 내용
```

---

15 이 책에서는 객체 지향에 관한 자세한 내용은 설명하지 않습니다. 자세히 알고 싶은 분은 객체 지향을 다루는 관련 도서를 참고하기 바랍니다.

```
____def 메서드명(인수):
_____처리 내용
...
```

클래스를 사용하려면 클래스명을 지정해 인스턴스를 생성한 후, 인스턴스명에 마침표와 메서드명을 지정하여 메서드를 호출합니다.

다음 예제에서는 name 및 password라는 데이터와 login 및 logout과 같은 조작을 가진 User 클래스를 정의하고, name에 admin, password에 password라는 값을 가진 인스턴스를 생성합니다. 로그인 시 password라는 암호로 처리하면 문제없이 로그인 및 로그아웃할 수 있음을 알 수 있습니다.

실행 결과_ 클래스를 정의하여 인스턴스 생성

```
C:\> python
>>> class User: ── User 클래스 정의
...     def __init__(self, name, password): ── 생성자 정의
...         self.name = name
...         self.password = password
...     def login(self, password): ── 로그인 메서드 정의
...         if self.password == password:
...             return True
...         else:
...             return False
...     def logout(self): ── 로그아웃 메서드 정의
...         print('logout')
...
>>> a = User('admin', 'password') ── 사용자 이름 admin, 암호 password인 사용자 만들기
>>> if a.login('password'): ── 암호 password를 사용해 로그인 한 상태
...     a.logout()
...
logout
>>> ── 다음 예제를 이어서 실행해야 하니 종료하지 마세요
```

메서드를 정의할 때는 다른 언어와 달리 인수에 self를 반드시 작성해야 합니다. 파이썬은 메서드에 반드시 하나의 인수를 지정해야 하며, 첫 번째 인수를 self로 하는 관례가 있습니다.

__init__은 생성자constructor라고 하는데, 객체를 생성할 때마다 호출되는 메서드로 객체가 취급하는 데이터 등을 초기화하는 데 사용됩니다. 마찬가지로 객체 폐기 시(해제 시) 반드시 호출되는 메서드로 소멸자destructor가 있으며 __del__이라는 메서드로 지정합니다. 다만 파이썬에서는 소멸자가 사용되는 상황은 별로 없습니다.

기존 클래스에서 그 특징을 계승한 새로운 클래스를 만드는 것을 상속inheritance이라고 합니다. 상속을 사용하면 여러 클래스에 공통되는 부분을 물려받는 클래스(기저 클래스base class)로 통합할 수 있습니다. 클래스를 상속하려면 클래스 정의 시 기저 클래스를 다음과 같이 인수로 지정합니다. 곧 살펴볼 '실행 결과_ 클래스의 상속'에서는 User 클래스를 상속해 GuestUser 클래스를 정의하고 있습니다.

```
class 클래스명(상속할 클래스명):
____def 메서드명(인수):
_____처리 내용
...
```

실행 결과_ 클래스의 상속

```
C:\> python
──┌ 이전 페이지의 '클래스를 정의하여 인스턴스 생성'에서 User 클래스를 정의해 둠 ┐
>>> class GuestUser(User):  ──┌ User 클래스를 상속하여 GuestUser 클래스를 정의 ┐
...     def __init__(self):
...         super().__init__('guest', 'guest')
...
>>> b = GuestUser()
>>> if b.login('guest'):
...     b.logout()
...
logout
>>>
```

객체 지향 프로그래밍에서는 관련 데이터나 메서드를 클래스로 묶어 클래스 밖에서 내부의 변수와 메서드에 직접 접근할 수 있도록 하는 '캡슐화'가 자주 사용됩니다. 캡슐화로 접근 범위를 제한하면, 해당 클래스를 이용하는 다른 프로그램이 함부로 데이터를 수정할 수 없으므로 불필요한 버그의 발생을 막는 효과가 있습니다.

여러 프로그래밍 언어에서는 변수나 메서드를 'public' 또는 'private' 등의 접근 속성을 지정해 접근할 수 있는 범위를 제한합니다. 파이썬에 이러한 지정은 없지만 변수나 메서드의 이름 앞에 '_' 또는 '__'을 붙이는 방법이 사용됩니다.

'_'로 시작하는 변수와 메서드는 외부에서 참조하지 않는다는 규칙이 있고 '__'로 시작하는 변수나 메서드에 접근하면 오류가 발생합니다.

실행 결과_ __로 시작하는 변수는 접근 불가

```
C:\> python
>>> class User:
...     def __init__(self, name, password):
...         self.name = name
...         self.__password = password
...
>>> c = User('admin', 'password')
>>> c.name ──── __로 시작하지 않는 것은 접근할 수 있음
'admin'
>>> c.__password ──── __로 시작하는 것은 접근할 수 없음
Traceback (most recent call last):
  File '<stdin>', line 1, in <module>
AttributeError: 'User' object has no attribute '__password'
```

[Column] 모듈 및 패키지

파이썬에서는 모듈module과 패키지package를 사용해 다른 파일을 가져와 사용할 수 있습니다. 모듈은 함수나 클래스 등이 적힌 단일 파일로, import에 이어 해당 파일을 지정해 불러옵니다. 패키지는 모듈을 모은 것으로, 유사한 기능을 가진 여러 모듈을 묶어 하나의 패키지로 취급할 수 있습니다. 읽어들인 모듈에 선언된 함수 등은 모듈명과 식별자를 마침표로 연결해 실행할 수 있습니다.

예를 들어 같은 디렉터리에 코드 1-12, 코드 1-13의 두 파일을 작성합니다. 첫 번째는 함수를 정의한 파일, 두 번째는 함수를 호출하는 파일입니다. 두 번째 파일을 실행하면 함수가 호출됩니다.

코드 1-12 func.py

```
def add(a, b):
    return a + b
```

코드 1-13 calc.py

```
import func

print(func.add(3, 4))
```

실행 결과_ calc.py(코드 1-13) 실행

```
> python calc.py
7
>
```

모듈이나 패키지의 사례로 배열 다루기를 떠올려봅시다. 본문에서 설명한 리스트는 파이썬에 내장되어 있으므로 모듈과 패키지를 불러올 필요가 없습니다.

1.4.3절의 각주에서 소개한 array 모듈은 저장할 요소의 형태를 제한하므로 메모리를 엄격하게 관리하고 싶은 경우에 사용합니다. 머신러닝에 사용하고 싶은 경우 등 수치만 더 빠르게 처리하려면, 코드 1-14처럼 NumPy라는 패키지의 ndarray를 사용합니다(아나콘다를 사용하는 경우 NumPy가 들어 있지만 그 외의 환경에서 NumPy를 사용하려면 pip install numpy라는 명령으로 설치해야 합니다).

코드 1-14 list_array.py

```
data = [4, 5, 2, 3, 6] ──[ 리스트 작성 ]

import array

data = array.array('i', [4, 5, 2, 3, 6]) ──[ 정수형 배열을 작성 ]
print(data)
print(type(data))

import numpy

data = numpy.ndarray([4, 5, 2, 3, 6]) ──[ NumPy 배열을 작성 ]
print(data)
print(type(data))
```

실행 결과_ calc.py(코드 1-14) 실행

```
> python list_array.py
array('i', [4, 5, 2, 3, 6])
```

```
<class 'array.array'>
[[[[ 1.17427367e-311  1.17427409e-311  5.09636100e+173
      1.46569833e+294 -3.42203565e-294  2.26883362e+289]
   [ 1.40738219e+294  5.99487994e+173  2.61716182e+289
      1.62403570e+241 -1.88218331e-284  6.92238815e+173]
   [ 1.55020671e+294  6.61322514e+173  7.26050033e+173
      2.58410833e+207  2.26883362e+289 -1.12412242e-149]]

(중간 생략)

   [[ 5.42579255e-109 -2.14800214e-152  5.31443899e-312
      2.56513642e-308  9.83723138e+168  5.24004812e+257]
   [ 5.41615925e+257  5.20833920e-312  1.50095011e+164
      5.25081648e-312 -1.01928842e+277  5.25290630e+170]
   [ 7.76446466e+069  1.66460623e-312  2.28700218e-308
      1.22912510e-171  4.02996675e-270  2.67573300e-212]]]]]
<class 'numpy.ndarray'>
>
```

문제 1 다음 프로그램을 실행하면 어떻게 출력될지 생각해보세요. 또한, 실제로 컴퓨터에 입력하여 직접
생각한 결과와 같은지 확인하세요(예제 파일 appendix/question01-01.py를 참고하세요).

```python
x = 3

def calc(x):
    x += 4
    return x

print(x)
print(calc(x))
print(x)
```

문제 2 다음 프로그램을 실행하면 어떻게 출력될지 생각해보세요. 또한, 실제로 컴퓨터에 입력하여 직접
생각한 결과와 같은지 확인하세요(예제 파일 appendix/question01-02.py를 참고하세요).

```python
a = [3]

def calc(a):
    a[0] += 4
    return a

print(a)
print(calc(a))
print(a)
```

문제 3 다음 프로그램을 실행하면 어떻게 출력될지 생각해보세요. 또한, 실제로 컴퓨터에 입력하여 직접
생각한 결과와 같은지 확인하세요(예제 파일 appendix/question01-03.py를 참고하세요).

```python
a = [3]

def calc(a):
    a = [4]
    return a

print(a)
print(calc(a))
print(a)
```

Chapter

2

기본적인 프로그램
작성하기

파이썬 프로그램을 작성하는 방법과 알고리즘을 만들
고 구현하는 데 필요한 순서도 그리기를 확인합니다.
그리고 몇 가지 수학 기반 알고리즘을 실제 구현하면서
알고리즘이 무엇인지를 이해합니다.

2.1 순서도 그리기

Point 순서도에 자주 쓰이는 기호를 알아봅니다.

이 책 서문의 '시작하면서'에서 언급했듯이, 알고리즘은 '문제를 해결하는 절차와 계산 방법'이며 프로그래밍과 직접적인 관계는 없습니다. 하지만 프로그램을 만들 때 처리 방법을 조금 바꾸는 것만으로 처리 시간이 대폭 단축되는 경우가 있습니다. 따라서 프로그래밍과 함께 쓰이는 사례가 많아지고 있습니다.

알고리즘을 배우려면 프로그래밍 언어 지식만으로는 충분하지 않습니다. 간단한 프로그램이라도 직접 구현해봐야 그 절차와 처리 시간을 체감할 수 있습니다. 큰 프로그램도 작은 프로그램을 조합하여 만들어집니다. 1장에서 배운 파이썬 기초 지식으로 기본적인 프로그램을 만들면서 작동을 확인해봅시다.

2.1.1 처리의 흐름 표현하기

프로그래밍을 처음 배우는 경우 소스 코드를 읽는 데 어려움을 겪을 수 있습니다. 한글이나 영어로 쓰인 문장이라도 내용이 특수하면 한 줄씩 읽어나가기가 쉽지 않습니다. 하지만 처리의 흐름이 그림으로 표시되어 있으면 직관적으로 이해할 수 있습니다. 이러한 '처리의 흐름'을 표현한 그림으로 순서도flowchart가 있습니다. 순서도는 ISO International Organization for Standardization(국제 표준화 기구)에서 정한 표준 규격으로, 프로그램의 처리를 표현할 뿐만 아니라 업무 흐름을 작성할 때도 사용됩니다.

문장으로 순서를 설명하는 것보다 그림을 보여주는 편이 구현할 내용을 알기에 더 쉽고 머릿속에 간단히 정리할 수 있으며, 다른 사람에게 원활하게 전달할 수 있습니다. 여기서는 순서도에서 자주 사용되는 기호를 소개하고, 순서도와 함께 소스 코드를 살펴보겠습니다.

2.1.2 자주 쓰이는 기호 배우기

순서도는 정해진 기호를 사용해 그리는 것이 중요합니다. 제멋대로 기호를 사용하면 보는 사람에 따라 다르게 이해하게 되므로, 올바르게 정보를 전할 수 없습니다.

일반적으로 표 2-1과 같은 기호를 사용합니다. 또한, 이러한 기호를 선(화살표)으로 이어 위에서 아래로 처리가 흘러가는 모습을 표현합니다.

표 2-1 순서도 기호

의미	기호	상세 내용
시작/끝		순서도의 시작과 끝을 나타냄
처리		처리 내용을 작성
조건 분기		if 등의 조건 분기를 나타냄 기호 안에 조건을 작성
반복		for 등의 반복을 나타냄 시작(위)과 끝(아래)에 끼워 사용
키 입력		사용자의 키보드 입력을 나타냄
정의된 처리		다른 곳에서 정의된 처리 및 함수를 나타냄

2.1.3 간단한 순서도 그리기

이 기호들을 사용해 간단한 순서도를 그려보겠습니다. 다음 순서도는 for를 사용해 0 이상 10 미만의 짝수를 출력하는 프로그램을 표현한 것입니다. 실제 프로그램(코드 2-1)과 함께 처리의 흐름을 비교해보세요.

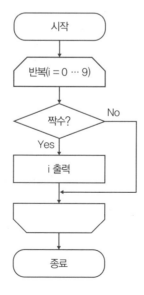

코드 2-1 even.py

```python
for i in range(10):
    if i % 2 == 0:  ──짝수일 때
        print(i)
```

실행 결과_ even.py(코드 2-1) 실행

```
> python even.py
0
2
4
6
8
>
```

[**Column**] 순서도가 꼭 필요할까?

프로그래머와 이야기를 하다 보면 '순서도를 그리는 일은 없다', '순서도는 쓸모없다'는 소리를 자주 듣습니다. 또한, '순서도는 절차형'으로 현대의 객체 지향이나 함수형에서는 사용할 수 없다고 생각하는 사람도 있습니다. 객체 지향에서는 UML^{Unified Modeling Language}(통합 모델링 언어)을 사용하는 것이 일반적입니다. 사실 필자가 평소 프로그램을 만들 때도 순서도를 그리지는 않습니다. 문서 등에서 필요한 경우에는 프로그램이 완성된 후에 작성합니다.

이렇게 불필요하다고 생각하는 사람도 있지만, 순서도에는 **프로그래밍 언어에 의존하지 않으며, 프로그래머가 아니더라도 이해할 수 있다**는 큰 장점이 있습니다. 작성한 프로그램을 사람들에게 설명할 때 특별한 지식이 필요하지 않아 알고리즘의 사고방식을 초보자에게 전할 때는 여전히 유효한 방법입니다.

2.2 FizzBuzz 구현하기

Point for에 의한 반복과 if에 의한 조건 분기를 조합합니다.

Point 나눈 나머지를 조건으로 사용합니다.

Point 간단한 순서도를 그려봅니다.

2.2.1 코딩 테스트에 자주 나오는 문제

기업에서 프로그래머를 채용할 때 '프로그램을 작성할 수 있는 프로그래머'를 분별하기 위한 테스트 문제에는 여러 가지가 있습니다. 그중 잘 알려진 문제로 FizzBuzz가 있습니다. 다음과 같은 프로그램을 작성하는 문제입니다.

> **Q** 1부터 100까지의 숫자를 순서대로 출력하는 프로그램을 작성하세요. 3의 배수일 때는 숫자 대신 'Fizz'를, 5의 배수일 때는 'Buzz'를, 3과 5의 공배수의 때는 'FizzBuzz'를 출력합니다.

여기서는 지면 사정상 1부터 50까지 출력합니다. 실제 출력 결과는 다음과 같습니다.

실행 결과_ FizzBuzz 프로그램의 출력 예

```
1 2 Fizz 4 Buzz Fizz 7 8 Fizz Buzz 11 Fizz 13 14 FizzBuzz 16 17 Fizz 19 Buzz Fizz
22 23 Fizz Buzz 26 Fizz 28 29 FizzBuzz 31 32 Fizz 34 Buzz Fizz 37 38 Fizz Buzz 41
Fizz 43 44 FizzBuzz 46 47 Fizz 49 Buzz
```

앞 결과를 출력하는 프로그램을 만들어봅시다. 먼저 1부터 50까지 숫자를 순서대로 출력하는 프로그램을 생각합니다. 파이썬에서는 반복문을 사용해 코드 2-2처럼 구현할 수 있습니다.

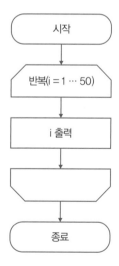

코드 2-2 fizzbuzz1.py

```
for i in range(1, 51):
    print(i, end=' ')
```
줄바꿈 없이 공백을 넣어 출력

실행 결과_ fizzbuzz1.py(코드 2-2) 실행

```
> python fizzbuzz1.py
1 2 3 4 5 6 7 8 9 10 11 12 13 14 15 16 17 18 19 20 21 22 23 24 25 26 27 28 29 30 31
32 33 34 35 36 37 38 39 40 41 42 43 44 45 46 47 48 49 50
>
```

코드 2-2에서 range의 두 번째 인수에 '51'을 지정하는 것은 마지막 수를 포함하지 않기 때문입니다. 파이썬에서는 range의 상한 수를 포함하지 않으므로 range(1, 51)를 지정하면 1~50까지의 정수를 반복해서 생성합니다. 또한, print 함수의 인수로서 end = ' '를 추가하면 출력할 때마다 줄바꿈 없이 공백을 출력할 수 있습니다.

이 프로그램을 수정해 원하는 구현에 접근해봅시다. 첫 번째 조건은 3의 배수일 때 숫자 대신 'Fizz'를 출력하는 것입니다.

2.2.2 3의 배수일 때 'Fizz' 출력

3의 배수를 판정하는 방법은 여러 가지가 있지만 '3으로 나누어떨어진다'는 점을 알면 간단합니다. 나누어떨어진다는 것은 '나머지'가 0이 되는 것과 같습니다.

많은 프로그래밍 언어가 '나머지'를 구하는 연산을 제공합니다. 1장에서 설명했듯이 파이썬에서는 % 연산을 사용해 구할 수 있습니다. 예를 들어 5 ÷ 3을 계산한 나머지는 2이므로 5 % 3을 실행하면 2를 얻을 수 있습니다.

시험 삼아 다음 코드를 실행해 결과를 확인합시다.

실행 결과_ 5 ÷ 3의 나머지 연산

```
C:\> python
>>> 5 % 3
2
>>>
```

이 방식이라면 3의 배수일 때는 3으로 나눈 나머지가 0임을 판정하면 되므로, 조건 분기를 사용해 출력 내용을 바꿉니다. 예를 들어 3으로 나누어떨어질 때는 Fizz를, 그 이외에는 숫자를 출력하는 프로그램을 코드 2-3처럼 쓸 수 있습니다.

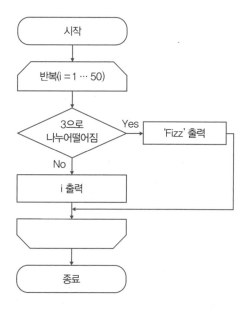

코드 2-3 fizzbuzz2.py

```python
for i in range(1, 51):
    if i % 3 == 0:      3으로 나누어떨어질 때
        print('Fizz', end=' ')
    else:               3으로 나누어떨어지지 않을 때
        print(i, end=' ')
```

실행 결과_ fizzbuzz2.py(코드 2-3) 실행

```
> python fizzbuzz2.py
1 2 Fizz 4 5 Fizz 7 8 Fizz 10 11 Fizz 13 14 Fizz 16 17 Fizz 19 20 Fizz 22 23 Fizz
25 26 Fizz 28 29 Fizz 31 32 Fizz 34 35 Fizz 37 38 Fizz 40 41 Fizz 43 44 Fizz 46 47
Fizz 49 50
>
```

2.2.3 5의 배수일 때 'Buzz' 출력

다음은 5의 배수일 때 숫자 대신 'Buzz'를 출력하는 조건을 추가합니다. 단순히 조건을 추가해 코드 2-4처럼 프로그램을 수정할 수 있습니다. 이처럼 여러 조건을 분기하고 싶을 때는 if와 else를 조합한 키워드인 elif라고 작성할 수 있습니다.

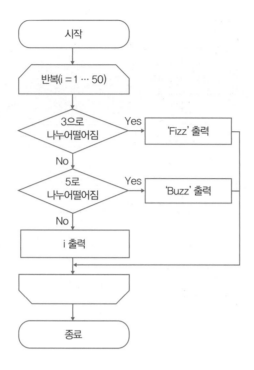

코드 2-4 fizzbuzz3.py

```python
for i in range(1, 51):
    if i % 3 == 0:      ─ 3으로 나누어떨어질 때
        print('Fizz', end=' ')
    elif i % 5 == 0:    ─ 5로 나누어떨어질 때
        print('Buzz', end=' ')
    else:   ─ 3으로도 5로도 나누어떨어지지 않을 때
        print(i, end=' ')
```

실행 결과_ fizzbuzz3.py(코드 2-4) 실행

```
> python fizzbuzz3.py
1 2 Fizz 4 Buzz Fizz 7 8 Fizz Buzz 11 Fizz 13 14 Fizz 16 17 Fizz 19 Buzz Fizz 22 23
Fizz Buzz 26 Fizz 28 29 Fizz 31 32 Fizz 34 Buzz Fizz 37 38 Fizz Buzz 41 Fizz 43 44
Fizz 46 47 Fizz 49 Buzz
>
```

먼저 3의 배수를 판정하므로, 5의 배수라도 Buzz가 출력되지 않는 경우가 있습니다(15, 30, 45의 경우). 다만, 다음 조건인 '3과 5의 공배수일 경우 'FizzBuzz'를 출력'하는 부분에서 해소할 수 있습니다.

2.2.4 3과 5의 공배수일 때 'FizzBuzz' 출력

어려운 것은 마지막 조건을 추가하는 방법입니다. 한 가지 방법으로 3의 배수의 판정을 실시한 뒤, 추가로 5의 배수를 판정하는 것을 생각할 수 있습니다. 물론 5의 배수 판정도 그대로 남겨둡니다. 예를 들어 코드 2-5처럼 구현합니다.

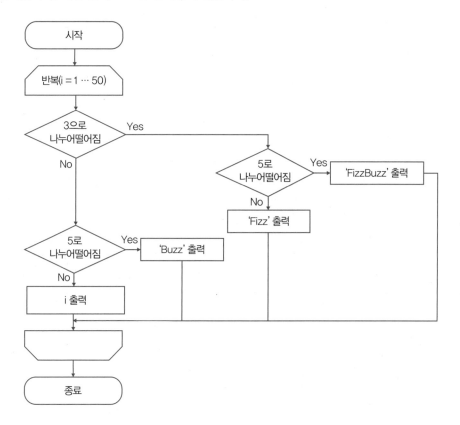

코드 2-5 fizzbuzz4.py

```python
for i in range(1, 51):
    if i % 3 == 0:
        if i % 5 == 0:
            print('FizzBuzz', end=' ')
        else:
            print('Fizz', end=' ')
    elif i % 5 == 0:
        print('Buzz', end=' ')
    else:
        print(i, end=' ')
```

실행 결과_ fizzbuzz4.py(코드 2-5) 실행

```
> python fizzbuzz4.py
1 2 Fizz 4 Buzz Fizz 7 8 Fizz Buzz 11 Fizz 13 14 FizzBuzz 16 17 Fizz 19 Buzz Fizz
22 23 Fizz Buzz 26 Fizz 28 29 FizzBuzz 31 32 Fizz 34 Buzz Fizz 37 38 Fizz Buzz 41
Fizz 43 44 FizzBuzz 46 47 Fizz 49 Buzz
>
```

원하는 결과를 문제없이 얻을 수 있었습니다. 그러나 일반적으로는 특별한 경우를 먼저 처리
하는 편이 나중에 코드를 쉽게 읽을 수 있습니다.

따라서 3과 5의 공배수인 경우를 먼저 판정합니다. 논리 연산자 and를 사용하면 코드 2-6처
럼 구현할 수 있습니다.

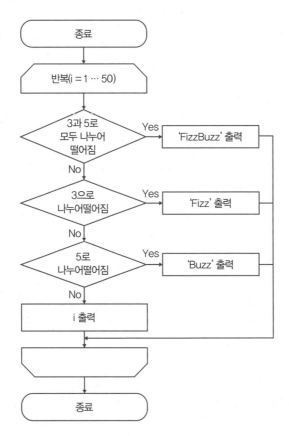

코드 2-6 fizzbuzz5.py

```python
for i in range(1, 51):
    if (i % 3 == 0) and (i % 5 == 0):
        print('FizzBuzz', end=' ')
    elif i % 3 == 0:
        print('Fizz', end=' ')
    elif i % 5 == 0:
        print('Buzz', end=' ')
    else:
        print(i, end=' ')
```

들여쓰기가 줄어 소스 코드가 읽기 쉬워졌습니다. 출력 결과는 코드 2-5와 같으므로 여기서는 생략합니다.

이렇게 프로그램을 작성할 때는 한 번에 원하는 프로그램을 작성하는 것이 아니라, 처음에는 간단한 프로그램을 만들어보고 조금씩 수정해 나가면서 원하는 프로그램과의 차이를 확인하며 작업하는 것이 좋습니다. 특히 이 방법은 프로그래밍 초보자에게 추천합니다.

2.3 자판기에서 거스름돈 계산하기

Point 키보드 입력을 처리할 수 있습니다.

Point 잘못된 입력에 대응할 수 있습니다.

Point 리스트를 사용해 프로그램을 간결하게 쓸 수 있습니다.

2.3.1 거스름돈의 매수를 최소화하려면?

컴퓨터는 '계산기'로 번역될 만큼 계산을 잘하는 기계입니다. 간단한 계산을 수행하는 프로그램을 만들어봅시다. 여기서는 자동판매기를 가정합니다.

자동판매기는 투입한 금액과 구매하려는 상품 금액을 비교해, 투입한 금액이 상품 금액과 동일하거나 투입한 금액이 더 많으면 상품을 구매할 수 있습니다. 투입한 금액이 더 많은 경우에는 거스름돈을 계산해 돌려줍니다.

여기서는 '거스름돈을 계산해 돌려주는 부분'을 생각합니다. 금액을 계산할 뿐만 아니라 지폐, 동전을 각각 몇 개씩 돌려주면 좋을지 구하는 것이 포인트입니다.

예를 들어 만 원짜리 지폐를 투입해 2,362원의 상품을 구매하면 거스름돈은 7,638원입니다. 이때 거스름돈은 어떻게 돌려주면 될까요(그림 2-1)?

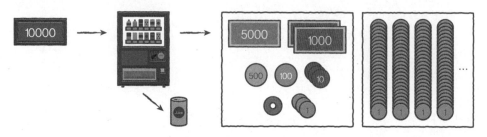

그림 2-1 거스름돈의 개수 고려하기

물론 1원짜리 동전을 7,638개 돌려줘도 되겠지만 이런 기계는 고객의 불만이 터져 나올 것입니다. 거스름돈을 대량으로 준비해두는 것도 현실적이지 않습니다. 일반적으로는 거스름돈의 화폐 개수가 가장 작도록 계산해 반환합니다.

예를 들어 5,000원 지폐 1장, 1,000원 지폐 2장, 500원 동전 1개, 100원 동전 1개, 10원 동전 3개, 5원 동전 1개, 1원 동전 3개를 반환합니다(만약 2,000원 지폐가 있다면 2,000원 지폐 3장을 지급해도 될 것입니다). 이런 식으로 거스름돈의 매수를 가장 적게 할 수 있습니다.

그럼 최소 화폐 개수로 거스름돈을 반환하는 프로그램을 만들어봅니다. 이번에도 처음에는 간단한 프로그램을 만들고 서서히 수정하면서 만들기 원하는 프로그램에 가까워지도록 구현합시다.

2.3.2 거스름돈 계산

우선 '투입 금액'과 '구매한 상품 금액'으로 '거스름돈'을 계산하는 부분을 생각합니다. 투입 금액을 입력하는 화면을 표시하고, 구매한 상품 금액을 입력하는 화면을 표시합니다. 각각의 금액을 입력하면 거스름돈을 계산하여 결과를 표시합니다.

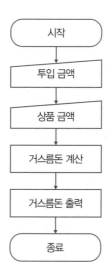

다음 코드 2-7과 같은 프로그램을 생각할 수 있습니다.

코드 2-7 vending_machine1.py

```
insert_price = input('insert: ')          투입 금액을 받음
product_price = input('product: ')        상품 금액을 받음
change = int(insert_price) - int(product_price)     거스름돈 계산
print(change)
```

여기서 첫 번째 줄과 두 번째 줄은 input 함수를 사용했으므로 키보드에서 금액을 입력합니다. 그리고 입력된 값(금액)을 변수에 대입합니다.

입력된 값은 문자열이므로, 세 번째 행에서 각각 정수로 형 변환^{type cast}하여 거스름돈을 계산해 네 번째 행에 결과를 표시합니다. 계산하려면 정수여야 하므로, 문자열의 경우 숫자로 변환해야 합니다(1장에서 숫자를 문자열로 변환했는데 여기서는 반대 작업을 하는 셈입니다).

소스 코드를 실행해 '투입 금액'과 '구매한 상품 금액'을 모두 입력하면 다음과 같이 정확하게 계산된 것을 알 수 있습니다.

실행 결과_ vending_machine1.py(코드 2-7)를 실행하여 계산

```
> python vending_machine1.py
insert: 10000 ──── 'insert'가 나타나면 금액을 입력
product: 2362 ──── 'product'가 나타나면 금액을 입력
7638
>
```

다음으로 지폐와 동전의 매수를 변환해봅시다. 거스름돈의 수를 줄이기 위해 계산할 때는 큰 지폐부터 순서대로 사용합니다. 즉 5,000원 지폐, 1,000원 지폐, 500원 동전, 100원 동전과 같은 순서로 사용합니다.

매수 각각은 지폐 1장이나 동전 1개의 금액으로 나눈 몫을 계산하면 구할 수 있습니다. 예를 들어 7,638원이면 $7638 \div 5000 = 1$이고 나머지는 2638이므로 5,000원 지폐는 1장입니다. 다음으로 그 나머지인 2638을 1,000으로 나누면 $2638 \div 1000 = 2$고 나머지는 638이므로 1,000원 지폐는 2장입니다. 이 과정을 모든 지폐와 동전에 대해 실시하면 각 매수를 구할 수 있습니다.

파이썬에서는 //으로 정수의 몫을, %으로 나머지를 구할 수 있으므로 다음과 같이 계산할 수 있습니다.

실행 결과_ 5,000원권 매수와 잔금 구하기

```
>>> print(7638 // 5000) ──── 나눗셈으로 매수 구하기
1
>>> print(7638 % 5000) ──── 나머지로 잔금 구하기
2638
```

이를 통해 거스름돈을 계산하면 코드 2-8과 같은 프로그램을 생각할 수 있습니다. 조금 긴 프로그램이 되었지만 개별 처리 내용은 간단합니다.

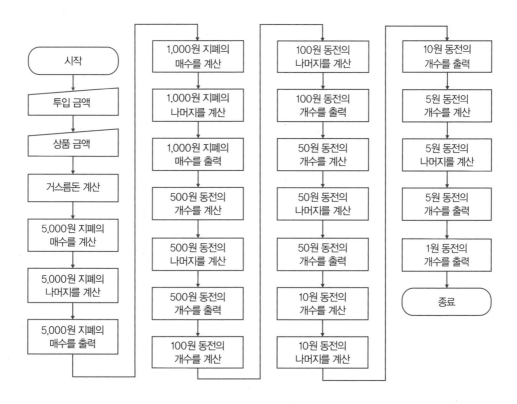

코드 2-8 vending_machine2.py

```python
# 거스름돈 금액 구하기
insert_price = input('insert: ')
product_price = input('product: ')
change = int(insert_price) - int(product_price)

# 5,000원 지폐 매수 구하기
r5000 = change // 5000
q5000 = change % 5000
print('5000: ' + str(r5000))

# 1,000원 지폐 매수 구하기
r1000 = q5000 // 1000
q1000 = q5000 % 1000
print('1000: ' + str(r1000))

# 500원 동전 개수 구하기
r500 = q1000 // 500
q500 = q1000 % 500
print('500: ' + str(r500))
```

```
# 100원 동전 개수 구하기
r100 = q500 // 100
q100 = q500 % 100
print('100: ' + str(r100))

# 50원 동전 개수 구하기
r50 = q100 // 50
q50 = q100 % 50
print('50: ' + str(r50))

# 10원 동전 개수 구하기
r10 = q50 // 10
q10 = q50 % 10
print('10: ' + str(r10))

# 5원 동전 개수 구하기
r5 = q10 // 5
q5 = q10 % 5
print('5: ' + str(r5))

# 1원 동전 개수 구하기
print('1: ' + str(q5))
```

각 지폐와 동전의 단가로 나눈 몫을 매수로 출력할 뿐만 아니라, 나머지를 다음 지폐와 동전의 계산에 사용합니다. 또한, 나눗셈으로 계산되는 몫이나 나머지는 반드시 정수이므로, 문자열과 결합해 출력하기 위해서는 str 함수를 이용해 문자열로 변환합니다.

소스 코드를 실행하면 다음과 같은 결과를 얻을 수 있습니다.

실행 결과_ vending_machine2.py(코드 2-8) 실행

```
> python vending_machine2.py
insert: 10000
product: 2362
5000: 1
1000: 2
500: 1
100: 1
```

```
50: 0
10: 3
5: 1
1: 3
>
```

2.3.3 리스트와 반복문으로 프로그램을 간단하게 만들기

지금까지의 프로그램으로 정답을 얻을 수 있었고 처리 내용에도 문제가 없지만, 같은 처리를 반복하는 것이 신경 쓰입니다. 사용하는 값을 바꾸면서 같은 계산을 수행하는 것뿐이므로, 더 낫게 만들 수는 없을지 생각해봅니다.

이런 경우에는 리스트를 반복문의 조건으로 사용해 프로그램을 간단하게 만들 수 있습니다. 지폐와 동전의 금액을 리스트에 넣어 반복하면 코드 2-9처럼 구현할 수 있습니다.

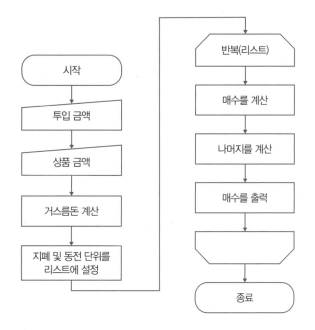

코드 2-9 vending_machine3.py

```python
input_price = input('insert: ')
product_price = input('product: ')
change = int(input_price) - int(product_price)
```

```
coin = [5000, 1000, 500, 100, 50, 10, 5, 1]  ──┤ 지폐 및 동전 단위를 요소로 설정한 리스트 │

for i in coin:
    r = change // i
    change %= i
    print(str(i) + ': ' + str(r))
```

동일한 결과를 얻을 수 있는 프로그램이지만 소스 코드의 양이 크게 줄어들었습니다. 만약 2,000원 지폐가 있다면 다섯 번째 행의 리스트에 '2000'이라는 값만 추가하면 되므로, 프로그램을 간단히 수정할 수도 있습니다.

이처럼 10,000원을 투입해 2,362원의 물건을 구매한 경우에는 '10000'과 '2362'을 각각 입력하면 다음과 같이 문제없이 처리됩니다.

실행 결과_ vending_machine3.py(코드 2-9) 실행 ①: 투입 금액 10000, 구매 금액 2362

```
> python vending_machine3.py
insert: 10000
product: 2362
5000: 1
1000: 2
500: 1
100: 1
50: 0
10: 3
5: 1
1: 3
>
```

하지만 이대로는 입력 내용에 따라 문제가 발생합니다. 예를 들어 금액으로 '1000'과 '2362' 를 입력해봅시다. 즉 1,000원으로 2,362원의 물건을 구매한 경우입니다.

실제로는 구매할 수 없는 상황이지만 코드 2-9가 실행되면 음숫값이 출력됩니다.

실행 결과_ vending_machine3.py(코드 2-9) 실행 ②: 투입 금액 1000, 구매 금액 2362

```
> python vending_machine3.py
insert: 1000
product: 2362
5000: -1
1000: 3
500: 1
100: 1
50: 0
10: 3
5: 1
1: 3
>
```

또한, 금액에 '10,000'과 '2,362'처럼 쉼표로 구분된 숫자를 입력해봅시다. 그러면 거스름돈을 계산할 때 문자열에서 정수로의 형 변환에 실패하여 오류가 발생합니다.

실행 결과_ vending_machine3.py(코드 2-9) 실행 ③: 투입 금액과 구매 금액을 쉼표로 구분

```
> python vending_machine3.py
insert: 10,000
product: 2,362
Traceback (most recent call last):
  File 'vending_machine3.py', line 3, in <module>
    change = int(input_price) - int(product_price)
ValueError: invalid literal for int() with base 10: '10,000'
>
```

2.3.4 잘못된 입력에 대응하기

이와 같이 입력한 값을 처리할 때는 부적절한 입력값에 대응해야 합니다. 앞 예라면 입력된 금액이 숫자인지의 여부를 파악해야 하며 isdecimal 메서드로 판정합니다(코드 2-10).[1] 또한, 거스름돈을 계산하기 전에, 투입된 금액에서 상품 금액을 뺀 결과가 음수가 되지 않는지를 확인합니다.

---

1 문자열 클래스의 메서드로 해당 문자열이 0~9의 10진수 숫자로만 구성되면 True, 그렇지 않으면 False를 반환합니다.

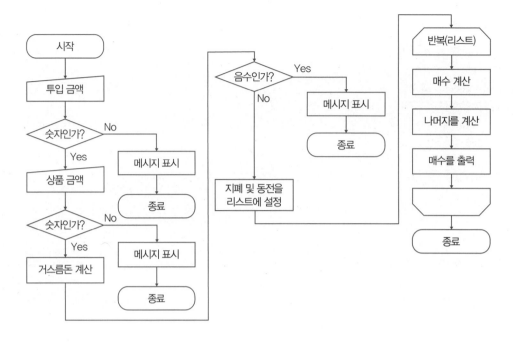

코드 2-10 vending_machine4.py

```
import sys ── 오류 발생 시 강제 종료하기 위한 모듈을 불러옴

input_price = input('insert: ')
if not input_price.isdecimal():
    print('정수를 입력하세요')
    sys.exit() ── 에러가 발생하면 강제 종료

product_price = input('product: ')
if not product_price.isdecimal():
    print('정수를 입력하세요')
    sys.exit() ── 에러가 발생하면 강제 종료

change = int(input_price) - int(product_price)

if change < 0:
    print('금액이 부족합니다')
    sys.exit() ── 에러가 발생하면 강제 종료

coin = [5000, 1000, 500, 100, 50, 10, 5, 1]
```

```
for i in coin:
    r = change // i
    change %= i
    print(str(i) + ': ' + str(r))
```

잘못 입력된 경우에는 메시지를 표시하고 프로그램 실행을 종료[2]함으로써 부적절한 입력을 방지할 수 있습니다. 이와 같이 확인하면, 정수가 아닌 값이 입력되더라도 에러에 의해 예기치 않게 종료되는 것이 아니라 오류 내용이 표시되어 이용자가 확인하기 쉬워집니다.

실행 결과_ vending_machine4.py(코드 2-10) 실행 ①

```
> python vending_machine4.py
insert: 10,000
정수를 입력하세요
>
```

실행 결과_ vending_machine4.py(코드 2-10) 실행 ②

```
> python vending_machine4.py
insert: 10000
product: 2,376
정수를 입력하세요
>
```

실행 결과_ vending_machine4.py(코드 2-10) 실행 ③

```
> python vending_machine4.py
insert: 1000
product: 2376
금액이 부족합니다
>
```

---

2 sys라는 모듈을 불러오면 sys.exit 함수를 실행하여 프로그램을 종료할 수 있습니다.

파이썬에는 몫과 나머지를 동시에 구하는 divmod라는 함수가 있습니다. 이 함수는 몫과 나머지를 쌍으로 돌려줍니다. 예를 들어 다음과 같은 코드가 있습니다.

```
divmod(a, b)
```

그 값은 다음 처리를 실행한 결과와 같습니다.

```
(a // b, a % b)
```

이 함수를 사용하면 거스름돈을 계산하는 부분을 코드 2-11처럼 간단히 구현할 수 있습니다(다만, 이 방법은 다른 프로그래밍 언어에서 사용할 수 없는 경우도 있으므로 주의해야 합니다).

코드 2-11 vending_machine5.py

```python
input_price = input('insert: ')
product_price = input('product: ')
change = int(input_price) - int(product_price)

coin = [5000, 1000, 500, 100, 50, 10, 5, 1]

for i in coin:
    r, change = divmod(change, i)
    print(str(i) + ': ' + str(r))
```

실행 결과_ vending_machine5.py(코드 2-11) 실행

```
> python vending_machine4.py
insert: 10000
product: 2376
5000: 1
1000: 2
500: 1
100: 1
50: 0
10: 2
5: 0
1: 4
>
```

2.4 기수 변환

Point 10진수와 2진수의 변환을 이해합니다.

Point while에 의한 반복을 구현할 수 있습니다.

Point 자신만의 함수를 만들 수 있습니다.

2.4.1 10진수와 2진수

방금 살펴본 금액처럼 우리는 보통 0~9의 10개 숫자를 사용한 10진수를 사용합니다. 0부터 셀 때 9 다음은 10, 99 다음은 100과 같이 9를 0으로 되돌려 자릿수를 하나 늘립니다.

하지만 컴퓨터는 2진수로 움직인다는 이야기를 들어봤을 것입니다. 2진수는 0과 1의 두 숫자만을 사용해 표현하는 방법입니다. 즉 0, 1, 10, 11, ...처럼 자릿수가 증가합니다(표 2-2).

표 2-2 10진수와 2진수의 대응

10진수	2진수	10진수	2진수
0	0	10	1010
1	1	11	1011
2	10	12	1100
3	11	13	1101
4	100	14	1110
5	101	15	1111
6	110	16	10000
7	111	17	10001
8	1000	18	10010
9	1001	19	10011

진법을 나타내는 숫자를 기수$^{radix, base}$라고 합니다. 10진수의 경우에는 0~9의 10가지 기호를 사용하므로 10, 2진수의 경우에는 0과 1의 두 가지 기호를 사용하므로 2입니다.

10진수의 계산은 우리가 초등학교에서 배운 구구단처럼 0~9에 대한 계산입니다. 하지만 2진수라면 0과 1밖에 없으므로 계산이 매우 간단합니다.

덧셈과 곱셈을 생각해봅시다. 다음 표 2-3의 8가지만 기억하면 계산할 수 있습니다.

표 2-3 2진수의 덧셈과 곱셈

덧셈	곱셈
0+0 = 0	0×0 = 0
0+1 = 1	0×1 = 0
1+0 = 1	1×0 = 0
1+1 = 10	1×1 = 1

예를 들어 $4+7$이나 3×6을 2진수로 계산해봅시다. 10진수와 2진수를 구분하도록 10진수는 $4_{(10)}$처럼 오른쪽 아래에 10, 2진수는 $100_{(2)}$처럼 오른쪽 아래에 2를 쓰기로 합니다.

표 2-2를 보면 $4_{(10)} = 100_{(2)}$, $7_{(10)} = 111_{(2)}$이므로 덧셈은 $100_{(2)} + 111_{(2)}$로 계산할 수 있습니다. 마찬가지로 $3_{(10)} = 11_{(2)}$, $6_{(10)} = 110_{(2)}$이므로 곱셈은 $11_{(2)} \times 110_{(2)}$가 됩니다. 10진수의 경우처럼 손으로 계산하면 표 2-4처럼 풀 수 있습니다.

표 2-4 2진수의 덧셈과 곱셈을 손으로 계산해 풀기

덧셈의 예	곱셈의 예
$$\begin{array}{r} 100 \\ +111 \\ \hline 1011 \end{array}$$	$$\begin{array}{r} 11 \\ \times 110 \\ \hline 11 \\ 11 \quad \\ \hline 10010 \end{array}$$

나온 답을 살펴보면 각각 $1011_{(2)} = 11_{(10)}$과 $10010_{(2)} = 18_{(10)}$이 구해진 것을 알 수 있습니다. 그럼 10진수를 2진수로 변환하려면 어떻게 할까요?

2.4.2 10진수를 2진수로 변환

앞에서 살펴보았듯이 $18_{(10)}$을 2진수로 변환하면 $10010_{(2)}$입니다. 이를 구할 때 자주 사용하는 방법은 2로 나누어 몫과 나머지를 구하고 그 몫을 다시 2로 나누어 몫과 나머지를 구하는 작업을 몫이 0이 될 때까지 반복하는 것입니다.

몫과 나머지를 알면 되므로, 풀이할 때는 주로 다음과 같은 방법을 많이 사용합니다.

- $18 \div 2 = 9$, 나머지 0
- $9 \div 2 = 4$, 나머지 1
- $4 \div 2 = 2$, 나머지 0
- $2 \div 2 = 1$, 나머지 0
- $1 \div 2 = 0$, 나머지 1

나머지를 아래부터 순서대로 나열하면 10010이 되어 원하는 값을 구할 수 있습니다. 이를 프로그램으로 구현해봅니다.

몫이나 나머지를 구하는 것은 거스름돈을 구하는 계산과 동일합니다. 그러나 몫이 0이 될 때까지 반복해야 합니다. 여기서는 $18_{(10)}$을 2진수로 변환하는 프로그램을 만들어봅시다(코드 2-12).

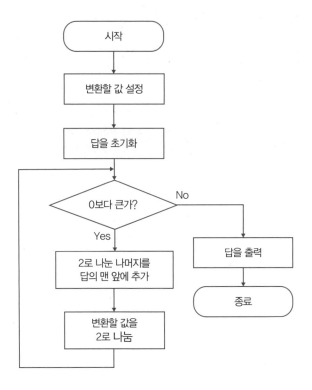

코드 2-12 convert1.py

```
n = 18

result = ''
while n > 0:
    result = str(n % 2) + result ── 나머지를 문자열의 왼쪽에 추가해 나감
    n //= 2 ── 2로 나눈 몫을 다시 대입

print(result)
```

답을 저장하는 변수로서 문자열형의 result를 준비하고 나머지를 순서대로 연결합니다. 이때 기존에 설정한 문자열의 앞쪽에 붙여 나가는 것이 포인트입니다. 또한, 구한 몫을 다음에 나눌 수로서 설정합니다.

실행 결과_ convert1.py(코드 2-12) 실행

```
> python convert1.py
10010
>
```

좀 더 범용적으로 하기 위해 기수를 지정해 변환하는 함수를 만들어봅시다(코드 2-13).

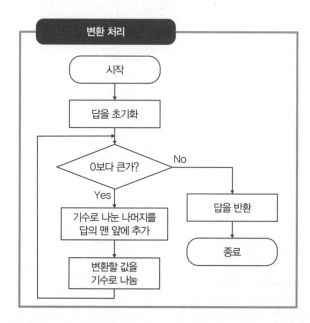

```
n = 18

def convert(n, base):
    result = ''
    while n > 0:
        result = str(n % base) + result
        n //= base
    return result

print(convert(n, 2))
print(convert(n, 3))
print(convert(n, 8))
```

이처럼 함수를 만들어 2~10까지의 숫자로 변환할 수 있게 되었습니다. 코드 2-13에서는 기수가 2, 3, 8일 때 변환했지만 문제없이 처리됩니다.

실행 결과_ convert2.py(코드 2-13) 실행

```
> python convert2.py
10010
200
22
>
```

지금까지는 10진수를 다른 진수로 변환했을 뿐입니다. 다음으로는 2진수를 10진수로 변환하는 것을 생각해봅시다.

2.4.3 2진수를 10진수로 변환

$10010_{(2)}$이라는 2진수 값을 10진수로 변환해봅시다. 이때 10진수의 자릿수를 생각해보면 그 규칙을 알 수 있습니다. 예를 들어 456이라는 숫자는 100 단위가 4, 10 단위가 5, 1 단위가 6 입니다. 즉, $456 = 4 \times 100 + 5 \times 10 + 6 \times 1$처럼 쓸 수 있습니다.

$100 = 10^2$, $10 = 10^1$, $1 = 10^0$이므로 10진수는 기수 10이 밑인 수를 고려하는 것을 말합니다. 즉, 2진수는 기수 2가 밑의 수라고 생각하면 됩니다.

$10010_{(2)} = 1 \times 2^4 + 0 \times 2^3 + 0 \times 2^2 + 1 \times 2^1 + 0 \times 2^0$입니다. 실제로 계산해보면 $1 \times 16 + 0 \times 8 + 0 \times 4 + 1 \times 2 + 0 \times 1 = 18_{(10)}$처럼 구할 수 있습니다. 이를 프로그램으로 구현합니다(코드 2-14).

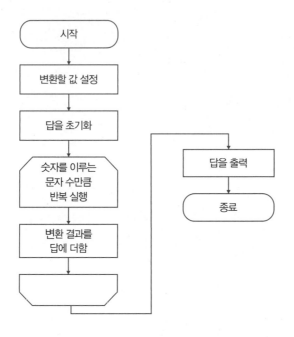

코드 2-14 convert3.py

```python
n = '10010'

result = 0

for i in range(len(n)):
    result += int(n[i]) * (2 ** (len(n) - i - 1))
print(result)
```

한 문자씩 꺼내기   제곱 부분을 계산

앞 코드는 우선 for 문의 반복 범위에 len 함수를 사용해 주어진 입력 문자 수만큼 반복 실행하게 만듭니다. 그중에서 맨 앞부터 한 글자씩 꺼내고, 그 수와 기수의 제곱을 곱합니다.

이번에는 2진수로 변환하기 위해 기수는 2고 제곱은 i = 0일 때 4승, i = 1일 때 3승, i = 2일 때 제곱과 같이 거듭 제곱을 구합니다.

```
> python convert3.py
18
>
```

파이썬을 비롯한 여러 프로그래밍 언어에는 10진수를 2진수로 변환하고 2진수를 10진수로 변환할 수 있는 함수가 미리 준비되어 있습니다.

예를 들어 파이썬에는 10진수를 2진수로 변환하는 bin이라는 함수가 있습니다(코드 2-15). 또한, int 함수의 인수로 2를 지정하면 2진수 문자열을 10진수로 변환할 수 있습니다.

코드 2-15 convert4.py

```
a = 18
print(bin(a)) ── 10진수를 2진수로 변환해 표시
print(type(a))


b = '10010'
print(int(b, 2)) ── 2진수를 10진수로 변환해 표시
print(type(b))
```

실행 결과_ convert4.py(코드 2-15) 실행

```
> python convert4.py
0b10010
<class 'int'>
18
<class 'str'>
>
```

코드 2-15에서는 2진수 값을 문자열로 취급했지만, 맨 앞에 0b를 넣으면 10진수의 정숫값으로 처리할 수 있습니다(코드 2-16).

코드 2-16 convert5.py

```
a = 0b10010 ── 2진수 값은 앞에 0b를 붙임
print(a)
print(type(a))
```

실행 결과_ convert5.py(코드 2-16) 실행

```
> python convert5.py
18
<class 'int'>
>
```

이처럼 맨 앞부분에 '0b'를 붙이는 작성법은 많은 프로그래밍 언어에서 지원하므로 미리 알아두세요.

[Column] 비트 연산

파이썬은 '비트 연산'을 제공합니다. 비트 연산은 정수에 대한 2진수 연산으로, 정수의 모든 비트에 대한 논리 연산을 한 번에 수행할 수 있습니다(그림 2-2).

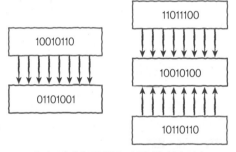

각 비트에 대해 동일한 논리 연산을 일괄 처리

그림 2-2 비트 연산

대표적인 비트 연산은 표 2-5와 같습니다.

표 2-5 비트 연산

연산	작성 방법	예(a = 1010, b = 1100일 때)
비트 반전(NOT)	~a	0101
논리곱(AND)	a & b	1000
논리합(OR)	a ¦ b	1110
배타적 논리합(XOR)	a ^ b	0110

비트 반전은 논리 부정이라고도 하며, 각 비트에 대해 0은 1로, 1은 0으로 변환합니다. 예를 들어 10010의 경우는 01101입니다. 실제로는 2진수로 왼쪽의 숫자가 무한히 0으로 채워졌다고 간주하므로, 반전하면 왼쪽의 숫자

가 무한히 1로 채워집니다. 부호 있는 2진수로는 최상위 비트가 1일 때 음수가 된다는 규정이 있으므로, 파이썬에서도 비트 반전을 행하면 양수와 음수의 부호가 반전됩니다.

논리곱은 동일한 길이의 비트 열 2개에 대해, 같은 위치의 비트마다 표 2-6의 AND(&) 연산을 수행합니다. 즉, 둘 다 1인 경우에만 1로, 어느 쪽이든 0이면 0으로 변환합니다.

논리합은 동일한 길이의 비트 열 2개에 대해, 같은 위치의 비트마다 표 2-6의 OR(|) 연산을 수행합니다. 즉, 양쪽 모두 0인 경우에만 0으로, 어느 쪽이든 1이면 1로 변환합니다.

배타적 논리합은 동일한 길이의 비트 열 2개에 대해, 같은 위치의 비트마다 표 2-6의 XOR(^) 연산을 수행합니다. 즉, 2개 모두 동일한 경우에만 0, 다르면 1로 변환합니다.

표 2-6 논리곱, 논리합, 베타적 논리합 연산

논리곱(AND) 연산

AND	0	1
0	0	0
1	0	1

논리합(OR) 연산

OR	0	1
0	0	1
1	1	1

베타적 논리합(XOR) 연산

XOR	0	1
0	0	1
1	1	0

또한, 좌우로 각 비트를 이동하는 '시프트 연산'도 제공합니다. 왼쪽으로 이동하는 것을 '왼쪽 시프트', 오른쪽으로 이동하는 것을 '오른쪽 시프트'라고 합니다(그림 2-3).

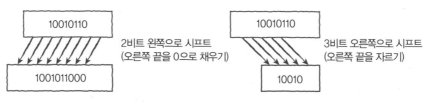

그림 2-3 시프트 연산

왼쪽 시프트는 모든 자리를 지정된 수만큼 왼쪽으로 이동하고 맨 오른쪽 빈자리에는 0이 들어갑니다. 2진수로 생각하면 1비트만큼 왼쪽 시프트하면 2배, 2비트만큼 왼쪽 시프트하면 4배, 3비트 왼쪽 시프트하면 8배가 됩니다.

반대로 오른쪽 시프트는 모든 자리를 지정된 수만큼 오른쪽으로 이동합니다. 왼쪽 시프트와는 반대로, 1비트만큼 오른쪽 시프트할 때마다 1/2이 됩니다. 앞에서 소개한 연산을 구현하면 다음처럼 구현할 수 있습니다.

실행 결과_ 비트 연산의 예

```
C:\> python
>>> a = 0b10010
>>> print(bin(~a))  ——— 비트 반전
-0b10011
>>> b = 0b11001
>>> print(bin(a & b))  ——— 논리곱
0b10000
>>> print(bin(a | b))  ——— 논리합
0b11011
>>> print(bin(a ^ b))  ——— 배타적 논리합
0b1011
>>> print(bin(a << 1))  ——— 왼쪽으로 시프트
0b100100
>>> print(bin(b >> 2))  ——— 오른쪽으로 시프트
0b110
>>>
```

2.5 소수 판정하기

Point 수학 라이브러리를 사용할 수 있습니다.

Point 리스트 내포를 사용할 수 있습니다.

2.5.1 소수를 구하는 방법

많은 수학자의 관심을 끄는 수로 소수$^{prime\ number}$가 있습니다. 소수는 1과 자기 자신만을 약수로 갖는 수입니다. 예를 들어 2의 약수는 1과 2, 3의 약수는 1과 3, 5의 약수는 1과 5이므로 2, 3, 5는 소수입니다. 그러나 4의 약수는 1, 2, 4이며 6의 약수는 1, 2, 3, 6이므로 1과 자기 자신 이외의 약수가 있는 4와 6은 소수가 아닙니다.

소수를 작은 것부터 순서대로 나열하면 다음과 같이 무수히 존재하는 것으로 알려졌습니다.

> 2, 3, 5, 7, 11, 13, 17, 19, 23, 29, 31, 37, 41, 43, 47, 53, 59, 61, 67, 71,
> 73, 79, 83, 89, 97, 101, 103, 107, 109, 113, 127, 131, 137, 139, 149,
> 151, 157, 163, 167, 173, 179, 181, 191, 193, 197, 199, …

소수인지 판정하려면 약수의 개수를 확인합니다. 약수는 그 수 이하의 자연수로 나누어떨어지는지를 알아보면 구할 수 있습니다. 예를 들어 '10'의 약수를 찾으려면 다음과 같이 1부터 10까지 순서대로 나누어봅니다.

- $10 \div 1 = 10$, 나머지 0 → 나누어떨어짐

- $10 \div 2 = 5$, 나머지 0 → 나누어떨어짐

- $10 \div 3 = 3$, 나머지 1 → 나누어떨어지지 않음

- $10 \div 4 = 2$, 나머지 2 → 나누어떨어지지 않음

- $10 \div 5 = 2$, 나머지 0 → 나누어떨어짐

- $10 \div 6 = 1$, 나머지 4 → 나누어떨어지지 않음

- $10 \div 7 = 1$, 나머지 3 → 나누어떨어지지 않음

- $10 \div 8 = 1$, 나머지 2 → 나누어떨어지지 않음

- $10 \div 9 = 1$, 나머지 1 → 나누어떨어지지 않음

- $10 \div 10 = 1$, 나머지 0 → 나누어떨어짐

1, 2, 5, 10으로 나누어떨어지기 때문에 약수는 4개입니다. 단, 10이 소수인지 판정하는 경우 1 이외로 나누어떨어지는 정수가 발견된 시점에서 탐색을 종료하는 것이 효율적입니다.

10이 2로 나누어떨어지는 것을 알면 5로도 나누어떨어질 것입니다. 실제로 그 숫자의 제곱근까지 찾으면 충분하다는 사실은 조금만 생각해보면 알 수 있습니다. 10의 제곱근은 3.1...이므로, 10이 소수인지 판별하려면 2와 3으로 나누어떨어지는지 살펴보면 충분합니다.

2.5.2 소수인지 알아보는 프로그램 만들기

우선 주어진 수가 소수인지 판정하는 is_prime 함수를 만들어봅시다. 주어진 수가 소수이면 True(참)를, 소수가 아니면 False(거짓)를 반환하는 함수입니다(코드 2-17).

제곱근을 찾으려면 제곱근을 계산하는 함수가 필요합니다. 파이썬에는 수학에 관한 여러 함수를 가진 math 모듈을 이용해 불러옵니다. 제곱근은 math.sqrt 함수로 구할 수 있습니다.

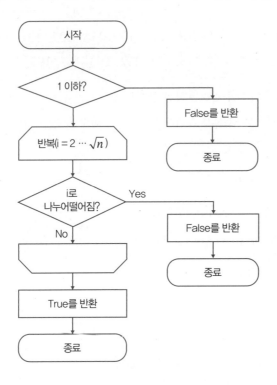

코드 2-17 is_prime1.py

```
import math─┤제곱근을 구할 때 사용할 수학 모듈을 불러옴│


def is_prime(n):
    if n <= 1:
        return False
                                              ┌─┤제곱근을 계산│
    for i in range(2, int(math.sqrt(n)) + 1):
        if n % i == 0: ─┤나누어떨어지는지를 판정│
            return False ─┤나누어떨어지면 소수가 아님│
    return True ─┤어떤 숫자로도 나누어떨어지지 않았을 때는 소수임│
```

우선 1 이하는 소수가 아니므로 최초 판정에서 False를 반환합니다. 2 이상인 경우에는 2에서 해당 숫자 제곱근까지의 반복 범위를 실행하여 나누어떨어지는지를 판정합니다. 나누어떨어지면 소수가 아니므로 False를 반환합니다. 어떤 숫자로도 나누어떨어지지 않았을 때는 소수로 판정하고 True를 반환합니다.

for 문 반복 범위에서 +1을 하는 이유는 파이썬의 for 문이 반복 범위 마지막 수를 포함하지 않기 때문입니다. 이 함수를 사용해 1~200까지의 정수 중 소수를 출력하는 프로그램을 작성해봅니다(코드 2-18).

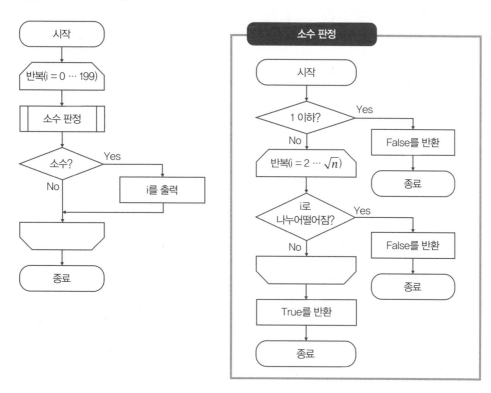

코드 2-18 is_prime2.py

```python
import math


def is_prime(n):
    if n <= 1:
        return False
    for i in range(2, int(math.sqrt(n)) + 1):
        if n % i == 0:
            return False
    return True


for i in range(200):
    if is_prime(i):    ── 앞에서 정의한 함수를 호출
        print(i, end=' ')
```

```
> python is_prime2.py
2 3 5 7 11 13 17 19 23 29 31 37 41 43 47 53 59 61 67 71 73 79 83 89 97 101 103 107
109 113 127 131 137 139 149 151 157 163 167 173 179 181 191 193 197 199
>
```

그런데 단순한 방법이지만, 탐색 범위가 넓어지면 그만큼 처리에 시간이 걸립니다. 이번에는 100,000까지의 소수를 찾고 찾는 데 걸린 시간을 출력하는 프로그램을 살펴봅니다. 걸린 시간을 출력하기 위해 time이라는 모듈도 함께 사용합니다.

코드 2-19 is_prime3.py

```python
import math, time

def is_prime(n):
    if n <= 1:
        return False
    for i in range(2, int(math.sqrt(n)) + 1):
        if n % i == 0:
            return False
    return True

def is_prime_time(n):
    for i in range(n):
        if is_prime(i):
            print(i, end=' ')

start = time.time()
is_prime_time(100000)
end = time.time()

print('\n')
print(f"{end - start:.5f} sec")
```

```
> python is_prime3.py
2 3 5 7 11 13 17 …… 99907 99923 99929 99961 99971 99989 99991

0.18733 sec
>
```

필자의 컴퓨터 환경에서는 100,000까지의 소수를 찾는 데 0.18초 정도 걸렸습니다.

2.5.3 빠르게 소수를 구하는 방법 고려하기

효율적으로 소수를 구하는 방법으로 에라토스테네스의 체^{sieve of Eratosthenes}가 잘 알려져 있습니다. 지정된 범위 내에서 2로 나누어떨어지는 수, 3으로 나누어떨어지는 수, …로 나누어떨어지는 수를 차례로 제외하는 방법입니다.

다음 그림 2-4처럼 우선 2의 배수를 제외하고, 다음으로 3의 배수를 제외하는 방식으로 나누기를 반복 실행하면 마지막에는 소수만 남는다는 개념입니다(코드 2-20).

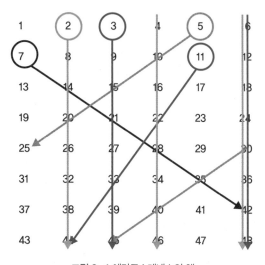

그림 2-4 에라토스테네스의 체

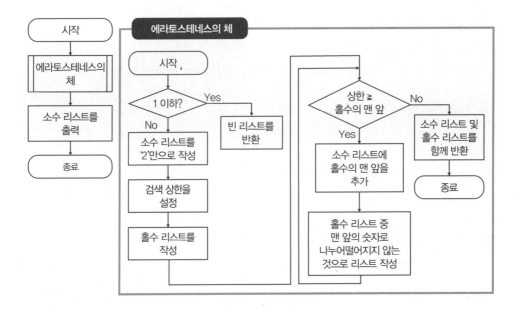

코드 2-20 eratosthenes.py

```python
import math, time

def get_prime(n):
    if n <= 1:
        return []
    prime = [2]
    limit = int(math.sqrt(n))

    # 홀수 리스트 작성
    data = [i + 1 for i in range(2, n, 2)]

    while limit >= data[0]:
        prime.append(data[0])
        # 나누어떨어지지 않은 수만 꺼냄
        data = [j for j in data if j % data[0] != 0]
    return prime + data

print(get_prime(200))

start = time.time()
get_prime(100000)
end = time.time()

print(f"{end - start:.5f} sec")
```

```
> python eratosthenes.py
[2, 3, 5, 7, 11, 13, 17, 19, 23, 29, 31, 37, 41, 43, 47, 53, 59, 61, 67, 71, 73,
79, 83, 89, 97, 101, 103, 107, 109, 113, 127, 131, 137, 139, 149, 151, 157, 163,
167, 173, 179, 181, 191, 193, 197, 199]
0.05286 sec
>
```

이 방법을 사용했더니 똑같이 100,000까지의 소수를 찾을 때 걸리는 시간이 약 0.05초 정도
가 되었습니다. 구하는 범위가 넓어지면 이 차이는 점점 커집니다.

[**Memo**] **SymPy 라이브러리**

파이썬은 SymPy라는 라이브러리가 있습니다. 이 라이브러리를 사용하면 더 간단하게 소수를 처리할 수 있습니
다. SymPy는 다음과 같이 아나콘다에서 conda 명령이나 pip 명령 등을 사용해 쉽게 설치할 수 있습니다(이들
명령어는 부록 A에서 설명합니다).

SymPy 라이브러리 설치

```
C:\> conda install sympy
또는
C:\> pip install sympy
```

그런 다음 이 라이브러리를 불러들이면 범위를 지정하여 소수를 구하거나(코드 2-21), 주어진 수가 소수인지 판
정(코드 2-22)하는 등의 처리를 간단하게 할 수 있습니다.

코드 2-21 sympy1.py

```
from sympy import sieve

print([i for i in sieve.primerange(1, 200)])  ── 소수 구하기
```

실행 결과_ sympy1.py(코드 2-21) 실행

```
> python sympy1.py
[2, 3, 5, 7, 11, 13, 17, 19, 23, 29, 31, 37, 41, 43, 47, 53, 59, 61, 67, 71,
73, 79, 83, 89, 97, 101, 103, 107, 109, 113, 127, 131, 137, 139, 149, 151,
157, 163, 167, 173, 179, 181, 191, 193, 197, 199]
>
```

코드 2-22 sympy2.py

```
from sympy import isprime

print(isprime(101)) ← 소수인지 판정
```

실행 결과_ sympy2.py(코드 2-22) 실행

```
> python sympy2.py
True
>
```

2.6 피보나치 수열 만들기

Point 재귀를 사용하여 프로그램으로 수열을 구합니다.

Point 메모이제이션memoization으로 처리 속도를 향상합니다.

2.6.1 피보나치 수열이란?

수학적으로 여러 특징을 가진 피보나치 수열Fibonacci numbers이 있습니다. 첫째 및 둘째 항이 1이고 그 뒤의 모든 항은 바로 앞의 두 항을 합한 수열로서 '1, 1, 2, 3, 5, 8, 13, 21, …'처럼 무한히 이어집니다($1+1=2, 1+2=3, 2+3=5, 3+5=8, …$).

수식으로 표현하면 다음 점화식[3]과 같습니다.

- $a_1 = a_2 = 1$

- $a_{n+2} = a_{n+1} + a_n (n \geq 1)$

피보나치 수열은 단순한 수열이지만 재미있는 특징이 많이 알려져 있습니다. 예를 들어 도형으로 생각해보면, 그림 2-5처럼 작은 정사각형을 2개 나열한 것을 한 변으로 하는 정사각형

---

3 수열에서 이웃하는 두 항 사이에 성립하는 관계를 나타낸 관계식입니다.

을 배열하는 작업을 반복했을 때 완성되는 직사각형의 가로세로 길이가 피보나치 수열이 됩니다(그림 2-5의 사각형 안의 숫자는 한 변의 길이를 의미합니다).

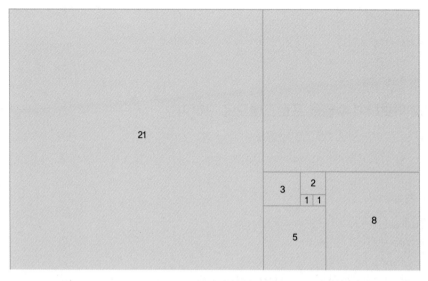

그림 2-5 피보나치 수열의 사각형

이러한 특징은 생태계에서 앵무조개(노틸러스 종)의 소용돌이 등에서도 찾아볼 수 있습니다. 이러한 크기로 형성된 부채꼴이 나선형으로 줄지어 나타난다고 알려졌습니다(그림 2-6).

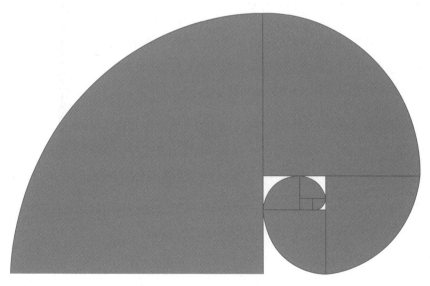

그림 2-6 앵무조개에 나타난 피보나치 수열

또한, 피보나치 수열에서 두 항의 비율(바로 앞의 수로 나누기)을 살펴보면 $\frac{1}{1}$, $\frac{2}{1}$, $\frac{3}{2}$, $\frac{5}{3}$, $\frac{8}{5}$, $\frac{13}{8}$, $\frac{21}{13}$, … 이므로 '1, 2, 1.5, 1.666, 1.6, 1.625, 1.615, …'로 이어집니다. 이 값은 1.61803…이라는 값에 점점 가까워져 황금비$^{Golden\ Ratio}$로 불립니다. 황금비는 아름다운 비율로서 예로부터 많이 찾아볼 수 있으며 로고 등의 디자인에도 자주 쓰입니다.

2.6.2 피보나치 수열을 프로그램으로 구하기

피보나치 수열을 프로그램으로 구해봅시다. 우선, 수열의 정의를 그대로 프로그램으로 표현합니다. 피보나치 수열의 n번째 수를 구하는 함수는 코드 2-23처럼 구현할 수 있습니다.

코드 2-23 fibonacci1.py

```
def fibonacci(n):
    if (n == 1) or (n == 2):
        return 1
    return fibonacci(n - 2) + fibonacci(n - 1)
```

점화식에 있듯이 처음 두 항은 1을 반환하고 그 외의 경우에는 직전 두 항의 합을 반환하는 함수입니다. 소스 코드에서는 함수 안에서 자기 자신을 호출합니다. 이것을 재귀^{recursion}라고 합니다.

여기서 호출 함수의 인수는 원래의 인수보다 작은 값을 사용하는 것이 포인트입니다. 즉, 큰 처리를 작은 처리로 분할하여 생각합니다. 처리 내용은 동일하므로 같은 함수를 사용하지만, 그 크기를 줄여나가다 보면 언젠가는 처리가 끝납니다.

재귀를 사용하면 이러한 프로그램을 매우 간단하게 구현할 수 있습니다. 다만, 처리를 끝내려면 종료 조건을 반드시 지정해야 합니다. 종료 조건이 없으면 프로그램이 종료되지 않는 무한 루프에 빠집니다. 앞의 코드에서는 n = 1 또는 n = 2일 때 처리를 종료하도록 설정했습니다.

이번에는 예를 들어 n = 6일 경우를 생각해봅시다. 코드 2-24처럼 프로그램을 구현할 수 있습니다.

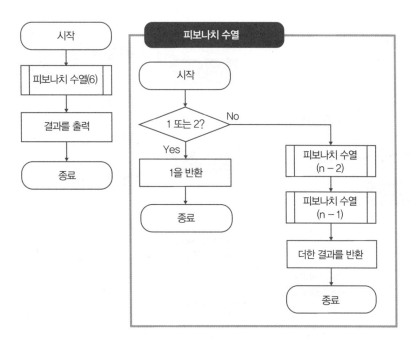

코드 2-24 fibonacci2.py

```python
def fibonacci(n):
    if (n == 1) or (n == 2):
        return 1
    return fibonacci(n - 2) + fibonacci(n - 1)

print(fibonacci(6))
```

실행 결과_ fibonacci2.py(코드 2-24) 실행

```
> python fibonacci2.py
8
>
```

이때 그림 2-7처럼 처리됩니다.

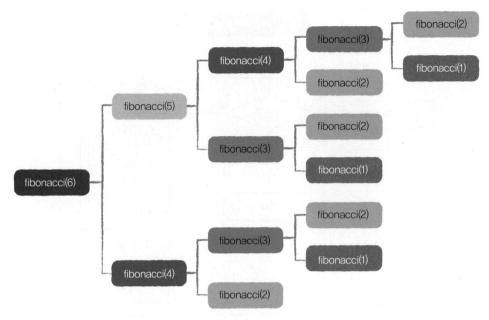

그림 2-7 피보나치 수열에서 호출되는 함수

fibonacci라는 함수가 여러 번 호출된 것을 알 수 있습니다.

오른쪽에 있는 fibonacci(1)이나 fibonacci(2)는 종료 조건으로 모두 1을 반환하도록 설정하므로 여기서 계산이 끝납니다. 각각의 결과를 더해 피보나치 수열의 값을 구할 수 있습니다.

이 함수로 문제없이 피보나치 수열을 구할 수 있지만, n이 커지면 처리에 시간이 오래 걸립니다. 예를 들어 n = 35 정도까지는 수 초 내에 구할 수 있지만, 그 이상이면 훨씬 많은 시간이 걸립니다. 그 이유는 같은 값을 여러 번 계산하기 때문입니다. 그림 2-7을 다시 살펴보면 fibonacci(4) 연산은 2회 실행되었고 fibonacci(3)은 3회 실행되었습니다.

그러나 fibonacci(4) 등의 함수가 반환하는 값은 여러 번 실행해도 동일합니다. 즉, 한 번 실행했던 결과를 저장해두면 두 번째에는 실행할 필요가 없습니다.

2.6.3 메모이제이션으로 처리 속도 향상시키기

이러한 문제를 해결하도록 처리 결과를 저장합니다. 코드 2-25처럼 코드를 바꾸어봅시다.

코드 2-25 fibonacci3.py

```python
memo = {1: 1, 2: 1}  ── 사전(딕셔너리)에 종료 조건 입력

def fibonacci(n):
    if n in memo:
        return memo[n]  ── 사전에 등록되어 있으면 그 값을 반환

    memo[n] = fibonacci(n - 2) + fibonacci(n - 1)  ── 사전에 등록되지 않았으면 계산하여
                                                      사전에 등록

    return memo[n]

print(fibonacci(8))
```

실행 결과_ fibonacci3.py(코드 2-25) 실행

```
> python fibonacci3.py
21
>
```

먼저 memo라는 사전dictionary(딕셔너리)에 종료 조건의 값을 넣습니다. 함수 fibonacci에서 memo에 존재하면 값을 반환하고, 없으면 계산하여 memo에 넣습니다. 그리고 memo에 넣은 값을 반환합니다.

이렇게 변경하면 한 번 계산한 값은 저장해둘 수 있으므로, 두 번째에는 저장된 값을 사용할 뿐입니다. 이 방법이라면 n이 40이든, 50이든, 100이든 관계없이 (매우 큰 값이라 해도) 순식간에 구할 수 있습니다. 이러한 방법을 메모이제이션memoization이라고 부르며, 퍼즐 등의 문제를 풀 때 자주 사용합니다.

또한, 재귀를 사용하지 않고 반복문을 이용하는 방법도 있습니다. 피보나치 수열처럼 간단한 문제일 때는 리스트에 순서대로 추가하는 것만으로 간단하게 계산할 수 있습니다.

반복문을 사용하는 경우는 코드 2-26처럼 구현할 수 있습니다.

```python
def fibonacci(n):
    fib = [1, 1]

    for i in range(2, n):
        fib.append(fib[i - 2] + fib[i - 1])

    return fib[n - 1]

print(fibonacci(10))
```

실행 결과_ fibonacci4.py(코드 2-26) 실행

```
> python fibonacci4.py
55
>
```

이처럼 동일한 결과를 구할 때도 다양한 구현 방법이 있습니다. 프로그램 구현 결과에 대한 평가는 처리 속도뿐만 아니라 소스 코드의 유지보수성(가독성, 수정의 용이성) 등 다양한 기준으로 생각할 수 있습니다. 처음에는 어느 방법을 선택하는 게 좋을지 고민될 수 있지만, 여러 방법으로 구현하고 다양한 관점에서 비교해보도록 합시다.

이후 3장에서는 처리 속도를 중심으로 알고리즘을 비교해봅니다.

문제 1 1950년에서 2050년 사이의 '윤년'을 출력하는 프로그램을 작성하세요.

윤년은 다음 조건으로 확인할 수 있습니다.

- 4로 나누어떨어지는 해는 윤년입니다.

- 다만, 100으로 나누어떨어지고 400으로 나누어떨어지지 않는 해는 윤년이 아닙니다.

예를 들어 2019는 4로 나누어떨어지지 않으므로 윤년이 아닙니다. 2020은 4로 나누어떨어지고 100으로 나누어떨어지지 않으므로 윤년입니다. 2000은 4와 100, 400으로 나눌 수 있으므로 윤년입니다.

문제 2 서기 연도가 인수로 주어졌을 때, 조선시대 왕조의 계보로 변환하여 출력하는 함수를 작성하세요.

주어진 서기 연도는 1392년 이상 1450년 이하에 해당합니다. 예를 들어 1400년이 인수로 주어지면 '태종 1년'을 출력합니다.[4]

조선시대 왕	서기 연도
태조 원년	1392
정종 원년	1398
태종 원년	1400
세종 원년	1418
문종 원년	1450

---

4 옮긴이: 문화재청 궁능유적본부 홈페이지(https://bit.ly/3CZ88ZC)를 참고했습니다.

Chapter

3

복잡도 학습하기

복잡도는 알고리즘과 프로그램의 성능을 평가하는 핵심 개념입니다. 알고리즘은 단순히 원하는 결과를 내는 프로그램을 작성하는 것이 아닙니다. 복잡도라는 개념을 고려해 적은 컴퓨팅 자원을 사용하면서도 원하는 결과를 빠르고 정확하게 내는 프로그램을 구현하는 방법을 연구하는 것입니다.

3.1 계산 비용, 실행 시간, 시간 복잡도

Point 반복 실행의 깊이에 따라 처리 시간이 달라지는 것을 알아봅니다.

Point 복잡도 및 빅오 표기법을 이해합니다.

2장에서는 기본적인 프로그램 작성 방법을 배웠습니다. 3장에서는 프로그램의 처리 순서에 따른 처리 시간의 차이를 생각해보고 그 측정 방법이나 사고방식 등을 설명합니다.

3.1.1 좋은 알고리즘이란?

문제를 해결하는 절차를 통틀어 알고리즘이라고 합니다. 이때 같은 문제라도 해결하는 알고리즘은 여러 가지가 있습니다. 알고리즘에 따라 계산 시간은 크게 달라집니다. 그리고 같은 알고리즘이라도 입력 데이터양에 따라 실행 시간이 크게 달라집니다.

예를 들어 10개의 데이터는 순식간에 처리되지만, 1만 건의 데이터는 처리하는 데 시간이 오래 걸립니다. 이때 처리 시간이 얼마나 달라지는지도 고려합니다. 데이터양이 10배, 100배일 때 처리 시간도 10배, 100배가 되는지, 아니면 100배, 10,000배가 되는지, 그리고 그 결과에 따라 어떤 알고리즘이 좋은지를 비교할 수 있습니다.

데이터양이 많아져도 처리 시간이 많이 늘지 않는 알고리즘은 '좋은 알고리즘'이라고 볼 수 있습니다. 동일한 입력에 대해 같은 출력을 반환하는 두 프로그램(알고리즘 A, B)을 비교했을 때, 입력 데이터양 n에 대한 처리 시간이 다음과 같다고 합시다.

- **알고리즘 A: n^2에 비례하여 처리 시간이 증가**

  예) 입력되는 데이터양이 1, 2, 3, ... 와 같은 속도로 늘어나면 처리 시간이 1, 4, 9, ... 의 속도로 증가

- **알고리즘 B: n에 비례하여 처리 시간이 증가**

  예) 입력되는 데이터양이 1, 2, 3, ... 와 같은 속도로 늘어나면 처리 시간이 1, 2, 3, ... 의 속도로 증가

데이터양이 증가했을 때의 처리 시간을 고려하면 그림 3-1과 같은 그래프가 됩니다. A는 데이터양이 늘어나면 처리 시간이 급격히 증가합니다. 예를 들어 데이터양이 1인 경우 A, B의 처리 시간은 1이지만, 데이터양이 10이면 B는 10이고 A는 100이 되며, 데이터양이 100이

면 B는 100이고 A는 10,000이 되어 버립니다. 따라서 처리 시간이 많이 증가하지 않은 B가 더 좋은 알고리즘이라고 할 수 있습니다.

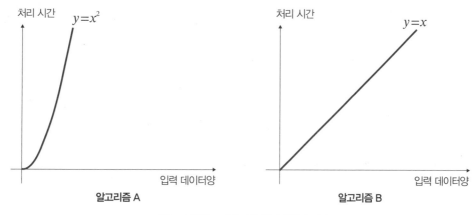

그림 3-1 입력 크기에 따른 처리 시간의 차이

어떠한 알고리즘을 사용할 때는 입력 크기의 변화에 따라 알고리즘의 계산 시간이 얼마나 변할지를 미리 파악하는 것이 중요합니다. 사전에 파악해두지 않으면 운용을 시작한 초기에는 데이터양이 적어 순식간에 처리가 끝나지만, 시간이 지나면서 처리에 더 많은 시간이 걸릴 수 있습니다.

3.1.2 프로그램을 작성해 처리 시간 측정하기

알고리즘을 비교한다고 했을 때 먼저 떠오르는 것은 실제로 프로그램을 작성해 실행해보는 것입니다. 프로그램을 만들어 실제로 작동해보면 처리 시간을 쉽게 측정할 수 있습니다.

데이터를 10건, 100건, 1,000건으로 늘리면서 실행해 걸린 시간을 측정하면 처리 시간의 변화를 살펴볼 수 있습니다. 입력 데이터양이 늘어나면 계산 시간이 얼마나 증가하는지 그 경향이 보입니다.

하지만 이 방법에는 문제가 있습니다.

- 프로그램을 구현해보지 않으면 해당 알고리즘의 좋고 나쁨을 알 수 없습니다. 이는 설계 단계에서 적절한 알고리즘을 선택할 수 없다는 것을 의미합니다. 직접 프로그램을 만들어 봐야 처리 시간을 알 수 있다면, 개발하고 나서 문제가 발생한 경우 수정할 시간이 없어서 납기가 늦을 수 있습니다.

- 실행하는 컴퓨터에 따라 처리 시간이 달라지는 문제도 있습니다. 개발자의 컴퓨터는 고성능이라 1초면 실행할 수 있지만, 사용자의 컴퓨터에서는 10초가 걸릴 수 있습니다.

- 프로그래밍 언어를 바꿔도 같은 현상이 발생합니다. C로 구현하면 빠르게 처리할 수 있지만, 파이썬과 같은 스크립트 언어에서는 처리에 시간이 걸릴 수도 있습니다.

이처럼 개발 환경이나 프로그래밍 언어에 따라 처리 시간이 바뀌는 문제는 알고리즘과는 상관없는 부분이므로 성능을 평가하는 지표로는 사용할 수 없습니다.

3.1.3 알고리즘의 성능을 평가하는 복잡도

개발 환경이나 프로그래밍 언어에 의존하지 않고 알고리즘을 평가하기 위해 복잡도complexity라는 개념이 사용됩니다. 말 그대로 계산의 복잡성을 표현하는 단어입니다. 복잡도에는 시간 복잡도time complexity 또는 공간 복잡도space complexity 등이 있습니다(그림 3-2).

시간 복잡도는 처리에 얼마나 많은 시간이 걸리는지를 가리키는 반면, 공간 복잡도는 메모리 등의 기억 용량을 얼마나 필요로 하는지를 가리킵니다. 예를 들어 소수를 구하는 프로그램에서 사전에 소수의 표를 작성해두면, 처리에 걸리는 시간은 잠깐이지만 대량의 메모리를 사용합니다.

그림 3-2 시간 복잡도와 공간 복잡도

일반적으로 '복잡도'라고 하면 시간 복잡도를 의미합니다. 이 책에서도 이후에 '복잡도'라고 썼을 때는 시간 복잡도를 의미합니다. 또한, 시간 복잡도나 공간 복잡도 이외에도 통신 복잡도communication complexity 및 회로 복잡도circuit complexity가 있습니다. 관심이 있다면 꼭 알아보세요.

시간 복잡도는 명령을 실행한 횟수를 조사하여 구할 수 있습니다. 실제로 정확한 횟수는 셀 수 없지만 단계step 수라는 기본 단위를 사용합니다. 즉, 처리를 종료할 때까지 그 기본 단위를 몇 번 실행했는지 조사하여 계산 시간으로 삼는 방법입니다.

3.1.4 FizzBuzz 복잡도 알아보기

2장에서 설명한 FizzBuzz를 떠올려봅시다. 처음에는 코드 3-1처럼 구현했습니다.

코드 3-1 fizzbuzz1.py

```
for i in range(1, 51):
    print(i, end=' ')  ──── 1부터 50까지의 값을 순서대로 출력
```

for 문을 1부터 50까지 반복하는 동안 print 함수는 한 번씩 반복해서 실행됩니다. print 함수를 한 번 실행하는 데 걸리는 시간을 a라고 하면 총 $a \times 50$시간이 걸립니다.

이번에는 최종 프로그램을 살펴봅시다(코드 3-2).

코드 3-2 fizzbuzz5.py

```
for i in range(1, 51):
    if (i % 3 == 0) and (i % 5 == 0):
        print('FizzBuzz', end=' ')
    elif i % 3 == 0:
        print('Fizz', end=' ')
    elif i % 5 == 0:
        print('Buzz', end=' ')
    else:
        print(i, end=' ')
```

print 함수를 한 번 실행하는 데 걸리는 시간을 a라고 하고, if 문으로 조건을 판정하는 데 걸리는 시간을 b라고 하면 전체 처리 시간은 $(a + b) \times 50$입니다.

3.1.5 곱셈 복잡도 알아보기

구구단과 같은 곱셈 프로그램을 생각해봅시다. 두 숫자를 차례로 곱해 답을 함께 출력하려면 코드 3-3과 같은 프로그램을 생각할 수 있습니다.

코드 3-3 multi1.py

```
n = 10

for i in range(1, n):  ──── 첫 번째 숫자를 1부터 n까지 반복
```

```
    for j in range(1, n):    ─두 번째 숫자를 1부터 n까지 반복
        print(str(i) + '*' + str(j) + '=' + str(i * j))    ─곱셈의 답을 출력
```

실행 결과_ multi1.py(코드 3-3) 실행

```
> python multi1.py
1*1=1
1*2=2
1*3=3
1*4=4
1*5=5
1*6=6
1*7=7
1*8=8
1*9=9
2*1=2
2*2=4
2*3=6
...
9*1=9
9*2=18
9*3=27
9*4=36
9*5=45
9*6=54
9*7=63
9*8=72
9*9=81
>
```

이 소스 코드는 이중으로 반복문을 사용했습니다. 안쪽 for 문에서 n번, 다시금 각각에 대해 바깥쪽 for 문에서 n번 처리를 실행합니다. 곱셈과 print 함수를 한 번 실행하는 데 걸리는 시간을 c라고 하면 안쪽 for 문을 곱해서 $c \times n$번이 되고, 바깥쪽 for 문도 곱하면 총 $c \times n \times n = cn^2$의 시간이 걸립니다.

실제 코드 3-2의 FizzBuzz 프로그램은 반복문이 하나지만 n이 커지면 급격히 단계가 많아지는 것을 알 수 있습니다(그림 3-3).

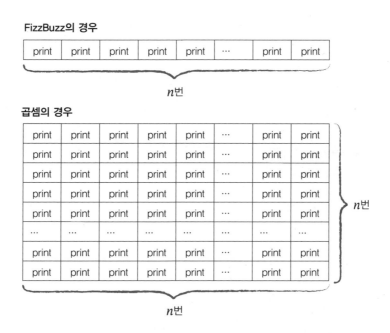

FizzBuzz의 경우

| print | print | print | print | print | ... | print | print |

n번

곱셈의 경우

print	print	print	print	print	...	print	print
print	print	print	print	print	...	print	print
print	print	print	print	print	...	print	print
print	print	print	print	print	...	print	print
print	print	print	print	print	...	print	print
...	...	...	...	...	...	...	...
print	print	print	print	print	...	print	print
print	print	print	print	print	...	print	print

n번

n번

그림 3-3 FizzBuzz의 복잡도와 곱셈 복잡도

3.1.6 부피를 구하는 복잡도 알아보기

직육면체의 부피를 구하는 계산식을 생각해봅시다. 가로, 세로, 높이의 세 가지 길이가 주어졌을 때, 해당 직육면체의 부피는 가로 × 세로 × 높이라는 곱셈으로 구할 수 있습니다(그림 3-4).

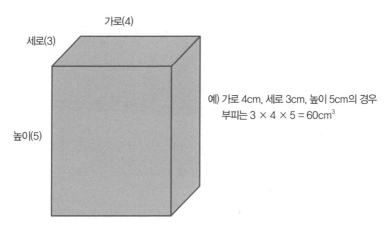

세로(3)
가로(4)
높이(5)

예) 가로 4cm, 세로 3cm, 높이 5cm의 경우
부피는 $3 \times 4 \times 5 = 60cm^3$

그림 3-4 직육면체의 부피를 구하는 계산식

가로, 세로, 높이의 길이를 변화시키면서 각각의 부피를 구하는 프로그램을 구현하면 코드 3-4와 같습니다.

코드 3-4 multi2.py

```
n = 10

for i in range(1, n):     ──── 세로 길이를 1부터 n까지 반복
    for j in range(1, n):     ──── 가로 길이를 1부터 n까지 반복
        for k in range(1, n):     ──── 높이를 1부터 n까지 반복
            print(str(i) + '*' + str(j) + '*' + str(k) + \
                '=' + str(i * j * k))     ──── 부피를 출력
```

실행 결과_ multi2.py(코드 3-4) 실행

```
> python multi2.py
1*1*1=1
1*1*2=2
1*1*3=3
1*1*4=4
1*1*5=5
...
9*9*1=81
9*9*2=162
9*9*3=243
9*9*4=324
9*9*5=405
9*9*6=486
9*9*7=567
9*9*8=648
9*9*9=729
>
```

프로그램의 3행부터 시작하는 반복문은 3중 for 문으로 되어 있으므로, 각각에 대해 n번 실행합니다. 곱셈과 출력에 걸리는 시간을 d라고 하면 $d \times n \times n \times n = dn^3$의 시간이 소요됩니다(그림 3-5).

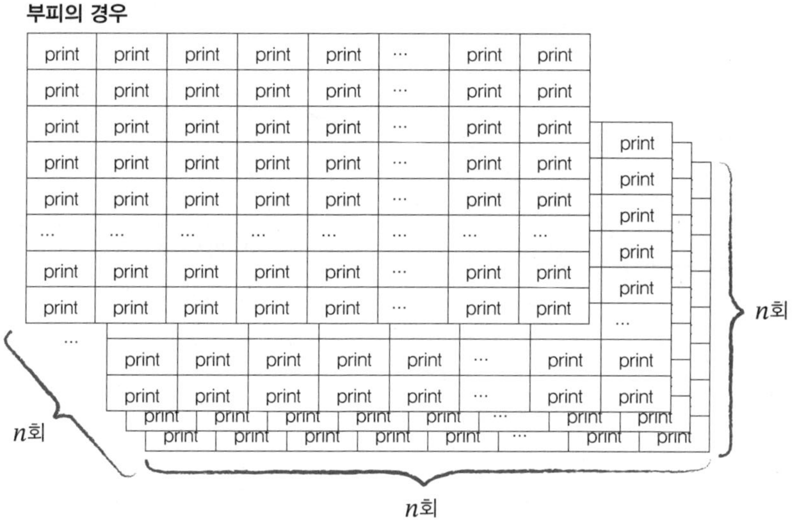

부피의 경우

그림 3-5 부피 복잡도

3.1.7 복잡도 비교하기

코드 3-2, 3-3, 3-4의 처리에서 print나 if 등 하나의 명령을 실행하는 데 걸리는 시간은 입력 데이터양과는 무관합니다. 입력에 따라 달라지는 것은 데이터양 n으로, n이 커질수록 처리 시간에 관한 영향이 커집니다. 즉, 데이터양에 따라 시간 복잡도가 변하지 않는 처리는 복잡도를 비교하는 한 무시할 수 있습니다.

또한, 곱셈과 부피를 구하는 과정을 하나의 프로그램으로 정리한 경우, 처리 시간이 오래 걸리는 부분은 부피를 구하는 처리입니다. n이 작을 때는 처리 시간에 별다른 차이가 없지만, n = 10이라면 곱셈은 100에 대해 부피가 1,000, n = 100이라면 곱셈은 10,000에 대해 부피가 1,000,000이 됩니다. 이때 곱셈에 걸리는 처리 시간은 미미하여 무시할 수 있습니다.

이처럼 전체 복잡도에 큰 영향을 끼치지 않는 부분을 무시하고 복잡도를 작성하는 방법으로 빅오 표기법[big O notation]이 있으며 'O'라는 기호를 사용합니다. 이 기호는 란다우 표기법[Landau notation]으로 불리기도 합니다.

예를 들어 FizzBuzz는 O(n), 곱셈은 O(n^2), 부피 계산은 O(n^3)으로 표현합니다. 이렇게 표현하면 O(n^2)과 O(n)의 두 알고리즘 중에서 O(n)의 시간 복잡도가 짧은 것을 바로 알 수 있습니다.

또한, 입력 크기 n의 변화에 대해 시간 복잡도가 얼마나 달라질지 상상할 수 있습니다. 여러 알고리즘을 비교하면 처리 시간을 대략적으로 파악할 수 있습니다(표 3-1).

표 3-1 빅오 표기법 비교

처리 시간	시간 복잡도	예
짧다 ↕ 길다	$O(1)$	리스트 접근 등
	$O(\log n)$	이진 검색 등
	$O(n)$	선형 검색 등
	$O(n \log n)$	병합 정렬 등
	$O(n^2)$	선택 정렬, 삽입 정렬 등
	$O(n^3)$	행렬곱 등
	$O(2^n)$	배낭 문제 등
	$O(n!)$	외판원 문제 등

※ 로그(log)에 대해서는 4.2.2절에서 설명합니다.

또한, 여기서는 단계 수를 대략 for 또는 while에 따른 반복 횟수로 계산합니다. 기본적으로 이 사고방식에 문제는 없지만, 수학적으로 제대로 정의하려면 튜링 머신 등을 사용해 '계산'의 개념을 정의해야 합니다. 이 책에서는 알고리즘 입문의 범위를 넘어서므로 생략합니다.

3.1.8 최악 시간 복잡도와 평균 시간 복잡도

비슷한 입력이 주어져도 프로그램 내용에 따라 처리 시간이 크게 달라질 수 있습니다.

예를 들어 1,000,000이 소수인지를 판정할 경우입니다. 1,000,000은 짝수이므로 2로 나눈 시점에서 소수가 아님을 알 수 있습니다. 그러나 1,000,003이 소수인지 확인하려면 2부터 1,000까지 나누어 보지 않으면 알 수 없습니다. 그리고 어느 것으로도 나누어떨어지지 않으므로 소수임을 알 수 있습니다.

이처럼 데이터에 따라 복잡도가 크게 달라질 수 있으므로, 가장 시간이 오래 걸리는 데이터의 복잡도를 고려합니다. 이것을 최악 시간 복잡도worst-case time complexity라고 합니다. 알고리즘의 성능을 고려할 때는 대부분 최악 시간 복잡도를 기준으로 삼습니다.

또한, 다양한 데이터를 고려하여 평균적으로 어느 정도의 복잡도가 될지를 판단하는 지표로서 평균 시간 복잡도average-case time complexity가 있습니다. 최악 시간 복잡도가 되는 데이터가 매우 적어 거의 발생하지 않을 경우 등에 평균 시간 복잡도를 사용할 수 있습니다.

3.2 자료구조에 따른 복잡도 차이

Point 리스트(배열)와 연결 리스트의 자료구조 차이를 알아봅니다.

Point 읽기, 삽입, 삭제의 복잡도 차이를 알고 적절한 자료구조를 선택할 수 있습니다.

3.2.1 연결 리스트의 개념

같은 형태의 데이터를 여러 개 저장할 때는 대부분 리스트(요소를 추가/삭제할 수 있는 배열)를 사용합니다. 하지만 다루는 데이터의 내용과 처리할 알고리즘에 따라 리스트보다 좋은 자료구조가 있습니다.

예를 들어 그림 3-6과 같은 연결 리스트linked list라는 개념이 있습니다.

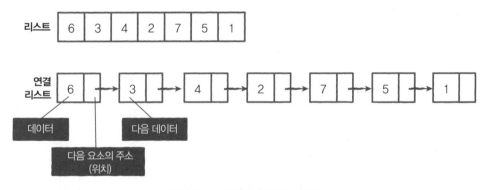

그림 3-6 리스트(배열)와 연결 리스트

연결 리스트에서는 하나의 요소에 데이터를 저장할 뿐만 아니라, 다음 요소의 주소(위치)를 갖습니다.

연결 리스트에서 요소에 접근하면 데이터뿐만 아니라 다음 요소의 주소를 알 수 있습니다. 그 주소를 더듬어나가면 다음 요소의 데이터와 그 다음 요소의 주소를 알 수 있습니다.

3.2.2 연결 리스트 삽입하기

리스트에 데이터를 삽입할 때는 삽입 위치 이후의 데이터를 하나씩 뒤로 움직여야 합니다. 예를 들어 그림 3-7처럼 처리합니다.

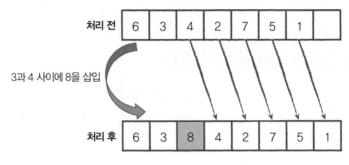

그림 3-7 리스트의 삽입

즉, n개의 요소가 저장된 리스트에 새로운 요소를 삽입할 때는 최대 n개의 요솟값을 이동시켜야 하므로, 리스트에 삽입하는 복잡도는 O(n)입니다.

그러나 연결 리스트일 때는 요소를 이동할 필요가 없습니다(그림 3-8). 삽입할 위치 앞의 요소가 가리키는 다음 요소의 주소를 A라고 하면, 삽입할 요소의 다음 요소 주소로서 A를 설정합니다. 또한, 앞의 요소가 가리키는 다음 요소의 주소를 삽입한 요소의 주소로 변경합니다.

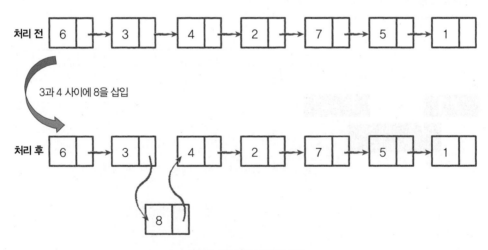

그림 3-8 연결 리스트에 삽입

이렇게 하면 요소가 많아져도 요솟값의 이동이 없으므로 요소 삽입을 일정 시간에 처리할 수 있습니다. 즉, 연결 리스트의 삽입에 소요되는 복잡도는 O(1)입니다.

3.2.3 연결 리스트 삭제하기

이번에는 리스트의 요소를 삭제하는 것을 생각해봅니다. 요소를 삭제하면 삭제한 위치가 비므로, 그보다 뒤에 있는 데이터를 하나씩 앞으로 움직여야 합니다(그림 3-9).

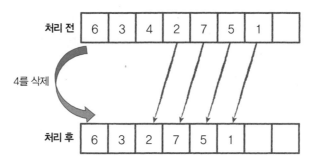

그림 3-9 리스트의 삭제

즉, 리스트에서 삭제에 걸리는 복잡도는 삽입과 마찬가지로 O(n)입니다.

그러나 연결 리스트의 경우에는 삭제에서도 요소를 이동할 필요가 없습니다. 예를 들어 그림 3-10에서 '4'가 들어 있는 요소를 삭제하려면 '4'가 가지는 다음 요소(2)의 주소를 이전 요소 (3)가 가지는 다음 요소의 주소로 설정합니다. '3'과 '2'가 연결되어 '4'가 없었던 것이 되므로 이것만으로 삭제할 수 있습니다.

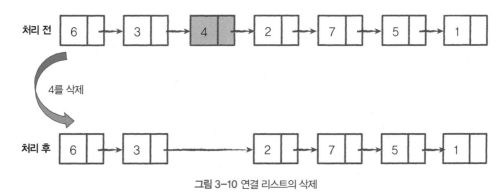

그림 3-10 연결 리스트의 삭제

즉 연결 리스트에서의 삭제에 걸리는 복잡도는 O(1)입니다.

3.2.4 연결 리스트 읽기

삽입이나 삭제 등의 처리만 생각하면 연결 리스트는 효율적인 자료구조처럼 보이지만, 실제로 단점도 있습니다.

예를 들어 데이터 읽기를 생각해봅시다. 맨 앞부터 n번째 요소를 읽는 프로그램에서는, 리스트라면 요소 번호를 지정해 읽을 수 있습니다. 즉, 인덱스를 지정한 읽기의 복잡도는 O(1)입니다. 하지만 연결 리스트를 사용해 n번째 요소를 읽으려면 맨 앞부터 순서대로 n까지 세면서 읽어야 합니다. 즉, 연결 리스트에서 인덱스를 지정해 읽는 복잡도는 O(n)으로, 데이터의 수가 늘어날수록 처리 시간이 증가합니다.

3.2.5 리스트와 연결 리스트의 구분

지금까지의 내용을 정리하면 각각의 복잡도는 표 3-2와 같습니다.

표 3-2 리스트와 연결 리스트의 복잡도 비교

종류	읽기	삽입	삭제
읽기	O(1)	O(n)	O(n)
연결 리스트	O(n)	O(1)	O(1)

연결 리스트의 삽입과 삭제를 O(1)으로 처리할 수 있는 것은 삽입/삭제 위치가 특정되어 있을 때뿐입니다. 위치가 특정되지 않은 경우에는 해당 위치를 찾기 위해 O(n)의 처리 시간이 필요합니다.

리스트와 연결 리스트는 취급하는 데이터의 내용이나 처리에 따라 구분됩니다. 임의의 위치 데이터에 직접 접근해 읽기만 하거나, 그 위치의 데이터를 갱신하는 작업이 많은 경우에는 리스트를 사용하는 편이 좋습니다. 한편 앞에서부터 순서대로 처리하는 경우나, 데이터의 추가와 삭제가 자주 발생하는 경우에는 연결 리스트를 사용하면 좋습니다.

3.3 알고리즘 복잡도와 문제 복잡도

Point 같은 문제라도 푸는 방법에 따라 처리 시간이 달라지는 것을 이해합니다.

Point 컴퓨터로도 풀리지 않는 어려운 문제가 있음을 이해합니다.

3.3.1 복잡도 클래스

복잡도는 어디까지나 작성한 알고리즘의 단계 수에 따른 것입니다. 예를 들어 행렬의 곱셈을 구하는 경우, 앞에서 소개한 $O(n^3)$보다 효율적인 알고리즘이 알려져 있습니다.

소수를 구하는 프로그램의 경우에도 일반적인 알고리즘과 에라토스테네스의 체[sieve of Eratosthenes] 알고리즘은 시간 복잡도가 다릅니다. 미리 소수의 표를 리스트로 준비해두면 시간 복잡도는 $O(1)$로 구할 수 있지만 공간 복잡도가 커집니다.

이처럼 빅오 표기법을 시간 복잡도로 생각하면 '알고리즘 복잡도'와 '문제 복잡도'는 다릅니다. 여기서 계산의 어려움을 클래스로 나눈 '복잡도 클래스'라는 개념이 있습니다. 복잡도 클래스의 기본이 '시간 복잡도 클래스'입니다.

예를 들어 $O(t)$ 시간 복잡도 클래스는 시간 복잡도가 $O(t)$로 표시되는 문제 전체로서, 시간 복잡도가 정해진 함수 이하인 집합의 클래스라고 할 수 있습니다.

직감적으로는 시간 복잡도의 대소에 따라 문제를 분류할 수 있습니다. 예를 들어 $O(n)$과 $O(n^2)$, $O(n^3)$과 같은 지수 부분(n의 오른쪽 위 숫자)이 정수로 나타나는 것을 다항식 시간 복잡도라고 하며, 다항식 시간 복잡도로 처리할 수 있는 클래스를 'P 문제'라고 합니다.

3.3.2 지수 시간 알고리즘

다항식 시간으로 처리할 수 있는 문제라면, 최근의 컴퓨터를 사용하면 어느 정도 규모까지는 그런대로 풀 수 있습니다. 이때 지수 부분에 n이 사용되는 $O(2^n)$과 같은 것을 '지수 시간 알고리즘'이라고 하며, n이 조금만 커져도 처리 시간이 많이 증가합니다.

대표적인 예로 배낭 문제[knapsack problem]가 있습니다. 무게와 가치가 정해진 물건을 지정된 무게 이하가 되도록 선택하되 가치는 최대가 되도록 고르는 문제입니다. 예를 들어 표 3-3과 같이 물건 5개가 있다고 가정해봅시다. 배낭에 넣을 수 있는 무게의 제한이 15kg일 때, 물건의 합계 금액이 최대가 되는 것을 선택합니다. 다만, 각 상품은 하나씩만 선택할 수 있습니다.

표 3-3 배낭 문제의 예

물건	A	B	C	D	E
무게	2kg	3kg	5kg	6kg	8kg
가격	400원	200원	600원	300원	500원

큰 것부터 고르면, D와 E의 경우 14kg이므로 조건을 만족하며 금액은 800원입니다. 그러나 B, C, D의 3개를 선택하면 동일한 14kg이지만 금액은 1,100원이 되어 이쪽이 더 큽니다. 최댓값을 고려하면 A, C, E의 3개를 선택한 경우로 15kg의 조건을 충족하면서 총금액은 1,500원입니다.

이와 같은 다섯 가지 정도 경우의 수만 처리하면 수작업으로도 풀 수 있지만, 전체 패턴을 조사하려면 n개의 물건이 있을 때 총 2^n가지를 체크해야 합니다. 이것이 $O(2^n)$ 알고리즘입니다.

이렇게 물건을 하나씩만 선택할 수 없는 문제를 '0-1 배낭 문제'라고 하며, 더욱 효율적인 알고리즘도 알려져 있으므로 꼭 찾아보세요.

3.3.3 계승을 계산하는 알고리즘

지수 함수보다 더 복잡도가 급증하는 것으로 $O(n!)$ 알고리즘이 있습니다. $n!$은 'n의 계승'을 말하며 $n \times (n-1) \times (n-2) \times ... \times 2 \times 1$이라는 계산으로 구할 수 있습니다.

2^n과 같은 지수와 계승의 증가 방법을 비교하면 표 3-4와 같습니다.

표 3-4 지수와 계승의 증가량

n	3	5	7	9	11
2^n	8	32	128	512	2048
$n!$	6	120	5040	362880	39916800

n이 증가하면 숫자가 급격하게 커지는 것을 알 수 있습니다. 2^n과 같은 지수 함수의 알고리즘도 최근의 컴퓨터에서는 n이 증가하면 처리할 수 없으므로, 계승 알고리즘을 푸는 것은 현실적이지 않습니다.

가짓수가 계승으로 나타나는 알고리즘의 예로 외판원 문제[traveling salesman problem]가 알려져 있습니다. n개의 도시가 있고 각 도시 간 거리를 알고 있을 때, 모든 도시를 방문해 첫 번째 도시로 돌아오는 최단 이동 거리를 구하는 문제입니다.

예를 들어 A, B, C, D의 4개 도시가 있고 그 사이의 거리가 그림 3-11과 같다고 합시다.

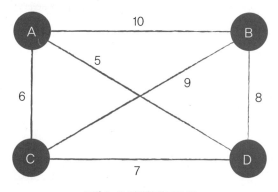

그림 3-11 외판원 문제의 예

이 경우 A → B → C → D → A 순으로 움직이면 이동 거리(10 + 9 + 7 + 5)는 31입니다. 한편, A → C → B → D → A 순으로 움직이면 이동 거리(6 + 9 + 8 + 5)는 28이므로 최단 거리가 됩니다.

도시가 4개라면 모두 조사해도 괜찮을 만한 양이지만, 도시의 수가 늘어나면 그만큼 경로가 방대해집니다. 도시가 n개 있으면 처음에는 n개 경로, 다음은 선택한 도시를 제외한 $n - 1$개 경로라는 식으로 차례로 줄어들다가 결국 O($n!$)라는 처리 시간이 필요해집니다.

3.3.4 어려운 P ≠ NP 예상

외판원 문제에서 O($n!$)보다 효율적인 알고리즘이 몇 가지 알려져 있지만, 매우 빠르게 구할 수 있는(다항식 시간으로 풀 수 있는) 알고리즘은 발견되지 않았습니다. 이러한 문제는 NP-난해 문제[NP-hard problem][1]에 속합니다.

---

1 옮긴이: 다항 시간 안에 문제를 해결할 수 있는 NP 문제를 다항식 시간 안에 어떤 A라는 문제로 변환할 수 있는 경우를 말합니다(출처: 위키백과_ https://ko.wikipedia.org/wiki/NP-난해)

클래스 P는 다항식 시간으로 처리 가능한 클래스였습니다. NP-난해 문제는 '클래스 NP'에 속하는 문제보다 어려운 문제입니다. 여기서 클래스 NP란 '비결정론적 다항 시간^{Non-deterministic} ^{Polynomial time, NP}으로 처리할 수 있는 클래스'입니다.

자세한 내용은 생략하겠지만, 2022년 기준 이 클래스 NP에 대한 효율적인 알고리즘은 알려지지 않았습니다. 그리고 클래스 P와 클래스 NP가 다를 것이라는 예측에 힘입어 'P ≠ NP 예상'이라 불립니다. 수학에서 중요한 미해결 문제의 하나로, 밀레니엄 문제^{Millennium Prize Problems}로 꼽힙니다.

만약 외판원 문제처럼 NP-난해 문제를 다항식 시간으로 푸는 알고리즘이 존재한다면 P = NP가 성립됩니다. 하지만 다항식 시간에 푸는 알고리즘은 존재하지 않는다고 여겨지고 있습니다.

많은 수학자가 P = NP, P ≠ NP 양쪽의 증명을 내놓고 있지만, 2022년 기준 아직 정답은 나오지 않았습니다. 만약 P = NP가 증명되면 RSA 암호와 같이 소인수 분해의 어려움에 주목한 암호화 방식 등은 쓸모 없어질 것이므로 그 동향을 주목하면 좋을 것입니다.

문제 1 다음 세 프로그램의 복잡도를 각각 생각해봅시다.

① Appendix/question03-01.py

```
# 신장과 체중으로 BMI(비만도를 나타내는 체질량 지수)를 구하는 함수
def bmi(height, weight):
    # 신장(cm)의 단위를 m으로 변환
    h = height / 100
    return weight / (h * h)
```

② Appendix/question03-02.py

```
# 원주율 π의 근삿값을 구하는 함수
# (n×n의 정사각형 중 부채꼴 범위에 들어가는 수를 셈)
def pi(n):
    cnt = 0
    for i in range(n):
        for j in range(n):
            # 피타고라스 정리(Pythagoras's theorem)로 부채꼴 내부인지 판정
            if i * i + j * j <= n * n:
                cnt += 1
    # 부채꼴에서 원형으로 변환하기 위해 4배로 함
    return cnt * 4 / (n * n)
```

③ Appendix/question03-03.py

```
# 원주율 π의 근사값을 구하는 함수
# (π는 4 - 4/3 + 4/5 - 4/7 + 4/9 - 4/11 + ...라는 식으로 구할 수 있음)
def pi(n):
    result = 4
    plus_minus = -1

    for i in range(1, n):
        result += plus_minus * 4 / (i * 2 + 1)
        # 부호를 반전
        plus_minus *= -1

    return result
```

Chapter

4

다양한 검색 방법
배우기

복잡도를 고려해 최적의 성능을 내는 알고리즘을 구현하는 것은 프로그램에서 다루는 데이터를 얼마나 효율적으로 찾느냐에 달려 있습니다. 4장에서는 리스트를 기반으로 자료구조의 데이터를 찾는 여러 가지 방법을 살펴봅니다. 그리고 이러한 방법을 기반으로 구현하는 6가지 재밌는 예제를 살펴봅니다.

4.1 선형 검색

Point 리스트에서 원하는 값을 찾을 수 있습니다.

Point 데이터양이 많은 경우의 문제점을 경험합니다.

많은 데이터 중에 원하는 데이터를 찾는 작업을 '검색'이라고 합니다. 일상생활에서도 원하는 것을 찾아내고자 할 때가 많습니다. 이때 찾는 방법은 검색할 대상이나 양에 따라 달라집니다. 그럼, 실제로 어떤 검색 방법이 있는지 알아봅시다.

4.1.1 일상에서의 검색

검색은 프로그래밍에 한정된 이야기가 아닙니다. 우리 일상에서의 검색을 생각해봅시다.

지갑에서 100원짜리 동전을 찾을 때를 떠올려보세요. 사람은 색을 인식할 수 있으므로 은색 동전을 찾습니다. 그러나 은색 동전에는 50원짜리나 500원짜리도 있습니다. 대부분의 사람은 지갑에 많은 동전이 들어 있지 않으므로, 하나씩 모두 살펴봐도 금방 찾을 수 있습니다.

만약 사전이나 전화번호부에서 특정 키워드를 찾는 경우라면, 가나다순으로 정렬된 내용 중에서 펼쳐진 페이지보다 앞인지 뒤인지를 판단하면서 페이지를 넘길 것입니다.

서점에서 원하는 책을 찾을 때를 생각해봅시다. 많은 책 중에서 색상을 기준으로 찾기란 매우 어려운 일이며, 한 권씩 찾다가는 해가 지고 말 것입니다. 제목 순서로 나열된 것도 아니므로, 대부분은 원하는 장르의 선반을 먼저 찾은 뒤 그중에서 범위를 좁혀나갈 것입니다.

이처럼 무엇을 찾느냐에 따라 선택 방법이 다릅니다. 하지만 모두 늘어놓고 순서대로 찾는다(시간을 고려하지 않는다)면 언젠가 원하는 것을 찾을 수는 있습니다.

4.1.2 프로그래밍의 검색

프로그래밍에서도 검색의 사고방식은 동일합니다. 데이터를 리스트에 저장하고 해당 리스트의 맨 앞부터 끝까지 순서대로 조사하면 언젠가는 원하는 데이터를 찾을 수 있습니다. 만약 데이터가 존재하지 않으면 끝까지 조사하여 '존재하지 않는다'는 것을 알 수 있습니다.

이 방법을 선형 검색linear search이라고 합니다. 순서대로 조사할 뿐이므로 프로그램의 구조와 구현이 간단하며, 데이터의 수가 적을 때 효과적입니다. 예를 들어 그림 4-1과 같은 리스트에서 원하는 값 '40'을 찾는 프로그램을 만들어봅시다. 먼저 '50'과 비교해 일치하면 검색을 종료합니다. 다르다면 다음 수 '30'과 비교해 일치하면 검색을 종료합니다. 이 작업을 반복하면 '40'과 비교해 일치할 때 검색을 끝낼 수 있습니다.

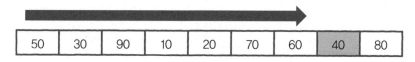

그림 4-1 리스트에서 원하는 값 '40' 찾기

프로그램에서 처리하기 위해 먼저 데이터를 리스트에 저장합니다.

```
data = [50, 30, 90, 10, 20, 70, 60, 40, 80]
```

다음으로 리스트의 맨 앞부터 순서대로 반복해 원하는 값 '40'이 발견될 때까지 찾습니다. 발견된 시점에서 그 위치를 출력하고 처리를 종료합니다. 발견되지 않으면 'Not Found'를 출력하고 처리를 종료합니다.

파이썬으로 리스트의 요소를 순서대로 처리할 때는 range 함수로 리스트 요소 수만큼 반복 검색하면 간단히 구현할 수 있습니다(코드 4-1).

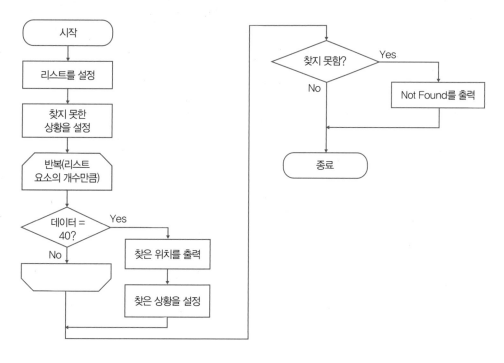

```
data = [50, 30, 90, 10, 20, 70, 60, 40, 80]
found = False ── 처리 상황을 관리(초깃값은 False)

for i in range(len(data)):
    if data[i] == 40: ── 찾는 값과 일치하는가?
        print(i)
        found = True ── 찾았음을 처리 상황에 설정
        break

if not found: ── 찾지 못한 경우
    print('Not Found')
```

여기서는 found라는 변수를 사용해 원하는 값 발견 여부를 관리하며, 찾지 못한 경우에는 'Not Found'를 출력합니다. 원하는 값이 발견된 경우에는 해당 위치를 출력하고 break를 사용해 for 문을 빠져나옵니다.

실행 결과_ linear_search1.py(코드 4-1) 실행

```
> python linear_search1.py
7
>
```

4.1.3 선형 검색 함수 정의하기

선형 검색은 앞에서와 같은 방법으로도 간단히 구현할 수 있지만, 실제로는 함수로 정의해 사용합니다. 변수로 발견 여부를 관리하는 것이 아니라, 발견된 해당 위치를 반환하는 함수를 작성합니다.

'리스트'와 '찾을 값'을 인수로 전달해 리스트의 위치를 반환하는 함수를 만듭니다(코드 4-2). 발견하면 해당 위치를 반환하고 찾지 못하면 −1을 반환합니다.

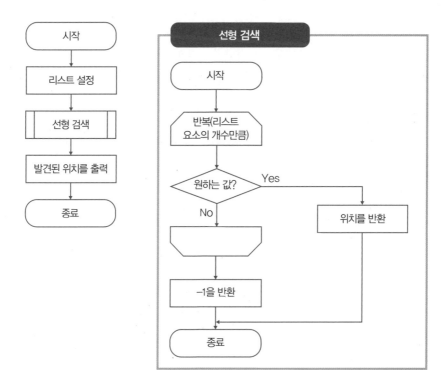

코드 4-2 linear_search2.py

```
def linear_search(data, value):    리스트에서 찾을 값의 위치를 검색하는 함수 정의
    for i in range(len(data)):
        if data[i] == value:    원하는 값을 찾은 경우
            return i
    return -1    원하는 값이 없으면 -1을 반환


data = [50, 30, 90, 10, 20, 70, 60, 40, 80]


print(linear_search(data, 40))
```

실행 결과_ linear_search2.py(코드 4-2) 실행

```
> python linear_search2.py
7
>
```

값을 차례로 찾는 방식이므로 이해하기 쉬운 알고리즘입니다. 하지만 값을 찾을 때까지 모든 데이터를 검색해야 하므로, 데이터 수가 증가하면 처리에 시간이 걸립니다.

데이터 수를 n이라고 했을 때, 맨 앞에서 찾으면 1회 비교만으로 종료되지만 끝까지 찾지 못하면 총 n번 비교해야 합니다. 이때 비교 횟수의 평균은 비교 횟수를 데이터 수로 나누어 구할 수 있으므로 $\dfrac{1+2+3+\cdots+n}{n}$이며, 정리하자면 $\dfrac{n+1}{2}$번의 비교가 필요합니다('평균 구하기' 칼럼 참고). 최악의 경우에는 n번 비교해야 하므로 $O(n)$의 처리라고 할 수 있습니다.

[Column] 평균 구하기

$1+2+3+\ldots+n$은 거꾸로 쓰면 $n+(n-1)+(n-2)+\ldots+1$이 됩니다. 이 두 식을 세로로 더해보세요.

$$
\begin{array}{ccccccccc}
1 & + & 2 & + & 3 & + & \cdots & + & n \\
n & + & (n-1) & + & (n-2) & + & \cdots & + & 1 \\
\hline
(n+1) & + & (n+1) & + & (n+1) & + & \cdots & + & (n+1)
\end{array}
$$

그러면 $n+1$이 n개 되므로 합은 $n(n+1)$이 됩니다.

이번에는 세로로 더하기 위해 거꾸로 정렬된 것을 더했으므로 2로 나누겠습니다. 결과는 다음과 같습니다.

$$1+2+3+\cdots+n = \frac{n(n+1)}{2}$$

즉, 비교 횟수의 평균은 식의 양변을 n으로 나눈 다음과 같은 식이 됩니다.

$$\frac{(1+2+3+\cdots+n)}{n} = \frac{n+1}{2}$$

4.2 이진 검색

`Point` 이진 검색이 선형 검색에 비해 처리 시간이 크게 줄어듦을 경험합니다.

`Point` 사전 정렬이 필요한 이유를 이해합니다.

4.2.1 검색 범위를 반으로 나누기

데이터 수가 늘어나도 빠른 속도로 검색을 처리할 수 있는 방법을 생각해봅시다. 이때 사전이나 전화번호부에서 찾는 방식을 고려할 수 있습니다. 즉, 원하는 값의 앞인지 뒤인지 위치를 확인하는 방법입니다. 이를 활용하려면 데이터가 '가나다' 순서처럼 정렬되어 있어야 합니다.

리스트에 데이터가 오름차순으로 저장되어 있다고 합시다.

```
data = [10, 20, 30, 40, 50, 60, 70, 80, 90]
```

여기서 40이라는 값을 찾아봅니다(그림 4-2). 먼저 중앙값 50과 비교해 40이 더 작으므로 앞부분을 찾습니다. 다음으로 10, 20, 30, 40의 중앙인 20과 비교합니다. 이번에는 20보다 크므로 뒷부분을 찾습니다. 그리고 30과 비교해 뒷부분을 찾아서 40과 비교해 일치하면 검색이 종료됩니다. 이처럼 검색 범위를 앞이나 뒤의 절반으로 나눠 검색하는 것을 반복합니다. 비교 횟수는 총 4회였습니다.

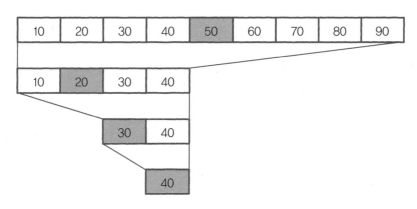

그림 4-2 이진 검색

이처럼 데이터가 오름차순으로 정렬되어 있을 때, 원하는 데이터가 중간값보다 오른쪽에 있는지 왼쪽에 있는지를 찾는 작업을 반복합니다. 파이썬으로 구현해봅시다(코드 4-3). 리스트의 왼쪽 끝과 오른쪽 끝에서부터 찾는 위치를 절반으로 좁히면서 순서대로 검색합니다.

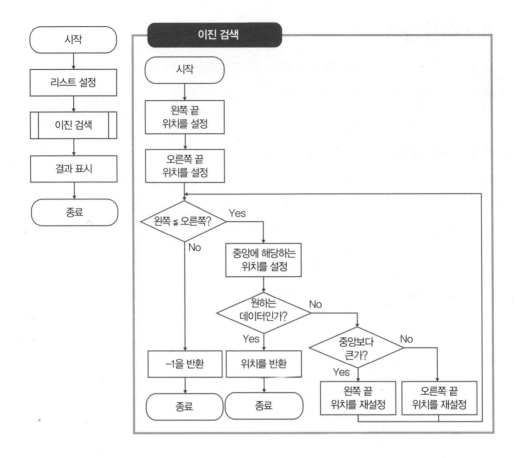

코드 4-3 binary_search.py

```python
def binary_search(data, value):
    left = 0 ──── 검색 영역의 왼쪽 끝을 설정
    right = len(data) - 1 ──── 검색 영역의 오른쪽 끝을 설정
    while left <= right:
        mid = (left + right) // 2 ──── 검색 범위의 중앙을 계산
        if data[mid] == value:
            # 중앙값과 일치하면 위치를 반환
            return mid
        elif data[mid] < value:
            # 중앙값보다 크면 검색 범위의 왼쪽을 바꿈
            left = mid + 1
        else:
            # 중앙값보다 작으면 검색 범위의 오른쪽을 바꿈
            right = mid - 1
    return -1 ──── 발견되지 않은 경우
```

```
data = [10, 20, 30, 40, 50, 60, 70, 80, 90]
print(binary_search(data, 90))
```

실행 결과_ binary_search.py(코드 4-3) 실행

```
> python binary_search.py
8
>
```

여기서는 left와 right 두 변수로 범위를 좁히고 있습니다. 일치하면 해당 위치를 반환하고 일치하지 않으면 left와 right 값을 다시 설정합니다.

4.2.2 데이터 증가 시 비교 횟수 고려하기

복잡한 처리처럼 보이지만 그림 4-2를 보면 검색 범위가 점점 좁혀지는 것을 알 수 있습니다. 이 구현의 효과는 데이터의 수가 증가했을 때의 비교 횟수로 나타납니다.

한 번 비교해 검색 범위가 절반이 된다는 것은, 리스트에 저장된 데이터 수가 2배가 되어도 최대 비교 횟수가 1회 증가할 뿐이라는 의미입니다. 이는 수학의 로그 개념으로 알 수 있습니다. 로그는 지수의 반대 개념으로, 예를 들어 $y = 2^x$에서 x를 구하는 식은 $x = \log_2 y$로 정의됩니다.

지수는 3장에서도 등장한 것처럼, 오른쪽 위에 있는 값이 커지면 급격하게 증가합니다. 예를 들어 $2^1 = 2$, $2^2 = 4$, $2^3 = 8$로 늘어나며 $2^{10} = 1024$, $2^{16} = 65536$이 됩니다. 반면, 로그는 $\log_2 2 = 1$, $\log_2 4 = 2$, $\log_2 8 = 3$이 되고 $\log_2 1024 = 10$, $\log_2 65536 = 16$과 같이 log 안의 숫자가 늘어나도 크게 달라지지 않습니다.

실제로 $y = x$와 $y = \log_2 x$의 그래프를 그려보면 그림 4-3과 같습니다. $y = \log_2 x$는 $y = 2^x$의 그래프와 $y = x$에 선대칭이며, x값이 증가해도 y값은 별로 늘어나지 않는 것을 알 수 있습니다.

이진 검색의 경우 비교 횟수의 증가는 대수의 단위이므로, 데이터 개수가 1,000개 정도 늘어나도 비교 횟수는 10회 정도, 100만 개로 늘어나도 비교 횟수는 20회 정도입니다. 선형 검색에서 1,000개가 되면 1,000번, 100만 개가 되면 100만 회 걸리는 것과 비교하면 그림 4-3처럼 압도적인 차이가 생긴다는 것을 알 수 있습니다.

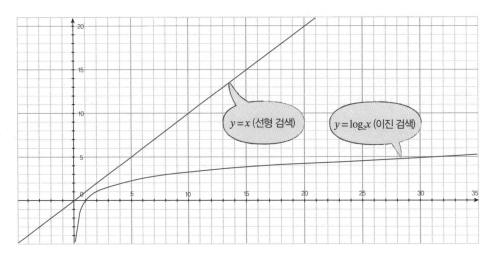

그림 4-3 로그 함수의 그래프

또한, O(n)와 O(n^2)에서 상수 배를 무시하는 것처럼 로그 밑의 차이는 무시할 수 있습니다. 따라서 빅오 표기법에서는 보통 밑을 생략하며, 이진 검색은 O($\log n$)로 표현할 수 있습니다.

일반적으로는 선형 검색보다 이진 검색 쪽이 처리 속도가 더 빠르지만, 사전에 데이터를 오름차순이나 내림차순으로 정렬할 필요가 있습니다(선형 검색의 경우 순서와 관계없습니다). 또한, 데이터의 개수가 적은 경우에는 처리 속도에 큰 차이가 나지 않으므로 선형 검색이 사용되는 경우도 많습니다.

이처럼 취급하는 데이터양이나 데이터의 갱신 빈도 등을 검토하여 검색 방법을 결정합니다.

[**Column**] **문제점을 찾을 때 도움이 되는 이진 검색의 개념**

프로그래밍으로 컴퓨터의 처리를 간소화하는 것 이외에도 이진 검색이 도움되는 경우가 있습니다.

예를 들어 프로그램의 출력이 잘못된 경우, 그 원인이 되는 위치를 찾아야 합니다. 이러한 경우 소스 코드를 앞에서부터 순서대로 살펴봐도 좋지만, 이진 검색의 개념을 활용하면 조사 범위를 조금씩 좁힐 수 있습니다. 예를 들어 함수의 위쪽 절반을 삭제하고 결과를 확인한 뒤, 아래쪽 절반을 삭제하고 결과를 확인하는 것을 반복하면 문제점이 보일 수 있습니다.

프로그래밍뿐만 아니라 네트워크 문제 확인 등에서도 프로세스는 같습니다. 많은 서버를 관리하는 경우 문제가 발생하는 서버가 어디에 있는지 절반씩 조사할 수 있습니다.

4.2절에서는 리스트(배열)에 대한 이진 검색을 소개했습니다. 실제로는 정렬된 연결 리스트를 빠르게 검색하고 싶을 때도 있지만, 연결 리스트는 앞에서부터 순서대로 더듬어가는 구조이므로, 간단하게 이진 검색을 적용할 수 없습니다.

이때 연결 리스트의 자료구조를 기반으로 만들어진 스킵 리스트^{skip list}를 활용합니다. 예를 들어 전철 중 각 역에 정차하는 일반 전철 이외에도 급행이나 직행이 있듯이, 순서대로 검색하지 않고 일부를 뛰어넘는 자료구조입니다 다(그림 4-4).

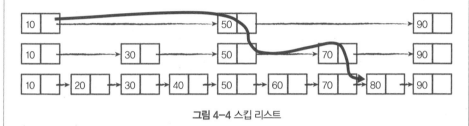

그림 4-4 스킵 리스트

스킵 리스트를 사용하면 연결 리스트에서도 효율적으로 데이터를 검색할 수 있습니다. 물론 삽입 및 삭제 등을 추가로 구현해야 하지만, 유용한 자료구조임을 알아둡시다.

4.3 트리 구조 탐색

Point 너비 우선 탐색, 깊이 우선 탐색을 이해합니다.

Point 전위 순회, 중위 순회, 후위 순회의 차이를 이해합니다.

Point 재귀 함수를 구현할 수 있습니다.

4.3.1 계층 구조 데이터의 검색 고려하기

리스트에 저장된 간단한 데이터뿐만 아니라 계층 구조의 데이터를 검색해야 하는 경우도 있습니다. 예를 들어 컴퓨터의 폴더에 저장된 파일을 찾을 때 sample.txt 파일을 검색하는 방법은 크게 너비 우선 탐색^{breadth-first search}과 깊이 우선 탐색^{depth-first search}의 두 가지로 나눌 수 있습니다 다(그림 4-5).

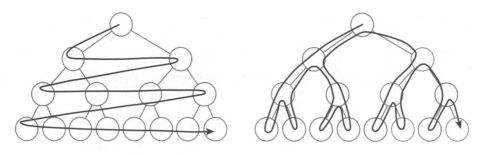

그림 4-5 너비 우선 탐색(왼쪽)과 깊이 우선 탐색(오른쪽)

너비 우선 탐색

탐색을 시작하는 곳에서부터 가까운 것을 나열하고 각각을 자세히 조사해나가는 방법을 너비 우선 탐색이라고 합니다. 책을 읽을 때 목차로 전체를 파악하고, 각 장에 대한 개요를 읽은 뒤, 내용을 읽는 것처럼 서서히 깊게 읽어나가는 이미지입니다.

탐색할 조건에 부합되는 것을 하나만 얻으면 되며, 결과를 발견된 시점에 처리를 종료할 수 있어 처리 속도가 빠릅니다.

> **[Memo] 트리 구조**
>
> 그림 4-5처럼 원과 선을 사용해 계층 구조의 분기를 표현하는 방법은 마치 나무의 위아래를 거꾸로 놓았을 때 가지가 뻗어 있는 것처럼 보이므로 트리tree 구조로 불립니다. 또한, 각 원을 노드node(마디), 선을 에지edge(가지)라고 합니다.

깊이 우선 탐색

원하는 방향으로 탐색을 진행하다가 더 진행되지 않으면 이전 위치로 돌아가는 방법을 깊이 우선 탐색이라고 합니다. 백트랙backtrack이라고도 불리며, 문제의 모든 답을 찾을 때 자주 사용됩니다.

깊이 우선 탐색을 구현할 때는 2.6절에서 설명한 '재귀'를 사용하는 경우가 많으며 오델로나 장기, 바둑 등 대전형 게임에 필수로 사용됩니다. 모든 답을 찾지 않고 정해진 깊이까지 탐색하는 방법도 자주 사용됩니다.

또한, 깊이 우선 탐색에는 모든 노드를 탐색하는 방법으로 전위 순회pre-order traversal, 중위 순회in-order traversal, 후위 순회post-order traversal가 있습니다(그림 4-6).

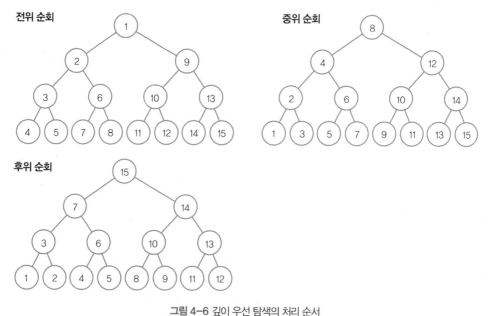

그림 4-6 깊이 우선 탐색의 처리 순서

노드를 탐색하는 원리는 모두 그림 4-5의 오른쪽과 동일하지만, 노드를 탐색하는 순서가 다릅니다. 보통 ○ 안에 적힌 숫자가 작은 쪽부터 순서대로 탐색합니다. 그림 4-6 안에 있는 숫자 순서대로 경로를 그리면서 각 순회의 차이점을 확인하기 바랍니다.

경로가 복잡한 모든 노드를 탐색할 경우, 너비 우선 탐색은 탐색 중인 모든 노드를 저장하고 있어야 하지만 깊이 우선 탐색은 현재 경로상의 노드를 저장하는 것만으로 탐색을 진행할 수 있습니다. 즉, 너비 우선 탐색보다 깊이 우선 탐색 쪽이 메모리 사용량을 줄일 수 있습니다.

한편, 최단으로 도달할 길을 하나만 탐색할 경우에는 발견된 시점에 처리를 종료할 수 있는 너비 우선 탐색이 더 빠릅니다(깊이 우선 탐색에서는 모든 노드를 조사한 뒤 최단인지 여부를 판정할 필요가 있습니다). 따라서 각각의 특징을 이해하고 문제에 맞는 방식을 선택합니다.

4.3.2 너비 우선 탐색 구현하기

너비 우선 탐색과 깊이 우선 탐색을 실제 프로그램으로 구현해봅니다. 여기서는 트리에 있는 노드 각각을 리스트로 표현하고 있습니다. 예를 들어 그림 4-7에서 리스트의 첫 번째 요소에는 1번과 2번 노드, 리스트의 두 번째 요소에는 1번 노드의 자식 노드인 3번과 4번 노드가 연결되어 있습니다.

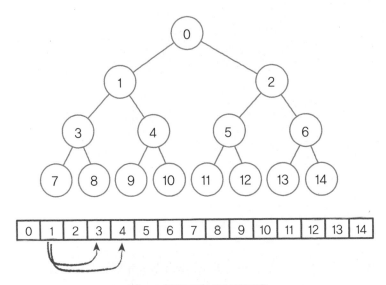

그림 4-7 트리 구조와 리스트의 대응

따라서 리스트 tree는 다음과 같이 정의합니다.

```
tree = [[1, 2], [3, 4], [5, 6], [7, 8], [9, 10], [11, 12], [13, 14],
        [], [], [], [], [], [], [], []]
```

tree 리스트의 첫 번째 요소에는 [1, 2]라는 리스트, 두 번째 요소에는 [3, 4]라는 리스트를 저장합니다. 이와 같이 매달린 노드의 위치(인덱스)를 리스트로 유지합니다. 참고로 [13, 14] 뒤에 빈 리스트를 정의한 것은 각 노드의 탐색 결과를 저장할 영역을 확보하려는 것입니다.

너비 우선 탐색에서는 코드 4-4처럼 while 문으로 탐색을 처리할 수 있습니다.

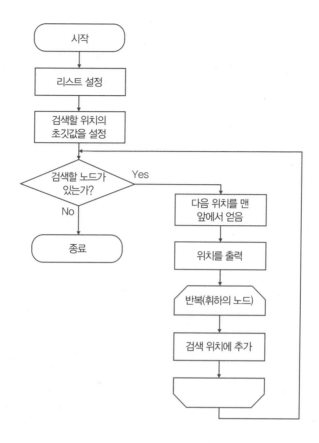

코드 4-4 breadth_search.py

```
tree = [[1, 2], [3, 4], [5, 6], [7, 8], [9, 10], [11, 12], [13, 14],
        [], [], [], [], [], [], [], []]
data = [0]

while len(data) > 0:
    pos = data.pop(0)  ── 맨 앞에서 꺼내기
    print(pos, end=' ')
    for i in tree[pos]:
        data.append(i)  ── 끝에 추가
```

실행 결과를 보면 리스트의 인덱스를 순서대로 출력하므로, 트리 구조를 위에서부터 차례대로 탐색(출력)한 것을 알 수 있습니다.

```
> python breadth_search.py
0 1 2 3 4 5 6 7 8 9 10 11 12 13 14
>
```

4.3.3 깊이 우선 탐색 구현하기

깊이 우선 탐색은 재귀를 사용해 구현하는 것이 일반적입니다.

전위 순회

우선 전위 순회pre-order traversal를 구현합니다. 전위 순회(코드 4-5)는 다음과 같은 원리로 동작합니다. 이해를 돕기 위해 그림 4-7의 노드를 예로 들 것입니다.

1. 루트 노드(0) 기준 맨 왼쪽에 있는 노드를 차례로 탐색(0 → 1 → 3)한 결과를 저장하는 처리를 맨 아래 자식 노드(7)까지 반복합니다.

2. 맨 아래 자식 노드(7)와 같은 깊이면서 자식 노드가 없는 오른쪽 노드(8)가 있는지 탐색해 있으면 결과를 저장합니다.

3. 맨 아래 자식 노드의 바로 위 부모 노드(3)와 같은 깊이면서 같은 부모 노드(1)를 갖는 바로 오른쪽에 있는 노드(4)를 탐색해 있으면 결과를 저장합니다.

4. 오른쪽에 있는 노드의 맨 아래 자식 노드(9, 10)를 탐색해 결과를 저장합니다.

5. 과정 3~4에 해당하는 노드가 있다면 계속 반복해서 노드를 탐색해 결과를 저장합니다.

6. 만약 맨 아래 자식 노드의 바로 위 부모 노드와 같은 깊이면서 같은 부모 노드를 갖는 오른쪽 노드가 없다면 더 위의 부모 노드(1)와 같은 깊이면서 바로 오른쪽에 있는 노드(2)를 탐색해 결과를 저장합니다.

7. 이러한 과정을 모든 노드의 탐색이 완료(그림 4-7에서는 5 → 11 → 12 → 6 → 13 → 14 순서로 탐색)되거나 조건에 맞는 노드를 탐색할 때까지 반복합니다.

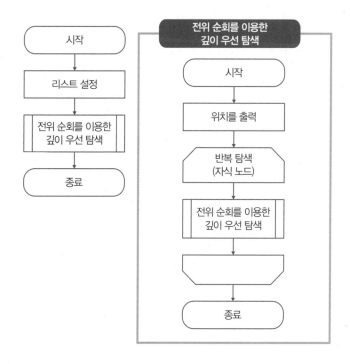

코드 4-5 depth_search1.py

```python
tree = [[1, 2], [3, 4], [5, 6], [7, 8], [9, 10], [11, 12], [13, 14],
        [], [], [], [], [], [], [], []]

def search(pos):
    print(pos, end=' ')  ── 자식 노드를 탐색하기 전에 현재 노드 출력
    for i in tree[pos]:  ── 자식 노드를 탐색
        search(i)  ── 재귀적으로 탐색
search(0)
```

실행 결과_ depth_search1.py(코드 4-5) 실행

```
> python depth_search1.py
0 1 3 7 8 4 9 10 2 5 11 12 6 13 14
>
```

후위 순회

다음으로 후위 순회post-order traversal를 구현하려고 합니다. 후위 순회(코드 4-6)는 다음과 같은
원리로 동작합니다. 이해를 돕기 위해 그림 4-7의 노드를 예로 들 것입니다.

1. 루트 노드(0) 기준 맨 왼쪽 아래에 있는 자식 노드(7)까지 이동합니다.

2. 맨 아래 자식 노드(7)와 같은 깊이면서 자식 노드가 없는 오른쪽 노드(8)가 있는지 탐색해 있으면 결과를 저장합니다.

3. 맨 아래 자식 노드의 바로 위 부모 노드(3)를 탐색해 저장합니다.

4. 맨 아래 자식 노드의 바로 위 부모 노드(3)와 깊이면서 같은 부모 노드(1)가 같은 오른쪽 노드(4)의 맨 아래 자식 노드(9)로 이동한 후 탐색해 결과를 저장합니다. 같은 깊이면서 자식 노드가 없는 오른쪽 노드(10)가 있는지도 탐색해 있으면 결과를 저장합니다.

5. 맨 아래 자식 노드의 바로 위 부모 노드(4)를 탐색해 결과를 저장합니다.

6. 과정 3~5에 해당하는 노드가 있다면 계속 반복해서 노드를 탐색해 결과를 저장합니다.

7. 과정 5의 부모 노드(1)를 탐색해 결과를 저장합니다.

8. 과정 7의 노드(1)와 같은 깊이면서 같은 부모 노드를 갖는 오른쪽 노드(2)가 있다면 해당 노드를 기준으로 맨 왼쪽 아래에 있는 자식 노드(11)까지 이동합니다.

9. 과정 2~8을 모든 노드의 탐색이 완료(그림 4-7에서는 12 → 5 → 13 → 14 → 6 → 2 → 0 순서로 탐색)되거나 조건에 맞는 노드를 탐색할 때까지 반복합니다.

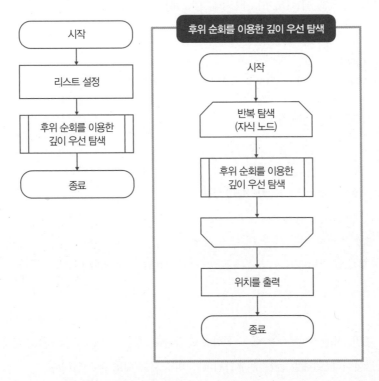

```
tree = [[1, 2], [3, 4], [5, 6], [7, 8], [9, 10], [11, 12], [13, 14],
        [], [], [], [], [], [], [], []]

def search(pos):
    for i in tree[pos]:
        search(i)
    print(pos, end=' ')  ── 자식 노드를 탐색한 후 출력

search(0)
```

실행 결과_ depth_search2.py(코드 4-6) 실행

```
> python depth_search2.py
7 8 3 9 10 4 1 11 12 5 13 14 6 2 0
>
```

중위 순회

마지막으로 중위 순회^{in-order traversal}를 구현합니다. 중위 순회(코드 4-7)는 다음과 같은 원리로 동작합니다. 이해를 돕기 위해 그림 4-7의 노드를 예로 들 것입니다.

1. 루트 노드(0) 기준 맨 왼쪽 아래에 있는 자식 노드(7)까지 이동합니다.

2. 맨 아래 자식 노드(7)의 바로 위 부모 노드(3)를 탐색해 결과를 저장합니다.

3. 부모 노드(3)의 오른쪽 자식 노드(8)를 탐색해 있다면 결과를 저장합니다.

4. 부모 노드(3)의 오른쪽 자식 노드가 없다면 다시 바로 위의 새로운 부모 노드(1)를 탐색해 결과를 저장합니다.

5. 부모 노드(1)의 오른쪽 노드 중 맨 왼쪽 아래에 있는 자식 노드(9)까지 이동한 후 탐색해 결과를 저장합니다. 그리고 과정 2~4를 다시 한번 처리합니다(그림 4-7이면 노드 4, 10 저장).

6. 부모 노드(1)에서 오른쪽 자식 노드가 없을 때까지 과정 5를 실행합니다.

7. 부모 노드(1)의 오른쪽 자식 노드가 없다면 바로 위 부모 노드(0)를 탐색해 결과를 저장합니다.

8. 이제 부모 노드(0)의 오른쪽 노드 중 맨 왼쪽 아래에 있는 자식 노드(11)까지 이동한 후 탐색해 결과를 저장합니다. 그리고 과정 2~5를 반복 처리(그림 4-7에서는 노드 11 → 5 → 12 → 2 → 13 → 6 → 14 순서)합니다.

9. 과정 2~8을 모든 노드의 탐색이 완료되거나 조건에 맞는 노드를 탐색할 때까지 반복합니다.

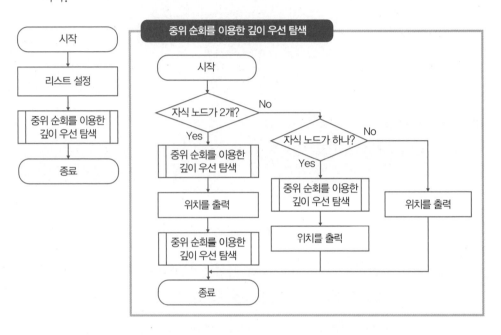

코드 **4-7** depth_search3.py

```python
tree = [[1, 2], [3, 4], [5, 6], [7, 8], [9, 10], [11, 12], [13, 14],
        [], [], [], [], [], [], [], []]

def search(pos):
    if len(tree[pos]) == 2:        자식 노드가 2개 있을 때
        search(tree[pos][0])
        print(pos, end=' ')        왼쪽 노드와 오른쪽 노드 사이에 출력
        search(tree[pos][1])
    elif len(tree[pos]) == 1:      자식 노드가 하나일 때
        search(tree[pos][0])
        print(pos, end=' ')        왼쪽 노드를 조사한 후 출력
    else:        자식 노드가 없을 때
        print(pos, end=' ')        현재 노드 출력
search(0)
```

```
> python depth_search3.py
7 3 8 1 9 4 10 0 11 5 12 2 13 6 14
>
```

재귀를 사용하지 않고 while 문과 for 문을 중첩 사용해 구현할 수도 있습니다. 코드 4-8처럼 구현하면 후위 순회의 반대 순서로 깊이 우선 탐색을 합니다.

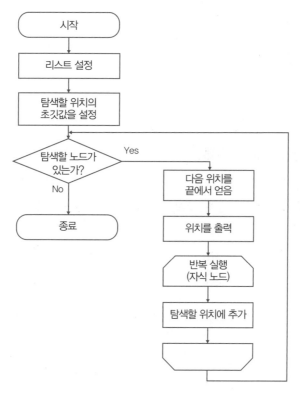

코드 4-8 depth_search4.py

```
tree = [[1, 2], [3, 4], [5, 6], [7, 8], [9, 10], [11, 12], [13, 14],
        [], [], [], [], [], [], [], []]
data = [0]

while len(data) > 0:
    pos = data.pop() ── 다음 노드 위치를 리스트 끝에서 꺼내기
    print(pos, end=' ')
    for i in tree[pos]:
        data.append(i) ── 리스트 끝에 탐색할 위치 추가하기
```

```
> python depth_search4.py
0 2 6 14 13 5 12 11 1 4 10 9 3 8 7
>
```

4.4 다양한 예제 구현하기

Point 보초병과 비트 연산 등 실용적인 기술을 익힙니다.

Point 8퀸 문제와 하노이 타워 등 유명한 알고리즘을 익힙니다.

Point 미니 맥스법 등 대전형 게임 형식의 알고리즘을 익힙니다.

4.4.1 미로 탐험(보초병) 문제

그림 4-8과 같은 간단한 미로를 탐험하는 문제를 생각해보겠습니다. 검은 부분이 벽이고 흰 부분이 통로일 때 시작(S) 지점에서 목표(G) 지점까지 가는 경로를 찾습니다.

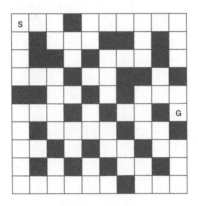

그림 4-8 미로의 예

이러한 문제를 풀 때는 외벽을 쉽게 판정하도록 보초법sentinel method의 보초병sentinel이라는 개념을 많이 씁니다. 보초병은 리스트의 끝에 종료 조건으로 추가하는 데이터를 말하며, 탐색을 간단히 구현하기 위해 사용됩니다.

그림 4-8 미로라면 벽을 '9', 통로를 '0', 골을 '1'이라는 숫자로 나타내 코드 4-9와 같은 2차원 리스트로 표현할 수 있습니다. 이동할 때 통과한 통로는 '2'라는 숫자로 덮어씁니다.

코드 4-9를 보면 그림 4-8에는 없었던 주변을 '9'로 둘러싸고 있으며, 안쪽 벽과 마찬가지로 다루고 있습니다. 이것이 보초병의 효과로, 안쪽과 바깥쪽 벽을 구별할 필요가 없으므로 나아갈 수 없는 장소를 간단히 판정할 수 있습니다.

코드 4-9 maze1.py

```python
maze = [[9, 9, 9, 9, 9, 9, 9, 9, 9, 9, 9, 9],
        [9, 0, 0, 0, 9, 0, 0, 0, 0, 0, 0, 9],
        [9, 0, 9, 0, 0, 0, 9, 9, 0, 9, 9, 9],
        [9, 0, 9, 9, 0, 9, 0, 0, 0, 9, 0, 9],
        [9, 0, 0, 0, 9, 0, 0, 9, 9, 0, 9, 9],
        [9, 9, 9, 0, 0, 9, 0, 9, 0, 0, 0, 9],
        [9, 0, 0, 0, 9, 0, 9, 0, 0, 9, 1, 9],
        [9, 0, 9, 0, 0, 0, 0, 0, 0, 0, 9, 9],
        [9, 0, 0, 9, 0, 9, 0, 0, 9, 0, 0, 9],
        [9, 0, 9, 0, 9, 0, 9, 0, 0, 9, 0, 9],
        [9, 0, 0, 0, 0, 0, 0, 9, 0, 0, 0, 9],
        [9, 9, 9, 9, 9, 9, 9, 9, 9, 9, 9, 9]]
```

너비 우선 탐색으로 탐색

시작(S)부터 순서대로, 가까운 곳에서부터 움직일 수 있는 범위를 너비 우선 탐색으로 조사합니다. 상하좌우로 움직이면서 조사하고 한 번 검색된 결과는 다시 탐색하지 않습니다. 이 과정을 반복하여 목표(G)에 도달하거나 움직일 곳이 없어지면 탐험 완료입니다. 프로그램에서는 먼저 시작 위치를 검색할 리스트에 설정합니다. 상하좌우로 이동 가능한 장소를 리스트로 추가하면서 리스트가 없어질 때까지(탐색할 장소가 없어질 때까지) 반복합니다(그림 4-9).

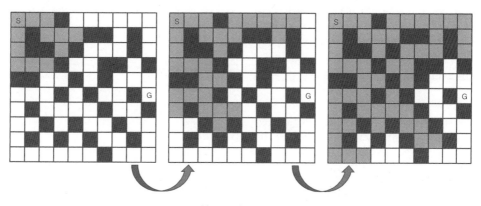

그림 4-9 너비 우선 탐색

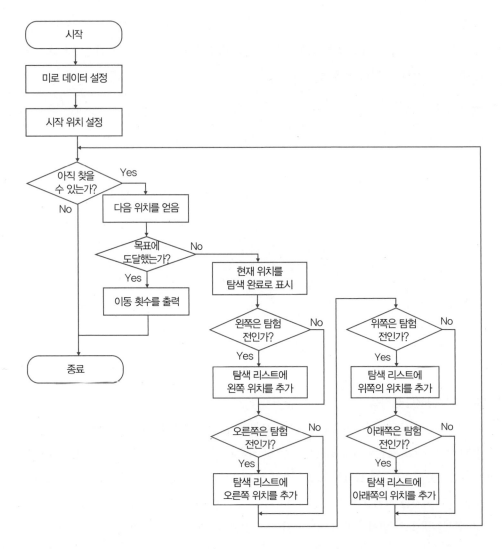

목표(G) 위치에 도착하면 처리는 종료됩니다. 코드 4–10의 프로그램에서는 이동 횟수를 계속 더하면서 탐색하여 골까지의 이동 횟수를 출력합니다.

코드 4–10 maze1.py

```python
# 생략(코드 4-9)
# 시작 위치(x좌표 、y좌표 、이동 횟수)를 설정
pos = [[1, 1, 0]]

while len(pos) > 0:
    x, y, depth = pos.pop(0) ——— 리스트에서 탐색할 위치를 얻음
```

```python
# 목표에 도달하면 종료
if maze[x][y] == 1:
    print(depth)
    break

# 탐색 완료로 설정
maze[x][y] = 2

# 상하좌우 탐색
if maze[x - 1][y] < 2:
    pos.append([x - 1, y, depth + 1])     ── 이동 횟수를 늘려 왼쪽을 리스트에 추가
if maze[x + 1][y] < 2:
    pos.append([x + 1, y, depth + 1])     ── 이동 횟수를 늘려 오른쪽을 리스트에 추가
if maze[x][y - 1] < 2:
    pos.append([x, y - 1, depth + 1])     ── 이동 횟수를 늘려 위쪽을 리스트에 추가
if maze[x][y + 1] < 2:
    pos.append([x, y + 1, depth + 1])     ── 이동 횟수를 늘려 아래쪽을 리스트에 추가
```

이 프로그램을 실행하면 이동 횟수 '28'이 출력됩니다.

실행 결과_ maze1.py(코드 4-9/4-10) 실행

```
> python maze1.py
28
>
```

단순한 깊이 우선 탐색으로 탐색

동일한 처리를 깊이 우선 탐색으로도 풀 수 있습니다. 깊이 우선 탐색에서는 탐색할 수 있는 곳까지 나아가다가 막히면 돌아와서 다음 경로를 검색합니다(그림 4-10).

그림 4-10의 예에서는 탐색 진행 상황을 5계층으로 표현하고 있습니다. 이를 보면 탐색 가능할 경우에는 분기가 있어도 다른 경로를 찾지 않고 탐색하는 것을 알 수 있습니다.

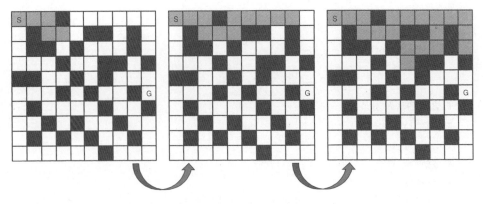

그림 4-10 깊이 우선 탐색

코드 4-10과 마찬가지로 코드 4-9에 코드 4-11을 추가해 같은 결과를 얻을 수 있습니다.

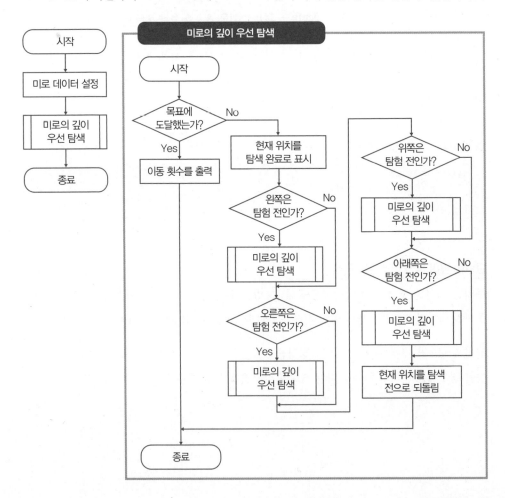

```python
# 생략(코드 4-9)
def search(x, y, depth):
    # 목표에 도달하면 종료
    if maze[x][y] == 1:
        print(depth)
        exit()

    # 탐색 완료로 설정
    maze[x][y] = 2

    # 상하좌우 탐색
    if maze[x - 1][y] < 2:
        search(x - 1, y, depth + 1)    ── 이동 횟수를 늘려 왼쪽을 탐색
    if maze[x + 1][y] < 2:
        search(x + 1, y, depth + 1)    ── 이동 횟수를 늘려 오른쪽을 탐색
    if maze[x][y - 1] < 2:
        search(x, y - 1, depth + 1)    ── 이동 횟수를 늘려 위쪽을 탐색
    if maze[x][y + 1] < 2:
        search(x, y + 1, depth + 1)    ── 이동 횟수를 늘려 아래쪽을 탐색

    # 탐색 전으로 되돌리기
    maze[x][y] = 0

# 시작 위치에서 출발
search(1, 1, 0)
```

역시 프로그램을 실행하면 이동 횟수 '28'이 출력됩니다.

실행 결과_ maze2.py(코드 4-11) 실행

```
> python maze2.py
28
>
```

우수법에 의한 깊이 우선 탐색으로 탐색

깊이 우선 탐색으로 미로를 푸는 방법으로는 '우수법[1]'이 잘 알려져 있습니다. 이름 그대로 미로의 오른쪽 벽에 손을 짚고 만지며 이동하는 방법으로, 벽에 부딪히면 왼쪽으로 방향을 바꿔 계속 나아갑니다(그림 4-11).

최단 경로로 목표에 도달하는 방법은 아니지만, 탐험을 계속하면 언젠가는 목표에 도달할 수 있습니다. 프로그램에서는 진행 방향을 저장해 두고 오른쪽, 앞, 왼쪽, 뒤의 순서로 조사하면서 이동합니다. 또한, 방문하지 않은 장소로 나아가는 경우에는 이동 횟수를 늘리고, 방문했던 장소로 나아가는 경우에는 이동 횟수를 줄여 최단 경로의 길이를 구할 수 있습니다.

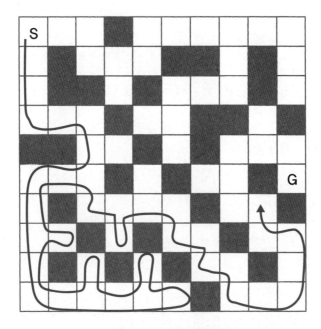

그림 4-11 우수법에서의 경로

이를 프로그램으로 구현한 것이 코드 4-12로, 코드 4-9에 코드 4-12를 추가해 동일한 결과를 얻을 수 있습니다.

---

1 미로의 왼쪽 벽에 손을 짚고 만지면서 이동하는 방법을 '좌수법'이라고 합니다. 본질적으로는 둘 다 동일한 방법입니다.

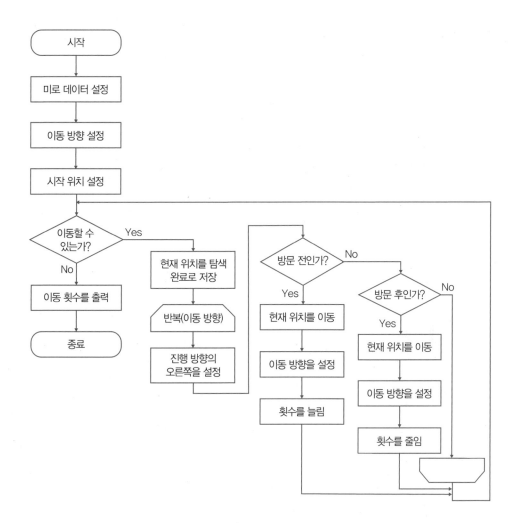

코드 4-12 maze3.py

```python
# 생략(코드 4-9)
# 우수법에서의 이동 방향(하, 우, 상, 좌) 설정
dir = [[1, 0], [0, 1], [-1, 0], [0, -1]]

# 시작 위치(x좌표, y좌표, 이동 횟수, 방향) 설정
x, y, depth, d = 1, 1, 0, 0

while maze[x][y] != 1:
    # 탐색 완료로 설정
    maze[x][y] = 2
```

```
# 우수법으로 탐색
for i in range(len(dir)):  ──[ 이동 방향의 개수로 나눠 나머지를 구해서 다음 방향을 결정 ]
    # 진행 방향의 오른쪽부터 순서대로 탐험
    j = (d + i - 1) % len(dir)
    if maze[x + dir[j][0]][y + dir[j][1]] < 2:
        # 방문하지 않은 경우에는 진행하여 이동 횟수를 늘림
        x += dir[j][0]
        y += dir[j][1]
        d = j
        depth += 1
        break
    elif maze[x + dir[j][0]][y + dir[j][1]] == 2:
        # 이미 방문한 경우에는 진행하여 이동 횟수를 줄임
        x += dir[j][0]
        y += dir[j][1]
        d = j
        depth -= 1
        break

print(depth)
```

역시 프로그램을 실행하면 이동 횟수 '28'이 출력됩니다.

실행 결과_ maze3.py(코드 4-12) 실행

```
> python maze3.py
28
>
```

4.4.2 8퀸 문제

8퀸 문제는 체스의 말인 '퀸'을 사용하는 퍼즐입니다.

퀸은 체스의 룩과 비숍의 능력을 모두 가지는 말로, 그림 4-12의 왼쪽처럼 상하좌우 및 대각
선의 모든 방향으로 이동할 수 있습니다.

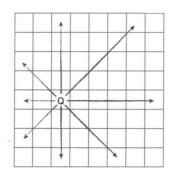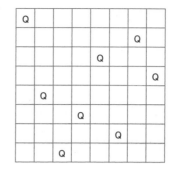

그림 4-12 8퀸 문제의 예

체스판에 8개의 퀸을 서로 위협하지 않도록 배치하는 문제입니다. 예를 들어 그림 4-12의 오른쪽과 같은 배치('Q'의 위치에 여왕을 배치)를 고려할 수 있습니다. 이렇게 배치하는 경우의 수를 모두 구합니다.

단순히 생각하면 첫 번째 퀸을 두는 장소는 8×8 = 64가지, 두 번째는 63가지와 같은 식으로 하면 64×63×62×61×60×59×58×57가지가 있습니다. 하지만 이를 모두 탐색하는 것은 어렵습니다.

문제에 주어진 제한 조건을 이용해 경우의 수를 줄이는 방법을 궁리해봅니다. 같은 행과 열에 2개 이상의 퀸이 배치되는 일은 없으므로, 각각의 열에 퀸을 배치한 행을 유지합니다. 1열째는 1~8행 중 하나, 2열째는 나머지 7행 중 하나라고 생각하면 8×7×6×5×4×3×2×1입니다. 그러면 모든 열을 탐색하더라도 패턴 수를 큰 폭으로 줄일 수 있습니다(그림 4-13).

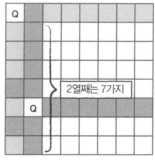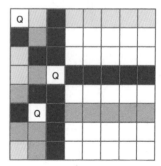

그림 4-13 열을 차례로 채우기

어려운 점은 대각선을 판정하는 방법입니다. 왼쪽부터 순서대로 퀸을 배치하므로, 지금까지 배치한 지점이 대각선 경로에 들어가는지 확인하려면 왼쪽 위와 아래를 탐색해야 합니다.

왼쪽 위에 대해서는 1열 왼쪽은 1행 위를, 2열 왼쪽은 2행 위를 탐색하면 되므로, 리스트의 위치와 리스트의 값(행 번호)으로 비교하면 확인할 수 있습니다. 왼쪽 아래도 마찬가지로 탐색합니다.

왼쪽 열부터 순서대로 배치 가능한 위치를 리스트에 추가해 나가다가 모두 배치하면 완성입니다(코드 4-13). 리스트에 추가할 때는 같은 행에 겹치지 않고 대각선 경로에 들어가지 않도록 확인하며 배치합니다.

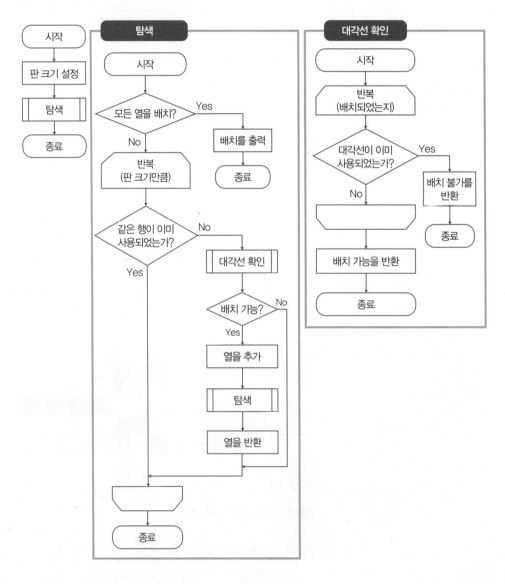

```
N = 8

# 대각선 확인
def check(x, col):
    # 배치 완료된 행을 반대 순서로 탐색
    for i, row in enumerate(reversed(col)):
        if (x + i + 1 == row) or (x - i - 1 == row):    왼쪽 위와 왼쪽 아래에 있는가?
            return False
    return True

def search(col):
    if len(col) == N: # 전부 배치되면 출력
        print(col)
        return

    for i in range(N):
        if i not in col: # 동일한 행은 사용하지 않음
            if check(i, col):
                col.append(i)
                search(col)    재귀적으로 탐색
                col.pop()

search([])
```

이렇게 하면 92개의 패턴이 출력됩니다.

실행 결과_ queen.py(코드 4-13) 실행

```
> python queen.py
[0, 4, 7, 5, 2, 6, 1, 3]
[0, 5, 7, 2, 6, 3, 1, 4]
[0, 6, 3, 5, 7, 1, 4, 2]
[0, 6, 4, 7, 1, 3, 5, 2]
[1, 3, 5, 7, 2, 0, 6, 4]
...
[7, 1, 4, 2, 0, 6, 3, 5]
[7, 2, 0, 5, 1, 4, 6, 3]
[7, 3, 0, 2, 5, 1, 6, 4]
>
```

그러나 이러한 92개의 패턴은 회전이나 상하좌우의 반전 등으로 같은 형태가 등장합니다. 따라서 기본 패턴은 그림 4-14의 12가지뿐입니다.

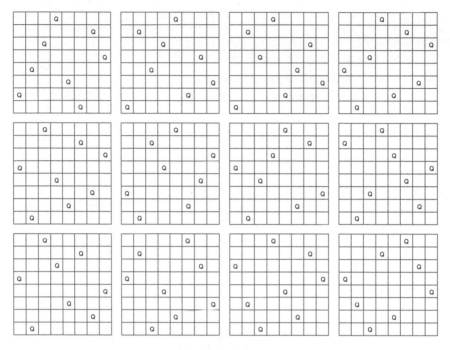

그림 4-14 8퀸 문제의 정답

4.4.3 n퀸 문제

8퀸 문제는 8×8칸에 8개의 퀸을 배치하는 문제였지만, 일반적으로 $n×n$의 칸에 n개의 퀸을 배치하는 문제는 'n퀸 문제'라고 합니다. 예를 들어 $n = 4$의 경우 4×4칸에 4개의 퀸을 배치합니다(그림 4-15).

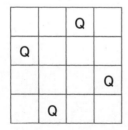
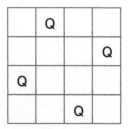

그림 4-15 4 퀸 문제의 해답

이 문제를 풀 때는 코드 4-13 프로그램에서 첫 번째 행의 N값만 바꾸면 됩니다.

그런데 n이 커질수록 처리 시간은 폭발적으로 증가합니다. 일반적인 컴퓨터에서 이 프로그램을 사용하는 경우 $n = 13$ 정도가 현실적인 시간에 처리할 수 있는 범위일 것입니다. 실제로는 이러한 문제를 해결하는 데 특화된 하드웨어를 구성하여 처리합니다.

4.4.4 하노이의 탑

재귀를 사용해 간단하게 구현할 수 있는 예로 하노이의 탑^{Tower of Hanoi}이라는 퍼즐이 유명합니다. 하노이의 탑에서는 다음 규칙 아래 모든 원반을 이동합니다.

- 크기가 다른 여러 원반이 있으며, 작은 원반 위에 큰 원반은 쌓을 수 없습니다.
- 원반을 놓을 수 있는 장소는 3군데이며, 처음에는 한 곳에 모두 쌓여 있습니다.
- 원반을 한 번에 하나씩 이동하여 모든 원반을 다른 위치로 옮길 때의 횟수를 조사합니다.

예를 들어 3개의 원반이 있으면 그림 4-16처럼 총 7번에 걸쳐 옮길 수 있습니다.

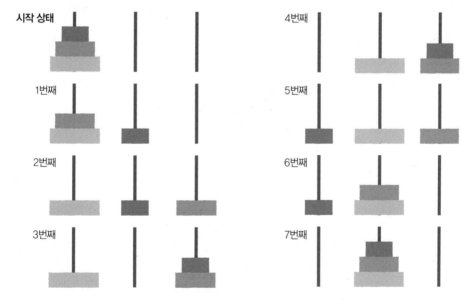

그림 4-16 원반이 3개일 때의 해답 예시

하노이의 탑에서 n장의 원반을 이동하는 데 필요한 최소 이동 횟수와 이동 순서를 구해봅니다. 작은 원반 위에 큰 원반은 쌓을 수 없으므로, n장의 원반을 이동하려면 $n-1$장을 이동시켜 가장 큰 1장을 이동한 후, 그 위에 $n-1$장을 이동시켜야 합니다(그림 4-17).

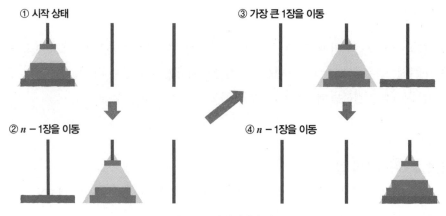

① 시작 상태 ③ 가장 큰 1장을 이동

② n - 1장을 이동 ④ n - 1장을 이동

그림 4-17 n장의 처리 순서

여기서 n - 1장을 이동하려면 n - 2장을 이동한 후, 가장 아래쪽의 1장을 이동시킨 후 그 위에 n - 2장을 이동시키면 됩니다. 이러한 반복을 재귀적으로 생각할 수 있습니다.

프로그램으로 구현해보겠습니다. 원반을 둘 수 있는 세 장소를 각각 a, b, c라고 하고 a에서 b로 원반을 이동하는 것을 'a → b'로 출력합니다. 이동에 필요한 매개변수는 '남은 장수', '현재 위치', '이동 위치', '경유 징소'의 네 가지입니다. 이들을 매개변수로 삼아 함수를 정의하고 그 안에서 이동 내용을 출력합니다. 처리할 원반의 장 수는 실행한 후에 표준 입력으로 부여하여 실행 시 그 값을 바꿀 수 있도록 합니다(코드 4-14).

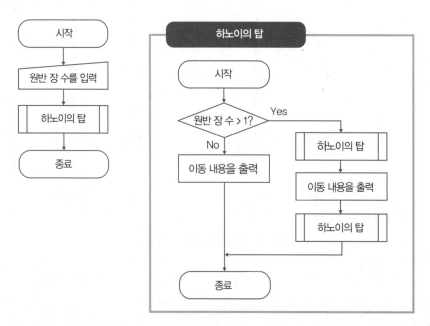

```
                        ┌─── 이동 위치 ───┐
def hanoi(n, src, dist, via):
    if n > 1:      └─ 현재 위치 ─┘  └─ 경유 장소 ─┘
        hanoi(n - 1, src, via, dist) ───┤ n - 1장을 현재 위치에서 경유 장소로 옮김 │
        print(src + ' -> ' + dist)
        hanoi(n - 1, via, dist, src) ───┤ n - 1장을 경유 장소에서 이동 위치로 옮김 │
    else:
        print(src + ' -> ' + dist)

n = int(input())
hanoi(n, 'a', 'b', 'c')
```

이 코드를 실행하면 $n = 3$의 경우 다음과 같은 결과를 얻을 수 있습니다.

실행 결과_ hanoi.py(코드 4-14) 실행

```
> python hanoi.py
3 ─── 키보드로 입력
a → b
a → c
b → c
a → b
c → a
c → b
a → b
>
```

여기서 n장을 이동하는 데 필요한 횟수를 조사해봅시다. n장의 이동 횟수를 a_n이라고 하면 n − 1장의 이동과 가장 밑에 있는 1장의 이동, 나아가 n − 1장의 이동이 있으므로 $a_n = 2a_{n-1} + 1$이라는 식으로 표현할 수 있습니다. 또한 $a_1 = 1$입니다.

이 일반항을 구하면 $a_n = 2^n - 1$이 됩니다. 즉, n이 증가하면 이동 횟수는 급격히 증가합니다. 예를 들어 n을 늘렸을 때 이동 횟수는 표 4-1과 같습니다.

표 4-1 하노이의 탑의 이동 횟수

원반 장 수	이동 횟수	원반 장 수	이동 횟수	원반 장 수	이동 횟수
3	7	11	2,047	25	33,554,431
4	15	12	4,095	...	...
5	31	13	8,191	32	약 43억
6	63	14	16,383	...	...
7	127	15	32,767	40	약 1조
...	...	...	...	...	...
10	1,023	24	16,777,215	64	약 1845경

4.4.5 폴더에서 다른 폴더나 파일 찾기

윈도우 등의 운영체제에서는 파일을 계층 구조로 관리합니다. 폴더(디렉터리)에는 파일뿐만 아니라 다른 폴더를 넣을 수도 있습니다(그림 4-18).

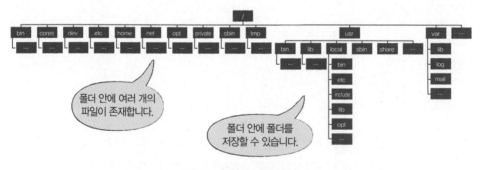

그림 4-18 폴더의 계층 구조

이때 어떤 폴더 안에서 특정 파일이 어디에 있는지를 찾아보겠습니다. 파이썬에는 특정 폴더에 있는 파일이나 폴더의 리스트를 가져오는 함수로 os 모듈의 listdir 메서드가 있습니다.

예를 들어 다음과 같이 실행하면 윈도우 C:\ 폴더 안 폴더와 파일 목록을 얻을 수 있습니다.

실행 결과_ C:\ 디렉터리의 폴더나 파일 목록 얻기

```
C:\> python
>>> import os
>>> print(os.listdir('/'))
['$Recycle.Bin', '$WinREAgent', 'Documents and Settings', ..., 'Temp', 'Users', 'Windows']
>>>
```

또한, 지정된 경로가 폴더인지를 알아보는 isdir 메서드와 파일인지를 알아보는 isfile 메서드가 있습니다.

실행 결과_ 지정된 경로가 파일인지 폴더인지 알아보기

```
C:\> python
>>> import os
>>> for i in os.listdir('/'):
...     print(i + ' : ' + str(os.path.isdir('/' + i)))
...     print(i + ' : ' + str(os.path.isfile('/' + i)))
$Recycle.Bin : True
$Recycle.Bin : False
$WinREAgent : True
$WinREAgent : False
Documents and Settings : True
Documents and Settings : False
DumpStack.log.tmp : False
DumpStack.log.tmp : True
...
System Volume Information : True
System Volume Information : False
Temp : True
Temp : False
Users : True
Users : False
Windows : True
Windows : False
(생략)
```

폴더라면 isdir 메서드의 실행 결과는 **폴더명 : True**, isfile 메서드의 실행 결과는 **폴더명 : False**입니다. 파일이라면 반대의 결과를 출력합니다.

파일이나 폴더(디렉터리)에 접근하려면 권한이 필요합니다. 이 권한을 확인하려면 os.access 메서드를 사용합니다. 첫 번째 인수에는 폴더명이나 파일명을 입력하고 두 번째 인수로는 조사할 내용(표 4-2)을 지정합니다.

표 4-2 os.access 메서드의 인수

두 번째 인수의 값	조사 내용
os.F_OK	존재하는지 여부
os.R_OK	읽기 가능한지 여부
os.W_OK	쓰기 가능한지 여부
os.X_OK	실행 가능한지 여부

이들을 사용해 리스트에서 폴더를 찾는 것을 생각해보겠습니다. 예를 들어 특정 폴더 안에서 'book'이라는 폴더를 찾는 프로그램을 만들어봅니다.

깊이 우선 탐색

여기에서는 C:\book이라는 폴더 안에 다음과 같은 book 폴더가 있다고 가정하겠습니다.

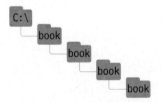

먼저 깊이 우선 탐색으로 구현합니다(코드 4-15). 탐색할 폴더(디렉터리)와 이름을 인수로 전달해서, 해당 폴더 내부를 탐색하는 함수를 만듭니다. 일치하는 폴더가 있으면 출력하고 폴더인 경우에는 하위 폴더를 재귀적으로 검색합니다.

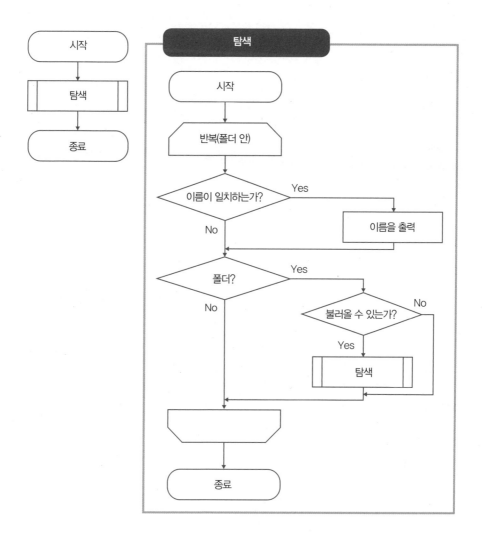

코드 4-15 search_folder1.py

```python
import os

def search(dir, name):
    for i in os.listdir(dir):
        if i == name:
            print(dir + i)
        if os.path.isdir(dir + i):
            if os.access(dir + i, os.R_OK):
                search(dir + i + '/', name)

search('C:/book', 'book')
```

코드를 실행하면 다음과 같은 결과를 얻습니다.

실행 결과_ search_folder1.py(코드 4-15) 실행

```
> python search_folder1.py
C:/book/book
C:/book/book/book
C:/book/book/book/book
>
```

너비 우선 탐색

다음은 너비 우선 탐색으로 폴더 찾기 기능을 구합니다(코드 4-16).

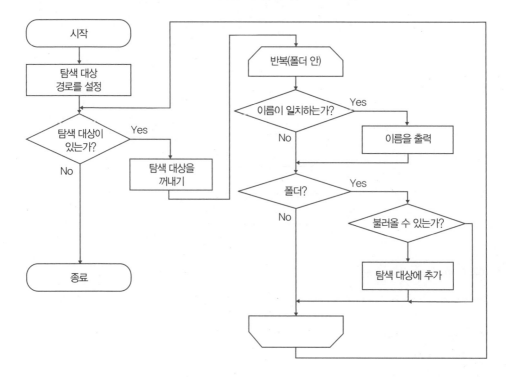

코드 4-16 search_folder2.py

```python
import os

queue = ['C:/book/']

while len(queue) > 0:
```

```
    dir = queue.pop()
    for i in os.listdir(dir):
        if i == 'book':
            print(dir + i)
        if os.path.isdir(dir + i):
            if os.access(dir + i, os.R_OK):
                queue.append(dir + i + '/')
```

코드를 실행하면 다음과 같은 결과를 얻습니다.

실행 결과_ search_folder2.py(코드 4-16) 실행

```
> python search_folder2.py
C:/book/book
C:/book/book/book
C:/book/book/book/book
>
```

4.4.6 틱택토

틱택토^{tic-tac-toe}는 ○×게임으로 생각하면 이해하기 쉬울 것입니다. 3×3칸에 ○와 ×를 번갈아 가며 쓰며, 가로/세로 혹은 대각선상에 같은 모양 3개를 늘어놓으면 이기는 게임입니다.

다양한 구현 방식을 생각할 수 있지만 여기서는 연습을 위해 비트 연산을 사용합니다. 먼저 두는 수^{先手}(선수)와 나중에 두는 수^{後手}(후수)를 별도의 변수로 유지합니다. 또한, 2진수의 각 자릿수를 9곳의 칸에 할당합니다. 예를 들어 그림 4-19의 왼쪽처럼 2진수로 대응시켜 ○와 ×의 상황을 그림 4-19의 오른쪽처럼 표현합니다.

그림 4-19 2진수로 표현

이렇게 표현하면 빈칸은 선수와 후수의 변수에 대해 OR 연산을 하면 확인할 수 있습니다(모든 칸이 차 있는 경우에는 OR 연산을 이용하면 모든 비트가 1이 됩니다).

승패의 판정은 동일한 기호가 3개 나열된 경우에 이루어지므로, 3개가 나열된 패턴을 미리 준비해둡니다. 이 패턴과 AND 연산을 수행한 결과의 패턴이 같으면 3개가 나열되었다고 판정할 수 있습니다.

예를 들어 가장 위쪽의 단에 ○나 × 3개가 나열되어 있는지 판정하면 그림 4-20의 왼쪽은 AND 연산을 해도 일치하지 않지만 그림 4-20의 오른쪽은 일치합니다.

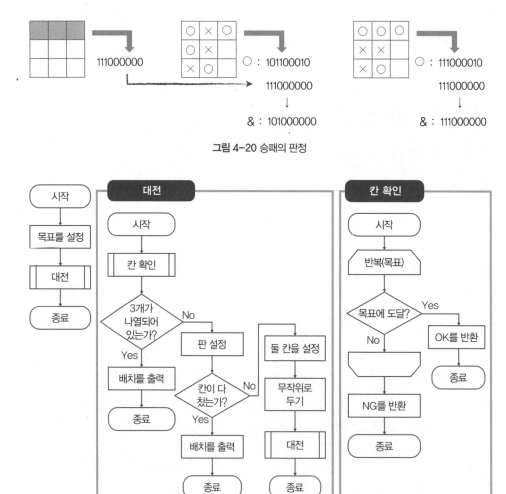

그림 4-20 승패의 판정

먼저, 컴퓨터끼리 빈칸에 ○와 ×를 무작위로 두는 대전을 가정합니다. 빈칸을 찾으려면 현재의 판(쌍방을 OR 연산한 결과)에 1자리씩 AND 연산을 실시하여 0이 된 것을 찾습니다(코드 4-17).

```python
import random

goal = [0b111000000, 0b000111000, 0b000000111, 0b100100100,
        0b010010010, 0b001001001, 0b100010001, 0b001010100]

# ○나 × 3개가 나열되었는지를 판정
def check(player):
    for mask in goal:
        if player & mask == mask:
            return True
    return False

# 번갈아 두기
def play(p1, p2):
    # ○나 × 3개가 나열되었으면 출력해서 종료
    if check(p2):
        print([bin(p1), bin(p2)])
        print('○나 × 3개가 나열되었습니다.')
        return

    board = p1 | p2
    # 모든 칸에 ○나 ×를 다 놓으면 무승부로 종료
    if board == 0b111111111:
        print([bin(p1), bin(p2)])
        print('무승부입니다.')
        return

    # 둘 칸을 찾기
    w = [i for i in range(9) if (board & (1 << i)) == 0]

    # 무작위로 두기
    r = random.choice(w)
    play(p2, p1 | (1 << r)) ——— 순번을 교체하여 다음을 찾기

play(0, 0)
```

```
> python marubatsu1.py
['0b10001100', '0b100010011']
○나 × 3개가 나열되었습니다.
> python marubatsu1.py
['0b1100011', '0b110011100']
무승부입니다.
>
```

○나 × 3개가 나열되었는지와 무승부인지를 판정한 후 goal에 설정된 위치를 출력하고 그 결과를 반환합니다. 코드를 실행할 때마다 결과가 바뀐다는 점을 참고하기 바랍니다.

미니맥스 알고리즘으로 평가

틱택토와 같은 게임은 빈칸에 무작위로 두는 것만으로는 분명히 이길 수 있는 경우에도 이길 수 없는 때가 있으며, 질 것이 분명한 위치에 두게 될 가능성도 있습니다. 그러므로 좀 더 높은 수준의 프로그램을 만들려고 합니다.

즉, 상대의 수를 추측하고 가장 이길 가능성이 높은 위치에 두기로 합니다. 이러한 대전형 게임의 사고방식으로 미니맥스 알고리즘minimax algorithm이 있습니다.

미니맥스 알고리즘은 상대방이 자신에게 가장 불리한 수를 둘 것으로 가정해 최선의 수를 찾는 방법입니다. 예를 들어 사람과 컴퓨터가 대전하는 게임의 경우 컴퓨터의 턴에서 그림 4-21과 같은 a, b, c, d의 4개의 수 중에서 하나를 고르는 상황을 생각합니다. 하단에 있는 숫자가 해당 상황에서의 평갓값입니다.

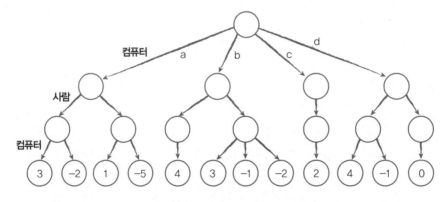

그림 4-21 미니맥스 알고리즘의 평갓값

먼저 그림 4-22 음영 부분을 채웁니다. 이때 컴퓨터에 가장 유리한 수를 고려하기 위해, 선택할 수 있는 수 중에서 가장 평갓값이 높은 수를 선택합니다.

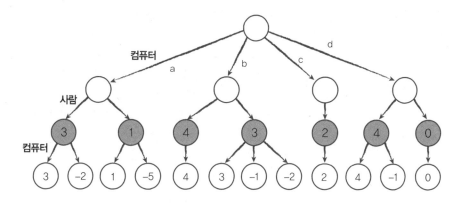

그림 4-22 컴퓨터는 평갓값이 높은 것을 선택

사람의 턴에서는 컴퓨터에게 가장 불리한 수를 고려합니다. 그림 4-23의 음영 부분에 선택할 수 있는 수 중에서 가장 평갓값이 낮은 수를 선택합니다.

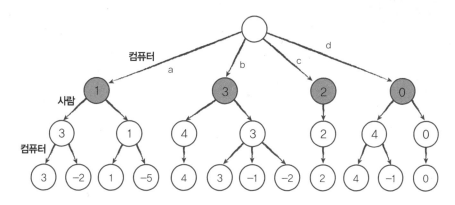

그림 4-23 사람은 평갓값이 낮은 수를 선택

마지막으로, 4가지 수 중에서 컴퓨터가 가장 유리한 수를 고려하므로, 그림 4-23에서 가장 평갓값이 높은 b가 선택됩니다.

틱택토를 기반으로 미니맥스 알고리즘을 구현해보겠습니다. 덧붙여 이 틱택토의 평갓값은 이기면 1점, 지면 -1점, 무승부이면 0점으로 합니다(코드 4-18).

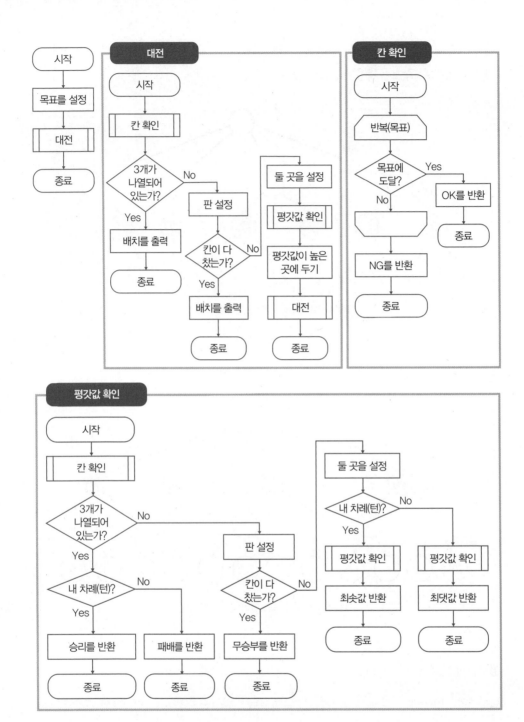

```
goal = [0b111000000, 0b000111000, 0b000000111, 0b100100100,
        0b010010010, 0b001001001, 0b100010001, 0b001010100]

# ○나 × 3개가 나열되었는지를 판정
def check(player):
    for mask in goal:
        if player & mask == mask:
            return True
    return False

# 미니맥스 알고리즘
def minmax(p1, p2, turn):
    if check(p2):
        if turn:    ─ 자신의 턴일 경우에는 승리
            return 1
        else:    ─ 상대의 턴일 경우에는 패배
            return -1

    board = p1 | p2
    if board == 0b111111111:    ─ 칸이 다 찼다면 무승부
        return 0

    w = [i for i in range(9) if (board & (1 << i)) == 0]
    if turn:    ─ 자신의 턴일 경우에는 최솟값을 선택함
        return min([minmax(p2, p1 | (1 << i), not turn) for i in w])
    else:    ─ 상대의 턴일 경우는 최댓값을 선택함
        return max([minmax(p2, p1 | (1 << i), not turn) for i in w])

# 번갈아 두기
def play(p1, p2, turn):
    # ○나 × 3개가 나열되었으면 출력해서 종료
    if check(p2):
        print([bin(p1), bin(p2)])
        print('○나 × 3개가 나열되었습니다.')
        return

    board = p1 | p2
    # 모든 칸에 ○나 ×를 다 놓으면 무승부로 종료
    if board == 0b111111111:
```

```
        print([bin(p1), bin(p2)])
        print('무승부입니다.')
        return

    # 둘 칸을 찾기
    w = [i for i in range(9) if (board & (1 << i)) == 0]
    # 각 위치에 두었을 때의 평갓값 확인
    r = [minmax(p2, p1 | (1 << i), True) for i in w]
    # 평갓값이 가장 높은 곳을 얻음
    j = w[r.index(max(r))]
    play(p2, p1 | (1 << j), not turn)

play(0, 0, True)
```

실행 결과_ marubatsu2.py(코드 4–18) 실행

```
> python marubatsu2.py
['0b10011100', '0b101100011']
무승부입니다.
>
```

이때 그림 4–24와 같은 절차로 진행됩니다. 서로 지지 않도록 선택하고 있기 때문에 여러 번
코드를 실행해도 계속 무승부가 됨을 알 수 있습니다.

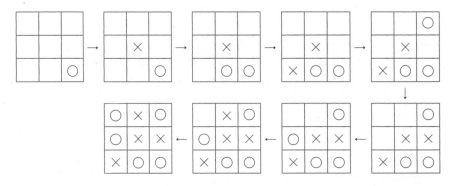

그림 4–24 프로그램이 가리키는 방법

그런데 이 프로그램은 여러 번 실행해도 같은 결과가 나오므로 재미가 없습니다. 동일한 평갓
값의 경우 최초의 것을 선택하고 있으므로, 같은 평갓값 중에서 임의로 선택하도록 바꾸겠습
니다(코드 4–19).

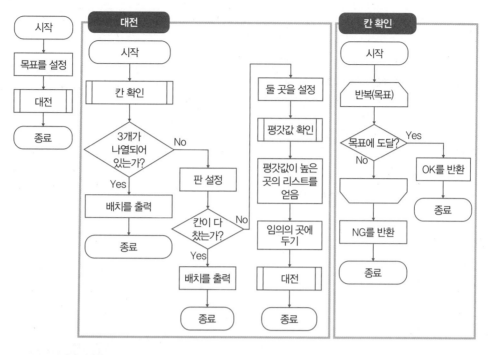

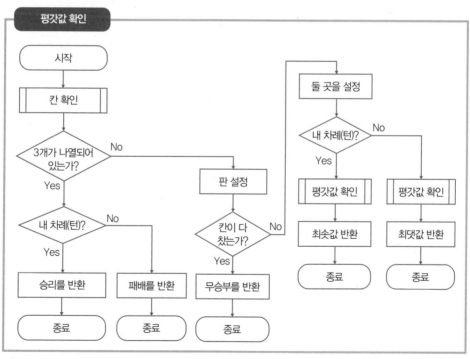

```python
import random

goal = [0b111000000, 0b000111000, 0b000000111, 0b100100100,
        0b010010010, 0b001001001, 0b100010001, 0b001010100]

# ○나 × 3개가 나열되었는지를 판정
def check(player):
    for mask in goal:
        if player & mask == mask:
            return True
    return False

# 미니맥스 알고리즘
def minmax(p1, p2, turn):
    if check(p2):
        if turn:
            return 1
        else:
            return -1

    board = p1 | p2
    if board == 0b111111111:
        return 0

    w = [i for i in range(9) if (board & (1 << i)) == 0]
    if turn:
        return min([minmax(p2, p1 | (1 << i), not turn) for i in w])
    else:
        return max([minmax(p2, p1 | (1 << i), not turn) for i in w])

# 번갈아 두기
def play(p1, p2, turn):
    # ○나 × 3개가 나열되었으면 출력해서 종료
    if check(p2):
        print([bin(p1), bin(p2)])
        print('○나 × 3개가 나열되었습니다.')
        return

    board = p1 | p2
```

```
        # 모든 칸에 # ○나 ×를 다 놓으면 무승부로 종료
        if board == 0b111111111:
            print([bin(p1), bin(p2)])
            print('무승부입니다.')
            return

        # 둘 칸을 찾기
        w = [i for i in range(9) if (board & (1 << i)) == 0]

        # 각 위치에 두었을 때의 평갓값 확인
        r = [minmax(p2, p1 | (1 << i), True) for i in w]

        # 평갓값이 가장 높은 곳을 얻음
        i = [i for i, x in enumerate(r) if x == max(r)]

        # 가장 높은 평갓값 중 임의로 하나를 선택
        j = w[random.choice(i)]
        play(p2, p1 | (1 << j), not turn)

play(0, 0, True)
```

실행 결과_ marubatsu3.py(코드 4-19) 실행

```
> python marubatsu3.py
['0b10010101', '0b101101010']
무승부입니다.
> python marubatsu3.py
['0b101010010', '0b10101101']
무승부입니다.
>
```

이렇게 변경하면 같은 무승부라도 여러 결과를 얻을 수 있습니다. 다만 쌍방이 지지 않으려고 하므로 항상 무승부가 됩니다. 틱택토에서는 쌍방이 올바른 수를 선택하면 확실히 무승부가 됩니다.

이번에는 컴퓨터 대전으로 구현했지만, 사람과 컴퓨터가 대전할 수 있게 바꾸어보세요. 2장 에서 설명한 입력 방식 등을 사용하면 어렵지 않게 구현할 수 있을 것입니다.

앞서 틱택토에서는 사람과 컴퓨터 모두에 대해 모든 패턴을 탐색했습니다. 틱택토는 최대 9수만 있으므로 모든 패턴을 검색해도 시간이 오래 걸리지 않지만, 바둑이나 장기 등의 전체 패턴을 조사하기란 매우 어려운 일입니다.

따라서 일정한 기준을 마련해 해당 기준을 충족하지 않는 경우는 검색하지 않도록 해야 합니다. 이러한 방법을 '가지치기pruning'라고 합니다. 탐색하는 횟수를 결정할 뿐만 아니라 평갓값이 일정 수를 밑돌면(웃돌면) 종료한다는 등의 조건을 사전에 정해둡니다.

빠르게 가지치기가 되면 탐색하는 수가 줄어들어 효율적이지만, 본래 탐색해야 할 수를 버린다면 의미가 없습니다. 문제의 종류에 따라 최적의 가지치기 조건을 결정하는 작업은 어렵기도 하지만 재미있기도 합니다.

문제 1 10층 건물에서 엘리베이터를 사용해 1층에서 10층까지 이동할 때, 정지하는 층의 조합이 몇 가지 인지 구하세요.

엘리베이터는 계속 위로 이동하며, 도중에 아래로 이동하는 경우는 없다고 합시다. 예를 들어 5층의 경우 다음 8가지 조합이 있습니다.

① 1층 → 2층 → 3층 → 4층 → 5층

② 1층 → 2층 → 3층 → 5층

③ 1층 → 2층 → 4층 → 5층

④ 1층 → 2층 → 5층

⑤ 1층 → 3층 → 4층 → 5층

⑥ 1층 → 3층 → 5층

⑦ 1층 → 4층 → 5층

⑧ 1층 → 5층

문제 2 도시를 3개 선택하여 인구의 합계가 500만에 가장 가까운 조합과 그 인구를 구하세요.

시	인구	시	인구	시	인구
부산광역시	3,416,918	인천광역시	2,925,967	대구광역시	2,453,041
대전광역시	1,525,849	광주광역시	1,496,172	경기도 수원시	1,193,894
울산광역시	1,147,037	경기도 고양시	1,068,641	경기도 용인시	1,061,440
경상남도 창원시	1,044,579	경기도 성남시	942,649	충청북도 청주시	840,047
경기도 부천시	828,947	경기도 화성시	818,760	경기도 남양주시	702,545
전라북도 전주시	654,963	충청남도 천안시	652,845	경기도 안산시	650,599
경기도 안양시	565,392	경상남도 김해시	542,713	경기도 평택시	521,642
경상북도 포항시	506,494	제주시	489,202		

Chapter

5

데이터 정렬에 걸리는
시간 비교하기

데이터를 효율적으로 검색하거나 필요한 데이터를 빠
르게 꺼내 사용하려면 데이터를 정렬해야 합니다. 5장
에서는 선택 정렬, 삽입 정렬, 버블 정렬, 힙 정렬, 병
합 정렬, 퀵 정렬을 살펴봅니다. 또한 정렬의 처리 속
도를 비교해 상황에 맞게 정렬 방법을 선택하는 노하
우도 이해합니다.

5.1 일상생활에서의 정렬

Point 일상에서 찾아볼 수 있는 정렬에 대해 생각해봅니다.

Point 정렬 알고리즘을 배우는 이유를 알아봅니다.

데이터를 처리할 때 자주 사용하는 작업으로 정렬^{sort}이 있습니다. 정렬할 때 어떻게 처리하는 것이 가장 효율적일지 생각해봅시다.

5.1.1 정렬이 필요한 상황

평소 우리의 생활에서 정렬이 필요한 상황을 생각해봅시다. 주소록을 만들면 '가나다' 순서로 정렬하고 파일과 폴더는 항목명, 수정한 날짜 등으로 정렬합니다. 혹은 트럼프 카드를 정렬하는 상황 등도 생각할 수 있습니다. 트럼프 카드 게임을 할 때 수중의 카드가 순서대로 나열되어 있으면, 낼 카드를 바로 선택할 수 있습니다.

나열하는 순서는 각양각색입니다. 반드시 낮은 숫자부터 차례로 나열하지는 않으며, 매출이 높은 상품부터 나열하거나 방문자가 많은 매장부터 정렬하기도 합니다. 또한, 정렬 기준도 숫자, 문자, 날짜 등 여러 가지가 있습니다. 컴퓨터는 이를 모두 숫자로 취급하여 정렬합니다. 데이터가 파일이라면 해당 파일명 등을 기준으로 정렬합니다. 여기서는 데이터가 리스트에 저장되었다고 가정하고 데이터를 오름차순으로 정렬해보겠습니다(그림 5-1).

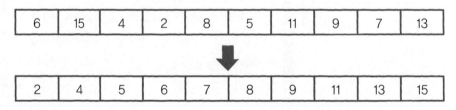

그림 5-1 정렬의 개요

5.1.2 정렬 알고리즘을 배우는 이유

10개 정도의 숫자라면 수작업으로도 쉽게 정렬할 수 있지만, 데이터가 수만, 수억 건이면 효율적으로 정렬할 방법이 필요합니다. 정렬 방법은 여러 가지가 있을 수 있으므로, 정렬 알고리즘은 오래전부터 연구의 대상이 되어 왔습니다.

최근에는 정렬 라이브러리를 사용하는 것이 일반적이지만 그 구현을 알아두는 것은 중요합니다. 정렬 자체는 기본적인 문제이지만 그 개념은 다른 프로그램을 만들 때 참고가 되는 부분이 많기 때문입니다. 예를 들어 정렬 개념을 공부하면 반복 실행, 조건 분기, 리스트 취급, 함수 작성, 재귀 호출과 같은 프로그래밍의 기본을 배울 수 있습니다. 뿐만 아니라 복잡도 비교나 그 필요성을 나타내는 이상적인 문제라고도 말할 수 있습니다. 각각의 처리는 간단하며 구현에 큰 시간이 걸리지 않아 실용적인 프로그램이기도 합니다. 따라서 많은 알고리즘 관련 자료에서 정렬 알고리즘을 다룹니다.

4장에서 설명한 이진 검색의 수행에도 정렬이 필요합니다. 이진 검색이 아무리 효율적이더라도 정렬이 느리면 의미가 없습니다. 빠른 정렬 알고리즘을 고려하는 것은 필수입니다.

> **[Memo] 리스트에서 취급하는 값**
>
> 이후에 리스트에서 다룰 값은 모두 양의 정수이고 중복되지 않지만, 실제로는 음수나 소수, 중복되는 수가 있어도 문제없이 실행할 수 있습니다.

5.2 선택 정렬

Point 선택 정렬의 처리 단계를 이해하고 구현해봅니다.
Point 선택 정렬의 복잡도를 이해합니다.

5.2.1 작은 요소 고르기

선택 정렬은 리스트에서 가장 작은 요소를 선택해 앞으로 이동하는 방법입니다. 리스트의 요소를 모두 검색해 최솟값을 찾고 발견된 값을 리스트의 맨 앞과 교환합니다.

이때 리스트에서 가장 작은 요소의 위치를 찾는 방법을 생각해봅시다. 자주 쓰이는 방법으로는 맨 앞 요소부터 살펴보면서 지금까지의 요소보다 작은 값이 등장하면 해당 위치를 저장하는 방법이 있습니다.

먼저, 변수에 리스트 첫 번째의 위치([0])를 넣어두고 리스트를 선형 검색처럼 순서대로 찾으며 비교하면 코드 5-1처럼 구현할 수 있습니다.

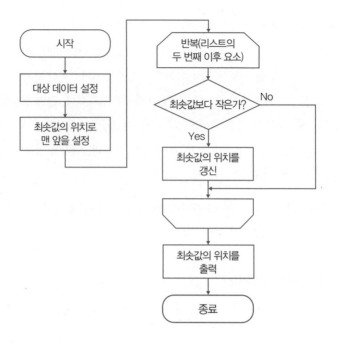

코드 5-1 search_min.py

```python
data = [6, 15, 4, 2, 8, 5, 11, 9, 7, 13]
min = 0 ── 최솟값 위치의 초깃값으로 맨 앞을 설정

for i in range(1, len(data)):
    if data[min] > data[i]:
        min = i ── 최솟값이 갱신되면 해당 위치를 설정

print(min)
```

이렇게 하면 최소 요소인 '2'의 위치(인덱스)로 '3'이 출력됩니다.

실행 결과_ search_min.py(코드 5-1) 실행

```
> python search_min.py
3
>
```

선택 정렬로도 작성해봅니다. 처음에는 리스트 전체에서 가장 작은 값을 찾고 발견된 위치(의 값)와 맨 앞(의 값)을 교환합니다(그림 5-2).

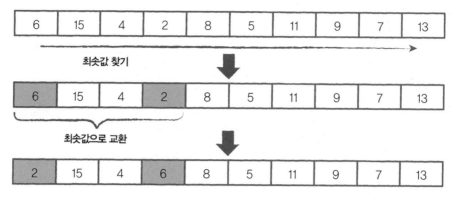

| 6 | 15 | 4 | 2 | 8 | 5 | 11 | 9 | 7 | 13 |

최솟값 찾기

| 6 | 15 | 4 | 2 | 8 | 5 | 11 | 9 | 7 | 13 |

최솟값으로 교환

| 2 | 15 | 4 | 6 | 8 | 5 | 11 | 9 | 7 | 13 |

그림 5-2 선택 정렬

그런 다음 리스트의 두 번째 이후의 요소에서 가장 작은 값을 찾고 두 번째(의 값)와 교환합니다. 이를 리스트의 마지막 요소까지 반복하면 정렬이 완료됩니다.

5.2.2 선택 정렬의 구현

파이썬으로 구현하면 코드 5-2처럼 쓸 수 있습니다.

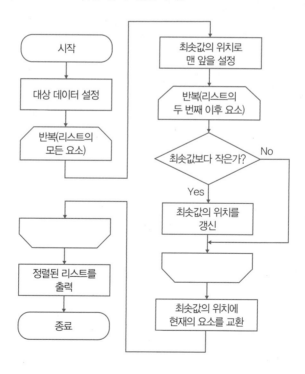

```python
data = [6, 15, 4, 2, 8, 5, 11, 9, 7, 13]

for i in range(len(data)):
    min = i ──최솟값의 위치를 설정
    for j in range(i + 1, len(data)):
        if data[min] > data[j]:
            min = j ── 최솟값이 갱신되면 그 위치를 설정

    # 최솟값의 위치에 현재의 요소를 교환
    data[i], data[min] = data[min], data[i]

print(data)
```

안쪽 for 문은 앞서 소개한 최솟값을 찾는 방법을 사용하고 있습니다. 검색한 값보다 작은 값이 발견된 리스트의 인덱스를 저장해두고 안쪽 for 문을 빠져나가면 해당 인덱스에 있는 값과 교환합니다.

프로그램을 실행하면 올바르게 정렬되었는지 알 수 있습니다.

실행 결과_ select_sort.py(코드 5-2)

```
> python select_sort.py
[2, 4, 5, 6, 7, 8, 9, 11, 13, 15]
>
```

5.2.3 선택 정렬의 복잡도

첫 번째 최솟값을 찾으려면 나머지 $n-1$개 요소와 비교해야 하며, 마찬가지로 두 번째 최솟값을 찾으려면 $n-2$회와 비교해야 합니다. 따라서 전체 비교 횟수는 $(n-1)+(n-2)+\cdots+1 = \dfrac{n(n-1)}{2}$ 가 됩니다(이 계산에 대해서는 4장의 칼럼 '평균 구하기'를 참고하세요).

입력된 데이터가 오름차순으로 정렬된 경우, 한 번도 교체가 발생하지 않지만 비교는 필요합니다. 이때 비교 횟수인 $\dfrac{n(n-1)}{2}$ 은 $\dfrac{1}{2}n^2 - \dfrac{1}{2}n$으로 변형할 수 있지만 전반의 n^2에 비해 후반의 n부분은 n값이 커지면 무시할 수 있으므로 복잡도는 $O(n^2)$입니다.

이 책에서는 정렬 알고리즘을 소개할 때 자료구조로 리스트(배열)를 사용합니다. 하지만 연결 리스트로 구성된 데이터를 사용할 수도 있습니다. 물론 연결 리스트도 리스트와 같은 방법으로 정렬을 구현할 수는 있지만, 단순히 요소 번호로 접근하는 것이 아니라 각 요소가 가진 메모리 주소를 고쳐 써야 합니다.

이후에 설명할 정렬에 대해서도 다 읽고 나면 연결 리스트로의 정렬을 구현해보세요. 그리고 그 복잡도도 생각해보세요. 정렬 방법에 대한 이해가 깊어질 뿐만 아니라 연결 리스트도 다룰 수 있게 되므로 일석이조입니다.

5.3 삽입 정렬

Point 삽입 정렬 처리 단계를 이해하고 구현해봅니다.
Point 삽입 정렬의 복잡도를 이해합니다.

5.3.1 정렬된 리스트에 데이터 추가하기

삽입 정렬은 정렬된 리스트에 추가할 데이터를 맨 앞부터 순서대로 비교하여 저장할 위치를 찾아 추가하는 방법입니다. 실제로는 맨 앞부분을 이미 정렬된 것으로 판단하고 나머지를 적절한 위치에 삽입해나갑니다(그림 5-3). 즉, 삽입된 위치보다 뒤의 데이터는 하나씩 뒤로 옮깁니다.

처음에는 왼쪽 끝의 숫자를 정렬 완료로 합니다(①). 그림 5-3의 데이터의 경우 '6'만 정렬 완료입니다. 다음으로, 나머지 데이터 중에서 왼쪽 끝의 숫자 '15'를 꺼내 정렬된 값과 비교합니다(②). 여기에서는 '6'과 '15'를 비교하여 이 둘의 자리를 그대로 두고 두 데이터를 정렬 완료로 합니다.

또한, 나머지 데이터 중에서 왼쪽 끝의 숫자 '4'를 꺼내 정렬된 값과 비교합니다(③). '6'과 '15'의 두 값을 비교하므로 '4'가 왼쪽 끝이 됩니다.

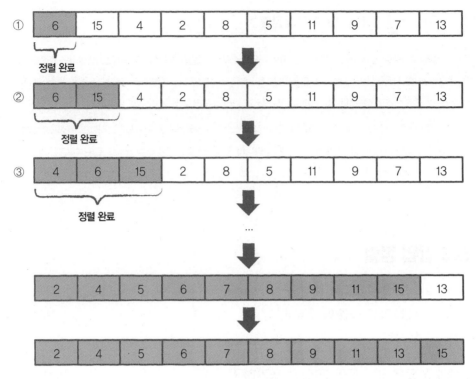

그림 5-3 삽입 정렬

5.3.2 뒤에서부터 데이터 이동하기

6, 15, 4라는 순서를 4, 6, 15라는 순서로 바꿀 때 어떻게 구현할지 생각합니다(그림 5-3의 ①~③). 왼쪽 끝에 4를 넣고 싶지만 리스트의 맨 앞에 이미 6이 들어 있으므로 이를 이동해야 합니다. 그러나 이동할 리스트의 두 번째 요소에는 15가 들어 있습니다. 그러므로 15도 이동해야 합니다.

그래서 일시적으로 준비한 변수에 이동할 값 4를 넣어두고 6과 15를 하나씩 뒤로 이동하는 방법을 생각할 수 있습니다. 이때 앞에서부터 순서대로 이동하면 뒤의 값을 덮어쓰게 되므로, 이동할 부분을 리스트의 뒤에서부터 순서대로 복사합니다(그림 5-4).

그리고 복사가 끝나면 일시적으로 저장된 값 4를 맨 앞으로 복사해 정렬을 완료합니다. 이 작업을 끝까지 반복하면 처리가 완료됩니다.

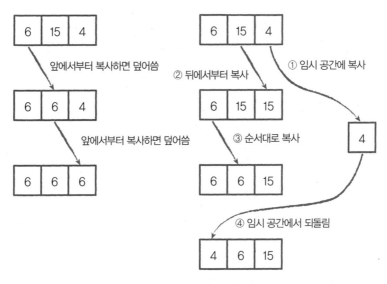

그림 5-4 뒤에서부터 이동

5.3.3 삽입 정렬 구현하기

만약 왼쪽의 숫자가 작으면 더 비교할 필요가 없고 교체도 발생하지 않습니다. 하지만 정렬된 숫자보다 작은 값일 때는 해당 숫자가 맨 왼쪽이 될 때까지 비교 및 교환이 이루어집니다.

코드 5-3의 프로그램을 실행하면 선택 정렬과 마찬가지로 잘 정렬되는 것을 알 수 있습니다.

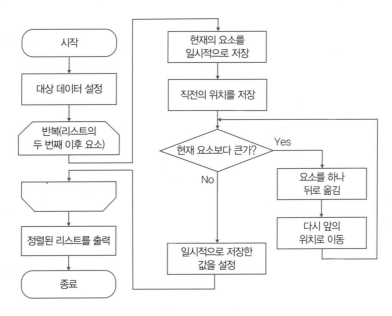

```
data = [6, 15, 4, 2, 8, 5, 11, 9, 7, 13]

for i in range(1, len(data)):
    temp = data[i] ── 현재의 요소를 일시적으로 저장
    j = i - 1
    while (j >= 0) and (data[j] > temp):
        data[j + 1] = data[j] ── 요소를 하나씩 뒤로 옮김
        j -= 1
    data[j + 1] = temp ── 임시 공간에서 되돌림

print(data)
```

실행 결과_ insert_sort.py(코드 5-3) 실행

```
> python insert_sort.py
[2, 4, 5, 6, 7, 8, 9, 11, 13, 15]
>
```

5.3.4 삽입 정렬의 복잡도

삽입 정렬은 최악의 경우 왼쪽으로부터 두 번째에서 1회, 세 번째에서 2회, 와 같은 식으로 반복해 오른쪽으로 $n-1$번 비교 및 교환이 발생하므로 총 $1+2+\cdots+(n-1)=\dfrac{n(n-1)}{2}$ 회 수행합니다(이것도 4장 '평균 구하기'와 같습니다).

따라서 삽입 정렬의 복잡도는 $O(n^2)$입니다. 하지만 교환이 발생하지 않는 경우 비교만으로 끝나므로 $O(n)$으로 처리할 수 있습니다.

트럼프 카드를 정렬하는 경우에는 선택 정렬이나 삽입 정렬과 비슷한 방법을 사용할 때가 많을 것입니다. 트럼프라면 다른 카드를 이동시킬 필요가 없고 사이에 끼우기만 하면 되지만, 리스트에서 작업하면 이러한 이동 처리가 큰 문제가 될 수 있습니다.

삽입 정렬은 리스트의 앞부터 순서대로 정렬해갑니다. 즉, 앞쪽은 계속 정렬되어 가므로 삽입할 위치를 검색할 때 4장에서 설명한 이진 검색 방식을 사용할 수 있으리라 생각할 수 있습니다.

이진 검색을 사용하면 간단한 삽입 정렬보다 삽입할 위치를 빠르게 구할 수 있습니다. 문제는 삽입 시 리스트의 이동입니다. 삽입 위치를 빠르게 구하더라도, 리스트의 각 요소를 뒤로 이동하는 처리에 시간이 오래 걸립니다.

삽입 정렬에 걸리는 많은 시간이 요소의 이동에 달려 있습니다. 즉, 이진 검색을 사용해 삽입 위치를 결정해도 큰 효과를 얻을 수 없습니다. 처리가 복잡해질 뿐이므로 일반적으로는 쓰이지 않습니다.

Column 연결 리스트에 의한 삽입 정렬

삽입 정렬의 경우 리스트의 이동이 문제였습니다. 즉, 리스트의 자료구조에 문제가 있다고 생각할 수 있습니다. 리스트인 이상 하나씩 데이터를 이동하는 작업은 필수입니다.

이때 리스트가 아닌 연결 리스트를 사용하면 문제를 해결할 수 있을 것입니다. 연결 리스트에서는 $O(1)$의 복잡도로 삽입할 수 있습니다. 즉, 삽입 위치를 구하면 정렬 처리 속도를 향상할 수 있습니다.

하지만 삽입할 위치를 결정하려면 맨 앞에서부터 반복해서 요소를 검색해야 합니다. 이진 검색이 가능하다면 빠르게 처리할 수 있지만, 연결 리스트에서는 이진 검색을 사용할 수 없습니다. 결과적으로 연결 리스트를 사용해도 큰 효과를 얻을 수 없습니다. 오히려 리스트처럼 연속해서 처리할 수 없으므로 처리 속도가 저하됩니다.

5.4 버블 정렬

Point 버블 정렬 처리 단계를 이해하고 구현해봅니다.
Point 버블 정렬의 복잡도를 이해합니다.

5.4.1 이웃끼리 데이터 교환하기

선택 정렬과 삽입 정렬 모두 리스트의 요소를 교체하면서 정렬해나갑니다. 따라서 '교환 정렬'
이라고 부를 수도 있겠지만, 일반적으로 교환 정렬exchange sort이라고 할 때는 버블 정렬bubble sort
을 가리킵니다.

버블 정렬은 리스트에서 인접한 데이터를 비교해 대소 관계의 순서가 다르면 정렬해나가는 방
법입니다(그림 5-5). 데이터가 이동하는 모습이 마치 거품이 수면으로 올라오는 듯하다는 의
미로 버블 정렬이라는 이름이 붙었습니다.

리스트의 맨 앞과 그다음 데이터에서 시작하여 왼쪽이 크면 오른쪽과 교환하는 작업을 반복합
니다. 리스트의 끝에 도달하면 1회째의 비교가 완료됩니다.

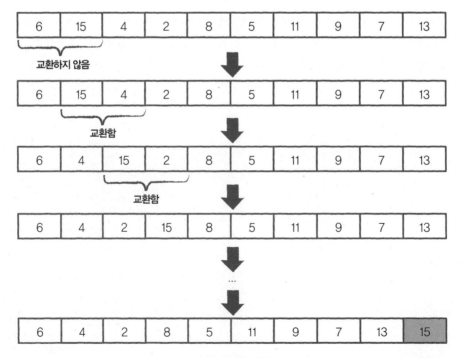

그림 5-5 버블 정렬

이때 리스트의 마지막에 데이터의 최댓값이 들어갑니다. 2회째는 맨 오른쪽 끝을 제외하고 동일한 비교를 하면 끝에서 두 번째가 결정됩니다. 이것을 반복하면 정렬이 완료됩니다.

5.4.2 버블 정렬 구현하기

파이썬으로 버블 정렬을 구현하면 코드 5-4처럼 쓸 수 있습니다.

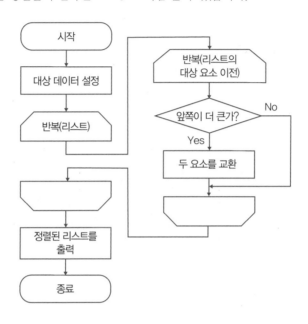

코드 5-4 bubble_sort1.py

```
data = [6, 15, 4, 2, 8, 5, 11, 9, 7, 13]


for i in range(len(data)):
    for j in range(len(data) - i - 1):    정렬된 부분을 제외하고 반복 실행
        if data[j] > data[j + 1]:    앞쪽이 큰 경우
            data[j], data[j + 1] = data[j + 1], data[j]


print(data)
```

실행 결과_ bubble_sort1.py(코드 5-4) 실행

```
> python bubble_sort1.py
[2, 4, 5, 6, 7, 8, 9, 11, 13, 15]
>
```

버블 정렬은 1회째에 $n-1$번의 비교 및 교환을 수행합니다. 2회째는 $n-2$번의 비교 및 교환을 수행합니다. 따라서 비교 및 교환 횟수는 $(n-1)+(n-2)+\cdots+1=\dfrac{n(n-1)}{2}$로 계산할 수 있습니다(선택 정렬, 삽입 정렬과 같습니다). 이 횟수는 입력 데이터가 어떤 순서라도 같습니다. 입력된 데이터가 사전에 정렬되어 있다면 교환은 발생하지 않더라도 동일한 횟수를 비교해야 합니다. 즉, 코드 5-4의 시간 복잡도는 정렬 순서와 관계없이 항상 $O(n^2)$입니다.

5.4.3 버블 정렬 개선하기

버블 정렬에서 변경이 발생하지 않은 경우에 전체 정렬 속도를 더 빠르게 하는 것을 고려하겠습니다. 처리 중 요소 교환이 일어났는지를 저장하고, 교환이 일어나지 않았으면 이후 처리를 하지 않는 것입니다. 예를 들어 코드 5-5에서는 요소 교환이 발생했는지를 저장하는 change라는 변수를 준비했습니다. 요소 교환이 발생하면 change에 True를, 발생하지 않으면 False를 설정합니다. 요소 교환이 발생하지 않으면 바깥쪽 for 문을 빠져나와 처리를 종료합니다.

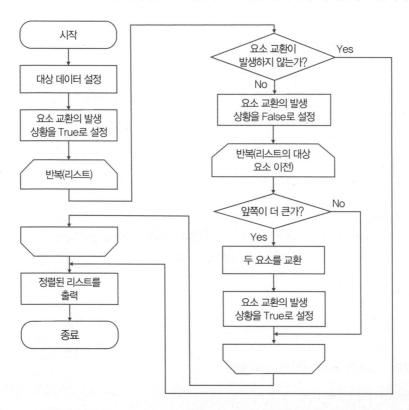

```
data = [6, 15, 4, 2, 8, 5, 11, 9, 7, 13]

change = True
for i in range(len(data)):
    if not change: ── 요소 교환이 발생하지 않으면 종료
        break
    change = False ── 요소 교환이 발생하지 않았다고 설정
    for j in range(len(data) - i - 1):
        if data[j] > data[j + 1]:
            data[j], data[j + 1] = data[j + 1], data[j]
            change = True ── 요소 교환이 발생

print(data)
```

실행 결과_ bubble_sort2.py(코드 5-5) 실행

```
> python bubble_sort2.py
[2, 4, 5, 6, 7, 8, 9, 11, 13, 15]
>
```

이렇게 개선하면 정렬된 데이터가 주어진 경우의 시간 복잡도는 $O(n)$입니다. 하지만 보통 정렬된 데이터가 주어지는 경우는 적으며, 최악의 경우 시간 복잡도가 $O(n^2)$임은 변하지 않습니다.

5.5 힙 정렬

Point 힙 정렬의 처리 단계를 이해하고 구현해봅니다.

Point 힙 정렬의 복잡도를 이해합니다.

5.5.1 리스트를 효율적으로 사용하는 자료구조 알아보기

리스트에 데이터를 저장할 때 일부 데이터가 이미 저장되어 있는 경우, 중간에 데이터를 넣으면 나머지 요소를 전부 이동시켜야 합니다. 리스트에서 데이터를 꺼낼 때도 꺼낸 요소를 삭제한 부분을 채우지 않으면 요소 사이가 비게 됩니다(그림 5-6).

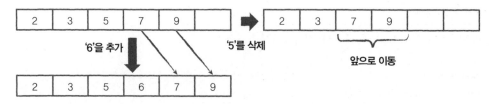

그림 5-6 리스트의 삽입 및 삭제

이때 리스트의 맨 앞이나 끝에서 데이터를 꺼내거나 넣어서 효율적으로 처리하는 것을 고려합니다. 이러한 경우에 자주 사용되는 자료구조로 스택stack과 큐queue가 유명합니다. 둘 다 리스트를 사용해 데이터를 표현하지만, 데이터의 저장 순서나 꺼내는 순서가 다릅니다.

5.5.2 마지막에 넣은 데이터부터 꺼내는 스택

리스트에 추가 및 제거를 반복할 때 마지막에 저장한 데이터부터 꺼내는 구조를 스택stack이라고 합니다. 영어로 'Stack'은 '쌓는다'는 의미가 있으며, 상자를 쌓고 위에서 순서대로 꺼내듯이 한 방향으로 데이터를 꺼내거나 넣는 방법입니다(그림 5-7).

> 마지막에 넣은 데이터부터 꺼내기(오래된 데이터가 오래 남음)

그림 5-7 스택의 이미지

마지막에 저장한 데이터를 먼저 꺼내므로 LIFOLast In First Out, 후입 선출라고도 불립니다. 스택에 데이터를 저장하는 것을 푸시push, 꺼내는 것을 팝pop이라고 합니다(그림 5-8).

리스트를 사용해 스택을 표현하려면 리스트의 마지막 요소 위치(인덱스)를 기억해야 합니다. 그러면 추가할 데이터를 넣을 위치나 제거할 데이터의 위치를 알 수 있으므로 데이터 추가 및 삭제를 빠르게 처리할 수 있습니다. 이때 리스트의 요소 수를 넘지 않게 주의해야 합니다.

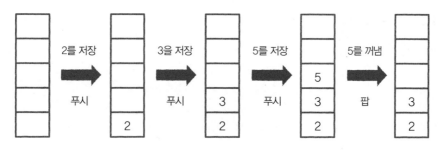

그림 5-8 스택

5.5.3 스택 구현하기

스택에 요소를 추가하는 경우에는 리스트의 끝에 요소를 추가하기만 하면 되므로 1장에서 설명한 append 메서드를 사용합니다(코드 5-6). 반대로 리스트의 끝에서 요소를 제거하려면 pop 메서드를 사용합니다. pop 메서드를 실행하면 반환값으로 리스트의 끝 요소가 반환될 뿐만 아니라 리스트에서 해당 요소가 제거됩니다. 또한 인수로 위치를 지정해 요소를 제거할 수 있지만, 인수를 지정하지 않으면 끝의 요소를 꺼냅니다.

코드 5-6 stack.py

```
stack = []

stack.append(3) ─── 스택에 '3'을 추가
stack.append(5) ─── 스택에 '5'를 추가
stack.append(2) ─── 스택에 '2'를 추가

temp = stack.pop() ─── 스택에서 꺼내기
print(temp)

temp = stack.pop() ─── 스택에서 꺼내기
print(temp)

stack.append(4) ─── 스택에 '4'를 추가

temp = stack.pop() ─── 스택에서 꺼내기
print(temp)
```

```
> python stack.py
2
5
4
>
```

5.5.4 처음에 넣은 데이터부터 꺼내는 큐

스택과 반대로 저장 순서대로 데이터를 꺼내는 구조를 큐^{queue}라고 합니다. 이는 컨베이어 벨트에 실린 물건이 순서대로 도착하듯 한쪽에서 추가된 데이터가 반대편에서 나오는 개념입니다.

그림 5-9 큐의 이미지

처음 넣은 데이터를 먼저 꺼내므로 FIFO$^{First\ In\ First\ Out,\ 선입\ 선출}$이라고도 불립니다(그림 5-10). 큐에 데이터를 저장하는 것을 인큐^{enQueue}, 꺼내는 것을 디큐^{deQueue}라고 합니다.

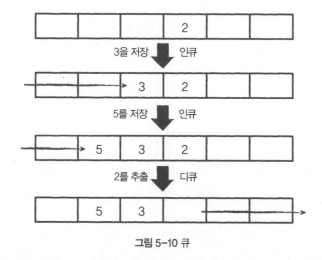

그림 5-10 큐

5.5.5 큐 구현하기

큐에 요소를 추가할 때도 스택처럼 리스트의 끝에 요소를 추가할 뿐이므로, 1장에서 설명한 append 메서드를 사용할 수 있습니다. 하지만 리스트의 맨 앞에서 원소를 꺼낼 때 pop 메서드를 사용하면 모든 요소의 이동이 발생합니다.

파이썬에는 queue라는 모듈이 준비되어 있습니다. queue 모듈의 Queue 클래스를 사용하면 put, get 메서드로 각각 큐에 추가 및 꺼내기를 구현할 수 있습니다(코드 5-7).

코드 5-7 queue_sample.py

```
import queue

q = queue.Queue()
q.put(3) ──── 큐에 '3'을 추가
q.put(5) ──── 큐에 '5'를 추가
q.put(2) ──── 큐에 '2'를 추가

temp = q.get() ──── 큐에서 꺼내기
print(temp)
temp = q.get() ──── 큐에서 꺼내기
print(temp)

q.put(4) ──── 큐에 '4'를 추가

temp = q.get() ──── 큐에서 꺼내기
print(temp)
```

실행 결과_ queue_sample.py(코드 5-7) 실행

```
> python queue_sample.py
3
5
2
>
```

여기서는 파일명을 queue_sample.py로 했습니다. queue 모듈을 불러올 때 파일명을 queue.py 처럼 지정하면 queue 모듈을 읽을 수 없고 오류가 발생하므로 주의하세요.

queue 모듈은 스택처럼 사용할 수 있는 LifoQueue라는 클래스도 준비되어 있습니다. 파이썬 3.7부터는 SimpleQueue라는 클래스도 제공합니다.

5.5.6 트리 구조로 표현하는 힙

스택과 큐는 한 방향으로만 데이터를 꺼낼 수 있습니다. 한편 힙 정렬은 힙heap이라는 자료구조를 사용합니다. 힙은 4장에서 소개한 트리 구조로 구성되어 있으며 '자식 노드의 값은 부모 노드보다 항상 크거나 같다'라는 제약이 있습니다(항상 작거나 같은 경우도 있습니다). 특히 각 노드가 최대 자식 노드 2개를 가지는 것을 이진 힙binary heap이라고 합니다.

트리의 형태는 데이터의 개수에 따라 결정되며, 가능한 한 위쪽과 왼쪽을 채워 구성됩니다. 또한, 자식 노드 사이의 대소 관계에는 제약이 없습니다.

그림 5-11과 같이 트리 구조로 표현한 것이 힙입니다.

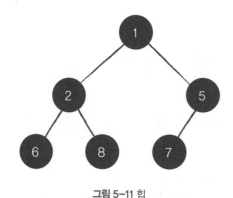

그림 5-11 힙

5.5.7 힙에 요소 추가하기

힙에 요소를 추가할 때는 트리의 마지막에 요소를 추가한 후, 추가된 요소와 부모 요소를 비교합니다. 부모보다 작으면 부모와 교환하고, 부모 쪽이 작으면 교환하지 않고 종료합니다.

그림 5-11에서 살펴본 힙에 '4'를 추가해봅시다. 추가한 숫자는 비어 있는 오른쪽 아래에 배치됩니다(그림 5-12 왼쪽). 이때 부모 5와 비교하여 부모보다 작으므로 서로 교체합니다(그림 5-12 오른쪽).

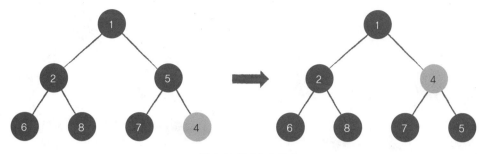

그림 5-12 힙에 요소 추가

이 작업을 교체가 발생하지 않을 때까지 반복합니다. 그림 5-12의 오른쪽의 경우 이것으로 완료입니다.

5.5.8 힙에서 요소 꺼내기

반대로 힙에서 요소를 꺼내는 것을 생각해봅니다. 힙의 최솟값은 반드시 루트 노드에 있습니다. 즉, 최솟값을 꺼낼 때는 루트 노드만 보면 되므로 빠르게 꺼낼 수 있습니다.

그런데 '1'을 꺼내면 이진 트리가 무너집니다(그림 5-13 왼쪽). 그러므로 꺼내는 경우에는 트리를 재구성해야 합니다. 트리를 다시 구성하려면 마지막 요소를 맨 위로 이동합니다(그림 5-13 오른쪽).

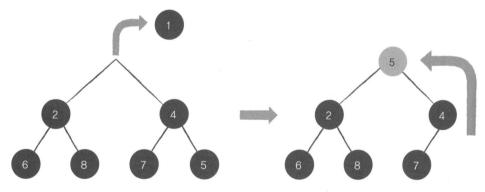

그림 5-13 힙에서 요소 제거

이렇게 이동하면 부모와 자식의 대소 관계가 바뀌어 버리므로, 부모보다 자식의 숫자가 작은 경우에는 교환합니다. 여기서 좌우 숫자 중 더 작은 값으로 바꿉니다. 그림 5-14의 경우 5의 자식인 2와 4를 비교하여 2가 더 작으므로 2로 교체합니다.

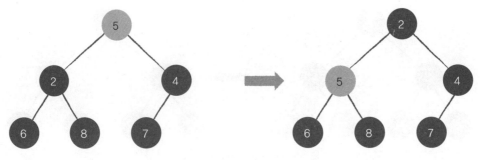

그림 5-14 힙의 재구성

이 작업을 부모와 자식의 교환이 발생하지 않을 때까지 반복합니다. 그림 5-14의 경우 오른쪽의 상태가 되면 완성입니다.

5.5.9 힙의 구성에 걸리는 시간

요소 추가 또는 꺼내기 작업에 필요한 시간을 알아봅니다. 요소를 추가할 때는 트리의 부모를 교환하는 작업을 거쳤는데, 이는 트리의 높이에 따라 달라집니다.

힙은 각 노드가 최대 자식 노드 2개를 가지므로 n개의 노드를 가진 트리의 높이는 $\log_2 n$입니다. 즉, 요소 추가에 필요한 시간 복잡도는 $O(\log n)$으로 계산할 수 있습니다.

또한, 요소를 꺼낼 경우에도 트리의 자식과 비교해 교환 작업을 수행하므로, 마찬가지인 $O(\log n)$입니다.

이를 정렬에도 활용합니다. 먼저 힙에 모든 숫자를 저장합니다. 저장한 뒤에 작은 수부터 차례대로 꺼내면 정렬된 데이터를 구성할 수 있습니다. 힙이 비워질 때까지 꺼내면 정렬이 완료됩니다.

5.5.10 힙 정렬 구현하기

힙 정렬을 프로그램으로 구현합니다. 이진 트리를 리스트로 구성할 때 각 노드가 그림 5-15와 같은 요소의 인덱스와 연결된다고 가정하겠습니다.

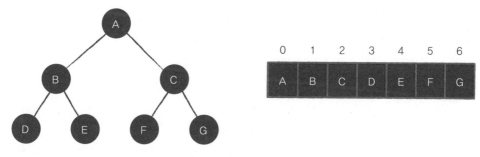

그림 5-15 힙과 리스트의 관계

자식 노드의 인덱스는 부모 노드의 인덱스를 2배 + 1과 2배 + 2한 것으로 생각할 수 있습니다. 또한, 부모 노드의 인덱스는 자식 노드의 인덱스에서 1을 빼고 2로 나눈 몫으로 구합니다. 즉, 루트 노드 번호를 i라고 하면 부모 노드는 $\dfrac{i-1}{2}$, 왼쪽 자식 노드는 $2i + 1$, 오른쪽 자식 노드는 $2i + 2$입니다.

이때 코드 5-8과 같은 순서로 구현합니다.

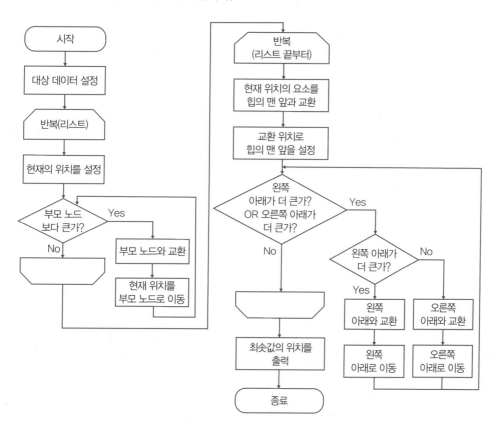

```
data = [6, 15, 4, 2, 8, 5, 11, 9, 7, 13]

# 힙 구성
for i in range(len(data)):
    j = i
    while (j > 0) and (data[(j - 1) // 2] < data[j]):
        data[(j - 1) // 2], data[j] = data[j], data[(j - 1) // 2]  ──[부모 노드와 교환]
        j = (j - 1) // 2  ──[부모 노드의 위치로 이동]

# 정렬 실행
for i in range(len(data), 0, -1):
    # 힙의 맨 앞과 교환
    data[i - 1], data[0] = data[0], data[i - 1]
    j = 0 ──[힙의 맨 앞부터 시작]
    while ((2 * j + 1 < i - 1) and (data[j] < data[2 * j + 1])) \  ──[왼쪽 아래가 더 큰 경우]
        or ((2 * j + 2 < i - 1) and (data[j] < data[2 * j + 2])):  ──[오른쪽 아래가 더 큰 경우]
        if (2 * j + 2 == i - 1) or (data[2 * j + 1] > data[2 * j + 2]):  ──[왼쪽 아래가 더 큰 경우]
            # 왼쪽 아래와 교환
            data[j], data[2 * j + 1] = data[2 * j + 1], data[j]
            # 왼쪽 아래로 이동
            j = 2 * j + 1
        else:  ──[오른쪽이 더 큰 경우]
            # 오른쪽 아래와 교환
            data[j], data[2 * j + 2] = data[2 * j + 2], data[j]
            # 오른쪽 아래로 이동
            j = 2 * j + 2


print(data)
```

실행 결과_ heap_sort1.py(코드 5-8) 실행

```
> python heap_sort1.py
[2, 4, 5, 6, 7, 8, 9, 11, 13, 15]
>
```

최초에 힙을 구성하려면 n개의 데이터를 처리하므로, 힙의 구성에 걸리는 시간을 n배 하여 $O(n\log n)$의 복잡도가 필요합니다. 또한, 숫자를 하나씩 꺼내 정렬된 데이터를 만드는 데

필요한 시간 복잡도도 O($n$log$n$)입니다. 즉, 힙 정렬의 시간 복잡도는 O($n$log$n$)으로, 그림 5-16처럼 선택 정렬이나 삽입 정렬, 버블 정렬의 O(n^2)에 비해 n이 증가했을 때가 더 작으므로 더 빠르게 정렬을 처리할 수 있습니다. 그러나 소스 코드를 보면 알 수 있듯이 구현이 복잡합니다.

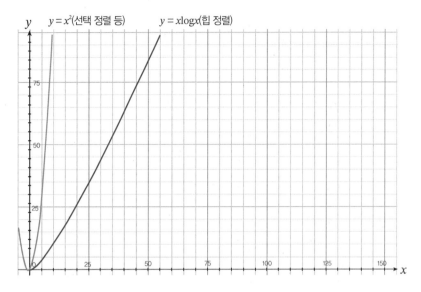

그림 5-16 힙 정렬의 복잡도 그래프

5.5.11 범용적인 힙 정렬 구현하기

방금 설명한 방법은 정렬을 전제로 구현한 것입니다. 그러나 힙은 정렬에만 사용하는 것이 아닙니다. 힙은 리스트로 구현하지만, 루트 노드가 가장 작은 값이 되어 재구성을 반복하기 때문에 맨 앞부터 순차적으로 꺼낼 수 있는 유용한 자료구조입니다.

힙을 구성하는 프로그램을 생각해보겠습니다. 어떤 노드와 그 아래의 노드가 힙의 조건을 만족시키기 위해 heapify라는 함수를 만듭니다.

맨 앞의 데이터를 꺼내 가장 끝의 데이터를 맨 앞으로 이동했을 때는 힙의 조건을 충족하지 않습니다. 이때 heapify를 맨 앞의 요소에 대해 실행하여 힙의 조건을 충족하도록 이동시킵니다. 이 heapify 함수는 재귀적으로 처리합니다.

주어진 배열로 힙을 만들기 위해 리프 노드leaf node 이외의 노드를 루트 노드를 향하는 방향으로 순서대로 검색하여 각 노드에 heapify 함수를 적용합니다. 다만, 힙은 각 노드가 최대 자식 노드 2개만 가지므로 $n/2+1$번째 이후의 모든 노드는 리프 노드입니다. 즉, 후반부 노드에 대해 heapify 함수를 적용할 필요는 없습니다.

이를 구현하면 코드 5-9와 같습니다.

코드 5-9 heap_sort2.py

```python
def heapify(data, i):
    left = 2 * i + 1        # 왼쪽 아래의 위치
    right = 2 * i + 2       # 오른쪽 아래의 위치
    size = len(data) - 1
    min = i
    if left <= size and data[min] > data[left]:   # 왼쪽 아래가 작을 때
        min = left
    if right <= size and data[min] > data[right]:  # 오른쪽 아래가 작을 때
        min = right
    if min != i:          # 교환이 발생하는 경우
        data[i], data[min] = data[min], data[i]
        heapify(data, min)    # 힙을 재구성


data = [6, 15, 4, 2, 8, 5, 11, 9, 7, 13]

# 힙 구성
for i in reversed(range(len(data) // 2)):    # 리프 노드 이외를 처리
    heapify(data, i)

# 정렬 실행
sorted_data = []
for _ in range(len(data)):
    data[0], data[-1] = data[-1], data[0]    # 마지막 노드와 맨 앞 노드를 교체
    sorted_data.append(data.pop())           # 최솟값인 노드를 꺼내 정렬된 상태로 표시
    heapify(data, 0)                         # 힙을 재구성

print(sorted_data)
```

실행 결과_ heap_sort2.py(코드 5-9) 실행

```
> python heap_sort2.py
[2, 4, 5, 6, 7, 8, 9, 11, 13, 15]
>
```

5.5.12 라이브러리 활용

파이썬에는 힙을 구현한 heapq 라이브러리가 준비되어 있습니다. 이 라이브러리를 사용하면 더 간단하게 힙 정렬을 구현할 수 있습니다. 이 라이브러리에 포함된 heapify 함수로 힙을 구성하고 heappop 함수로 차례대로 꺼낼 수 있습니다(코드 5–10).

코드 5–10 heap_sort3.py

```python
import heapq


def heap_sort(array):
    h = array.copy()
    heapq.heapify(h)  ──── 힙 구성
    return [heapq.heappop(h) for _ in range(len(array))]
                    └──── 데이터를 꺼내면서 정렬된 리스트를 작성
data = [6, 15, 4, 2, 8, 5, 11, 9, 7, 13]


print(heap_sort(data))
```

실행 결과_ heap_sort3.py(코드 5–10) 실행

```
> python heap_sort3.py
[2, 4, 5, 6, 7, 8, 9, 11, 13, 15]
>
```

5.6 병합 정렬

Point 병합 정렬의 처리 단계를 이해하고 구현해봅니다.
Point 병합 정렬의 복잡도를 이해합니다.

5.6.1 리스트를 분할한 후 병합해 정렬하기

병합 정렬merge sort은 정렬할 데이터가 들어 있는 리스트를 반복해서 둘로 분할하고, 모두 뿔뿔이 흩어진 상태에서 리스트를 병합merge하는 방법입니다. 병합할 때 리스트 내에서 값이 오름차순으로 정렬되도록 구현하여 값 전체가 리스트 하나의 요소가 되면 모든 값이 정렬됩니다.

예를 들어 그림 5-17의 데이터를 정렬해봅니다. 먼저 리스트를 절반씩 분할해 나갑니다.

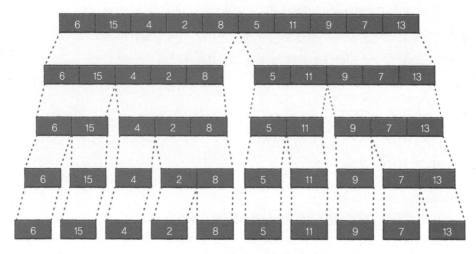

그림 5-17 병합 정렬에서의 분할

이때 분할한 요소는 새로운 리스트로 만듭니다.

그리고 분할한 리스트를 병합하면서 정렬합니다. 예를 들어 그림 5-18에서 [6, 15]와 [2, 4, 8]이라는 두 리스트를 통합하는 상황을 생각해보겠습니다.

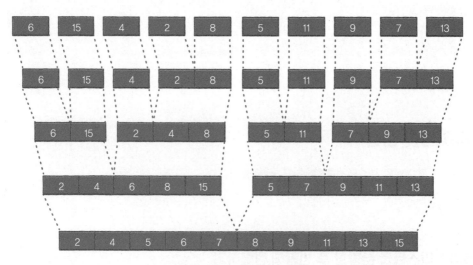

그림 5-18 병합 정렬에서의 병합

우선 맨 앞의 6과 2를 비교해 작은 쪽인 2를 꺼냅니다. 다음으로 남은 리스트의 가장 앞에 있는 6과 4를 비교하여 작은 쪽인 4를 꺼냅니다. 다음에는 6과 8을 비교해 6을, 그다음은 8과 15를 비교하여 8을 꺼냅니다. 마지막으로 남은 15를 꺼내면 완료됩니다. 이 작업을 모든 숫자가 리스트 하나가 될 때까지 반복합니다.

5.6.2 병합 정렬 구현하기

완성된 리스트를 보면 오름차순으로 정렬되어 있습니다. 이 과정을 파이썬으로 구현합니다 (코드 5-11).

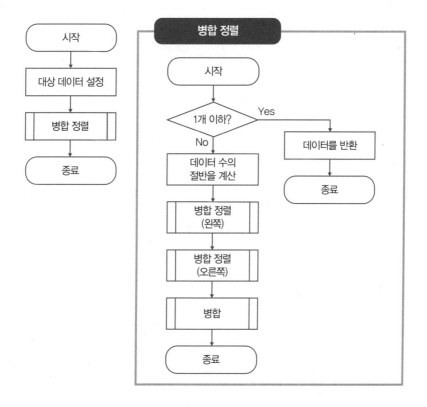

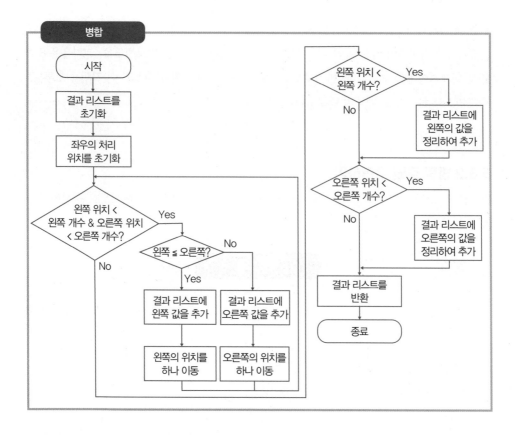

코드 5-11 merge_sort.py

```python
data = [6, 15, 4, 2, 8, 5, 11, 9, 7, 13]

def merge_sort(data):
    if len(data) <= 1:
        return data
    mid = len(data) // 2   ── 절반의 위치를 계산

    # 재귀적으로 분할
    left = merge_sort(data[:mid])   ── 왼쪽을 분할
    right = merge_sort(data[mid:])  ── 오른쪽을 분할
    # 병합
    return merge(left, right)

def merge(left, right):
    result = []
    i, j = 0, 0
```

```
        while (i < len(left)) and (j < len(right)):
            if left[i] <= right[j]: ── 왼쪽 ≤ 오른쪽일 때
                result.append(left[i]) ── 왼쪽에서 데이터를 하나 꺼내서 추가
                i += 1
            else:
                result.append(right[j]) ── 오른쪽에서 데이터를 하나 꺼내서 추가
                j += 1

        # 나머지 데이터를 정리해서 추가
        if i < len(left):
            result.extend(left[i:]) ── 왼쪽의 나머지 데이터를 추가
        if j < len(right):
            result.extend(right[j:]) ── 오른쪽의 나머지 데이터를 추가
        return result

print(merge_sort(data))
```

실행 결과_ merge_sort.py(코드 5-11) 실행

```
> python merge_sort.py
[2, 4, 5, 6, 7, 8, 9, 11, 13, 15]
>
```

5.6.3 병합 정렬의 복잡도

병합 정렬에서 리스트를 분할하는 부분은 단순히 작게 나누어 나갈 뿐입니다. 처음부터 제각
각인 리스트로 저장되는 경우도 있습니다. 따라서 병합할 부분의 복잡도를 고려합니다.

두 리스트를 병합하는 과정은 각 리스트의 가장 앞에 있는 값을 비교해 꺼내는 작업을 반복할
뿐이므로, 완성되는 리스트의 길이 순서로 처리할 수 있습니다. 총 n개의 요소가 있으면 빅오
표기로 O(n)입니다. 다음으로 통합할 단계 수를 고려하여 n개의 리스트를 하나가 될 때까지
결합한 경우의 단계 수는 $log_2 n$이고 전체 시간 복잡도는 O($n log n$)이 됩니다.

병합 정렬의 특징은 메모리에 한 번에 들어가지 않는 대용량의 데이터도 사용할 수 있다는 점
입니다. 분할된 영역별로 정렬할 수 있으므로, 여러 디스크 장치의 데이터를 각각 정렬하고
이를 결합하면서 정렬된 데이터를 생성할 수 있습니다.

5.7 퀵 정렬

Point 퀵 정렬의 처리 단계를 이해하고 구현해봅니다.

Point 퀵 정렬의 복잡도를 이해합니다.

5.7.1 분할한 각 리스트 안에서 정렬하기

퀵 정렬은 리스트에서 적절한 데이터를 하나 선택해 이를 기준으로 작은 요소와 큰 요소로 분할하고, 각 리스트에서 다시 동일한 처리를 반복해 정렬하는 방법입니다. 일반적으로 분할 정복법divide-and-conquer이라고 불리는 방법으로, 작은 단위로 분할해 처리하는 과정을 재귀적으로 반복합니다. 더 나눌 수 없는 크기까지 분할해 이를 정리한 결과를 구합니다.

이때 분할 기준인 요소의 선택이 중요합니다. 잘 선택하면 빨리 처리할 수 있지만 선택한 값에 따라 전혀 분할되지 않을 수 있고 선택 정렬 등과 같이 시간이 오래 걸릴 수도 있습니다.

기준이 되는 데이터를 피벗pivot이라고 합니다. 피벗은 여러 가지 방식으로 선택할 수 있지만, 여기서는 '리스트의 첫 번째 요소'로 하여 다음과 같은 리스트를 만들었다고 생각하겠습니다.

앞 리스트를 반복해 분할하면 그림 5-19처럼 처리가 진행됩니다.

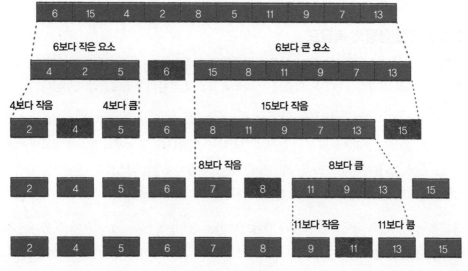

그림 5-19 퀵 정렬

처음에는 리스트의 맨 앞인 '6'을 피벗으로 하여 6보다 작은 요소와 6보다 큰 요소로 나눕니다. 또한, 분할된 리스트 2개에 대해 각각 동일한 작업을 수행합니다.

이때 분할을 반복할 뿐 정렬하지는 않는다는 점에 주의합니다. 즉, 분할해서 만든 리스트의 순서는 오름차순으로 정렬된 것이 아닙니다. 하지만 끝까지 분할하여 마지막 단계의 리스트를 결합하면 정렬된 결과를 얻을 수 있습니다.

5.7.2 퀵 정렬 구현하기

이 처리를 재귀적으로 반복하는 것을 파이썬으로 구현하면 코드 5-12와 같습니다.

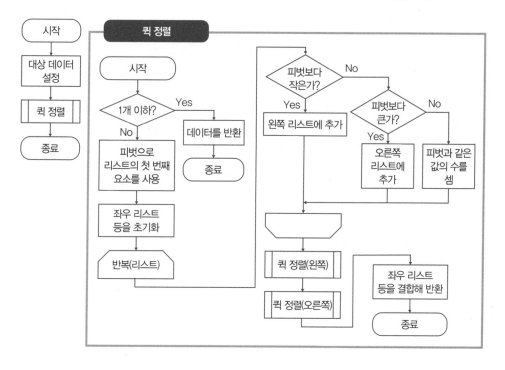

코드 5-12 quick_sort1.py

```
data = [6, 15, 4, 2, 8, 5, 11, 9, 7, 13]

def quick_sort(data):
    if len(data) <= 1:
        return data

    # 피벗으로 리스트의 첫 번째 요소를 사용
```

```
    pivot = data[0]

    left, right, same = [], [], 0

    for i in data:
        if i < pivot:
            # 피벗보다 작은 요소는 왼쪽으로 이동
            left.append(i)
        elif i > pivot:
            # 피벗보다 큰 요소는 오른쪽으로 이동
            right.append(i)
        else:
            same += 1

    left = quick_sort(left) ──┤ 왼쪽을 정렬 │
    right = quick_sort(right) ──┤ 오른쪽을 정렬 │

    # 정렬 결과와 피벗 값을 함께 반환
    return left + [pivot] * same + right

print(quick_sort(data))
```

실행 결과_ quick_sort1.py(코드 5-12) 실행

```
> python quick_sort1.py
[2, 4, 5, 6, 7, 8, 9, 11, 13, 15]
>
```

앞 예에서는 리스트에 같은 값이 포함되어 있지 않지만, 동일한 값이 여러 개 포함될 경우 피
벗과 같은 값의 개수를 세어두고 그만큼 피벗 값을 배치합니다.

파이썬의 경우 피벗에서의 분할 처리에 리스트 내포를 사용하여 더욱 간결하게 구현할 수 있
습니다. 예를 들어 코드 5-13과 같이 쓸 수 있습니다.

코드 5-13 quick_sort2.py

```
data = [6, 15, 4, 2, 8, 5, 11, 9, 7, 13]

def quick_sort(data):
```

```
    if len(data) <= 1:
        return data

    # 피벗으로 리스트의 첫 번째 요소를 사용
    pivot = data[0]

    # 피벗보다 작은 요소로 리스트 만들기
    left = [i for i in data[1:] if i <= pivot]

    # 피벗보다 큰 요소로 리스트 만들기
    right = [i for i in data[1:] if i > pivot]

    left = quick_sort(left) ——[ 왼쪽을 정렬 ]
    right = quick_sort(right) ——[ 오른쪽을 정렬 ]

    # 정렬 결과와 피벗 값을 함께 반환
    return left + [pivot] + right

print(quick_sort(data))
```

실행 결과_ quick_sort2.py(코드 5-13) 실행

```
> python quick_sort2.py
[2, 4, 5, 6, 7, 8, 9, 11, 13, 15]
>
```

5.7.3 퀵 정렬의 복잡도

실제로 프로그램을 구현해보면 퀵 정렬은 피벗의 선택이 중요하다는 사실을 알 수 있습니다. 적절히 절반으로 분할할 수 있는 피벗을 선택할 수 있다면 복잡도는 병합 정렬과 마찬가지로 $O(n\log n)$이 됩니다. 병합 정렬처럼 크기를 절반으로 나누는 작업을 반복하기 때문입니다.

그러나 피벗을 잘 선택하지 않으면 최악의 경우 $O(n)$의 복잡도가 됩니다. 그래서 일반적으로는 속도에 문제가 없을 정도로 빠르지만, 많은 라이브러리에서는 다른 정렬 알고리즘과 조합하는 등의 방법을 통해 좀 더 빠르게 구현합니다.

자주 사용되는 방법으로는 리스트의 첫 번째 요소, 마지막 요소 외에 적당히 선택한 값 3개의 중앙값(오름차순으로 정렬하여 중앙에 위치하는 값)을 피벗으로 선택하는 방법 등이 있습니다. 꼭 시험해보고 실행 결과를 비교해보세요.

[Column] 병렬 처리와 병행 처리

최근의 CPU는 여러 개의 코어를 가지므로, 하나의 CPU로도 여러 작업을 동시에 수행할 수 있습니다. 이를 병렬 처리parallelism라고 합니다. 한편, 하나의 작업을 수행하지만 시간 단위로 나뉘어 처리하므로 겉으로는 마치 동시에 실행되는 것처럼 보이는 작업을 병행 처리concurrency라고 합니다.

CPU를 최대한 활용하려면 병렬 처리가 가능한 알고리즘을 구현하는 것이 효과적입니다. 하지만 문제의 내용에 따라 병렬 처리할 수 없는 경우도 있습니다.

예를 들어 1부터 200까지의 소수를 구하는 프로그램을 고려할 때, 1부터 100까지와 101부터 200까지로 나누어 다른 코어에서 실행해 결과를 통합해도 문제없습니다. 이러한 처리는 병렬 처리가 가능합니다. 반면, 거스름돈을 계산하는 프로그램이나 선형 검색 등은 이전에 처리한 결과를 다음 단계에서도 사용하므로 병렬 처리가 불가능합니다.

정렬의 경우에도 선택 정렬이나 삽입 정렬은 병렬 처리할 수 없지만, 병합 정렬이나 퀵 정렬은 병렬 처리를 할 수 있습니다.

5.8 처리 속도 비교하기

Point 여러 정렬 방법의 복잡도를 비교해 최적의 정렬 방법을 선택할 수 있습니다.

Point 실제 데이터를 비교해 같은 복잡도라도 처리 시간에 차이가 있음을 이해합니다.

Point 안정 정렬의 개념을 이해합니다.

5.8.1 복잡도 비교하기

지금까지 설명한 정렬의 처리 속도를 빅오 표기법으로 비교하면 표 5-1과 같습니다. 중요한 점은 각 처리는 서로 다른 특징이 있으며, 모든 면에서 완벽한 처리는 존재하지 않는다는 사실을 이해하는 것입니다.

힙 정렬은 데이터의 내용이 바뀌어도 복잡도는 크게 바뀌지 않습니다. 하지만 병렬화할 수 없고 메모리 접근이 불연속적이므로 그다지 사용되지 않습니다.

병합 정렬은 어떤 데이터가 주어지더라도 동일한 시간 복잡도로 처리할 수 있습니다. 병렬 처리가 가능한 반면, 대량의 데이터를 정렬하는 경우 대용량의 메모리가 필요합니다.

대부분의 경우에는 병합 정렬과 퀵 정렬이 빠르지만, 특정 경우에는 앞에서 소개하지 않은 버킷 정렬bucket sort 등이 압도적으로 빠릅니다.

이러한 각 처리 방식의 차이점을 이해하고 비교하는 판단력이 요구됩니다.

표 5-1 정렬의 복잡도

정렬 방법	평균 시간 복잡도	최악 시간 복잡도	비고
선택 정렬	$O(n^2)$	$O(n^2)$	최선이라도 $O(n^2)$
삽입 정렬	$O(n^2)$	$O(n^2)$	최선이면 $O(n)$
버블 정렬	$O(n^2)$	$O(n^2)$	–
힙 정렬	$O(n\log n)$	$O(n\log n)$	–
병합 정렬	$O(n\log n)$	$O(n\log n)$	–
퀵 정렬	$O(n\log n)$	$O(n^2)$	실제 사용 시 처리 속도가 빠름

힙 정렬이나 병합 정렬의 평균 시간 복잡도는 퀵 정렬과 같은 O($n$log$n$)이지만, 최악 시간 복잡도에서는 퀵 정렬은 O(n^2)입니다. 이를 보면 힙 정렬이나 병합 정렬이 퀵 정렬보다 좋은 알고리즘처럼 보입니다.

5.8.2 실제 데이터로 비교하기

앞에서 작성한 각 프로그램을 필자의 환경에서 실행해보니 표 5–2처럼 나타났습니다. 여기에서는 임의의 정수를 몇 개 준비하여 처리에 걸린 시간을 비교합니다. 또한, 파이썬의 리스트에 기본으로 제공되는 sort 메서드도 사용합니다.

표 5–2 정렬 처리 시간 비교

정렬 방법	1만 건	2만 건	3만 건
선택 정렬	6.89초	25.81초	57.41초
삽입 정렬	6.73초	27.22초	61.25초
버블 정렬	15.08초	60.50초	130.46초
힙 정렬	0.13초	0.27초	0.45초
병합 정렬	0.05초	0.10초	0.16초
퀵 정렬	0.02초	0.05초	0.07초
파이썬의 sort	0.002초	0.004초	0.007초

앞 표를 살펴보면 퀵 정렬을 썼을 때 힙 정렬이나 병합 정렬보다 더 빠른 결과가 나왔습니다. 따라서 퀵 정렬을 여러 가지로 개량한 구현 방법이 많이 쓰입니다.

파이썬의 리스트에 기본으로 제공되는 sort는 내부에서 C로 작성된 프로그램이 움직이므로 파이썬 코드로 직접 만든 함수보다 처리 속도가 빠릅니다. 파이썬은 인터프리터interpreter이지만 이렇게 컴파일러로 구현된 라이브러리가 준비되어 있으므로, 편리한 라이브러리는 가져다 쓰도록 합시다.

한편, 버블 정렬은 선택 정렬과 삽입 정렬보다 훨씬 느립니다. 각각의 평균 시간 복잡도는 같은데 이렇게 차이가 나는 이유는 무엇일까요? 바로 상수배 부분의 차이 때문입니다. 예를 들어 코드 5–14에서 첫 번째 for 문과 두 번째 for 문을 비교해봅시다.

```
import time

data = [6, 15, 4, 2, 8, 5, 11, 9, 7, 13]

# 단순히 리스트의 요소를 하나씩 출력
for i in data:
    print(i)

print('\n1초씩 정지했다가 출력한 결과\n')

# 리스트의 요소를 하나 출력할 때마다 1초 정지
for i in data:
    print(i)
    time.sleep(1) ── 1초 대기
```

실행 결과_ const_rate.py(코드 5-14) 실행

```
> python const_rate.py
6
15
(중간 생략)
7
13


1초씩 정지했다가 출력한 결과

6
15
(중간 생략)
7
13
>
```

둘 다 for 문은 하나이므로 $O(n)$의 처리 시간이 걸리지만, 두 번째 for 문의 처리는 요소 하나를 출력할 때마다 1초 정지sleep하고 있습니다. 같은 순서에도 처리 시간이 크게 달라지는 것입니다. 즉, $O(n\log n)$ 및 $O(n^2)$처럼 서로 다른 복잡도라면 상수배는 무시할 수 있지만, 같은 복잡도라면 상수배의 차이에 따라 성능에 차이가 나는 것은 드문 일이 아닙니다.

사실 힙 정렬이나 병합 정렬, 퀵 정렬의 평균 시간 복잡도는 서로 같은 O($n\log n$)이지만, 처리 속도는 퀵 정렬이 더 빠른 경우가 많습니다. 그리고 피벗의 선택 방법에 따라 성능에 차이는 있지만, 정렬된 데이터에 대해 가장 앞에 있는 값을 사용하는 방법을 선택하지 않는 한 빠르게 처리할 수 있습니다.

5.8.3 안정 정렬

정렬 방법을 비교할 때 알아두면 좋은 키워드로 안정 정렬stable sort이 있습니다. 안정 정렬은 같은 값을 갖는 데이터의 순서가 정렬 후에도 유지되는 것을 말합니다.

예를 들어 이름이 '가나다' 순서로 정렬된 학생의 테스트 결과를 점수 순서로 정렬하는 상황을 생각해보겠습니다. 같은 점수의 학생이 여러 명 존재하는 경우, 정렬 후에 같은 점수의 학생은 이름의 '가나다' 순서가 유지되도록 정렬하려고 합니다.

이를 구현한 것이 그림 5-20의 안정 정렬입니다. 지금까지의 정렬 방법 중에서는 삽입 정렬, 버블 정렬, 병합 정렬이 해당됩니다.

출석 번호	이름	점수		출석 번호	이름	점수	
1	강민호	80		3	나길동	90	같은 점수에서 이름의 오름차순
2	김동희	70		7	박기훈	90	
3	나길동	90		1	강민호	80	같은 점수에서 이름의 오름차순
4	나선영	70		5	나영희	80	
5	나영희	80		8	최필식	80	
6	박광수	60		2	김동희	70	같은 점수에서 이름의 오름차순
7	박기훈	90		4	나선영	70	
8	최필식	80		10	한석훈	70	
9	하기순	60		6	박광수	60	같은 점수에서 이름의 오름차순
10	한석훈	70		9	하기순	60	

그림 5-20 안정 정렬

도서관에서 책을 정렬하는 상황은 앞에서 언급한 방법과는 조금 다릅니다. 장르별로 구별된 선반에 도서 번호나 책 제목 순서로 나열되어 있습니다.

이러한 경우 삽입 정렬을 사용하는 것이 효과적이며 실제로도 이와 비슷한 방법이 사용됩니다. 삽입 정렬은 리스트에서 삽입한 위치의 뒤쪽 요소를 모두 옮겨야 합니다. 하지만 도서관에서는 일정 구간마다 여유 공간을 마련해두므로 실제로 옮겨야 하는 책의 수는 적습니다(그림 5-21).

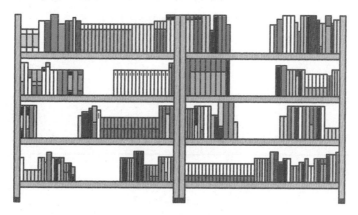

그림 5-21 도서관 선반의 예

이 방법이 '도서관 정렬'로, 공백 위치를 잘 준비하면 빠른 계산을 할 수 있습니다. 하지만 준비한 공백 위치의 양에 따라 불필요한 공간이 발생하므로 최적화할 수 있도록 노력해야 합니다.

문제1 5.8.1에서 설명한 버킷 정렬은 빈 정렬(bin sort)이라고도 불리며, 값의 종류가 한정된 경우에 사용됩니다. 예를 들어 0~9의 정수(10종류의 값)만으로 구성된 데이터를 정렬할 때, 각 값이 나오는 횟수만큼 저장하면 됩니다. 다음과 같은 데이터가 주어지면 배열에 해당 값의 발생 횟수를 저장해 작은 순서로 꺼냅니다. 이를 구현하는 프로그램을 작성하세요.

9, 4, 5, 2, 8, 3, 7, 8, 3, 2, 6, 5, 7, 9, 2, 9

↓

정수	0	1	2	3	4	5	6	7	8	9
횟수	0	0	3	2	1	2	1	2	2	3

↓

2, 2, 2, 3, 3, 4, 5, 5, 6, 7, 7, 8, 8, 9, 9, 9

Chapter
6

실무에 도움되는
알고리즘 알아보기

1~5장을 통해 여러분은 파이썬 알고리즘의 기본을 익혔습니다. 6장에서는 배운 것을 정리하고, 실무나 코딩 테스트 등에서 볼 수 있는 8가지 알고리즘의 원리를 살펴봅니다. 다음으로 여러분이 할 일은 이 책에서 다루지 않은 알고리즘을 더 살펴보면서 구현하기 원하는 프로그램을 많이 만들어보는 것입니다.

6.1 최단 경로 문제

`Point` 평소 편리하게 사용하는 서비스에 최단 경로 문제의 사고방식이 활용됨을 알 수 있습니다.
`Point` 최단 경로 문제는 정점의 수가 증가하면 처리에 많은 시간이 걸린다는 것을 이해합니다.

정렬 등의 알고리즘은 라이브러리를 활용할 때가 많으며 처음부터 전부 구현하는 경우는 거의 없습니다. 한편, 실무에서는 업무 내용 등에 따라 알고리즘을 수정해야 할 경우가 있습니다.

이 장에서는 실무나 알고리즘의 연습 등에 자주 쓰이는 알고리즘의 예를 몇 가지 소개합니다.

6.1.1 수치화한 비용을 생각하기

환승 안내와 내비게이션 등은 우리 생활에 없어서는 안 될 존재가 되었습니다. 그러나 이러한 서비스를 구현하기 위해서는 고도의 알고리즘이 필요합니다. 이때 여러 경로 중에서 가장 효율적인 경로를 찾는 '최단 경로 문제'를 사용합니다.

여기서 '효율적'이라는 말은 시간이 짧거나, 비용이 저렴하거나, 거리가 짧은 등의 다양한 기준을 고려할 수 있습니다. 그리고 사람의 감각에 따른 것이 아니라, 수치화하여 이를 최소화한 결과가 요구됩니다. 이 기준을 비용^cost이라는 값으로 생각합니다(수치가 작으면 비용이 적고 수치가 크면 비용도 많습니다).

6.1.2 모든 경로 조사하기

비용을 최소화하는 알고리즘에는 다양한 방법이 있을 것입니다. 가장 먼저 떠오르는 것은 모든 경로를 조사해 가장 비용이 적은 것을 선택하는 방법입니다. 하지만 이 방법은 경로의 수가 증가하면 탐색하는 데이터양이 폭발적으로 증가합니다.

예를 들어 그림 6-1의 왼쪽과 같은 작은 마을을 A에서 G까지 이동하는 경우를 생각해봅시다. 각 지점 간 거리가 부여되어 있으며, 같은 지점을 두 번 통과하지 않기로 합니다. 이 경우 그림 6-1의 오른쪽 표와 같은 6가지 경로가 있을 수 있습니다.

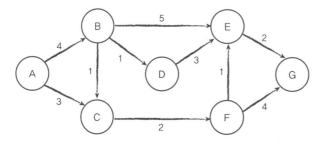

경로	거리
A → B → D → E → G	10
A → B → E → G	11
A → B → C → F → E → G	10
A → B → C → F → G	11
A → C → F → E → G	8
A → C → F → G	9

그림 6-1 다양한 경로

이러한 마을에서 이동할 수 있는 도로의 수가 적다면 모든 경로를 탐색해도 큰 문제가 없지만, 지점과 도로의 수가 늘어나면 패턴 수가 단번에 증가합니다. 예를 들어 그림 6-2와 같이 지점과 이동 가능한 도로가 늘어나면 패턴 수가 약 5,000여 가지가 됩니다.

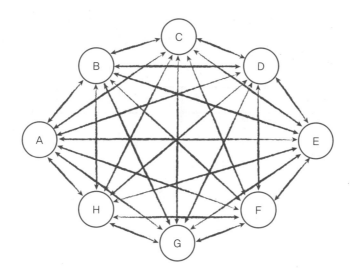

그림 6-2 패턴 수가 많은 경우

6.1.3 그래프를 만들어 생각하기

그림 6-1과 그림 6-2처럼 점과 선으로 표현하는 방법을 그래프graph라고 부르며, 화살표의 방향이 정해진 그래프를 유향 그래프directed graph, 정해지지 않은 그래프를 무향 그래프undirected graph라고 합니다. 또한, 이러한 그림에서 원으로 표현된 지점 부분을 '정점' 또는 '마디', 그것을 연결하는 선을 '변' 또는 '가지'라고 합니다.

최단 경로를 구하기 위해 모든 경로를 탐색할 경우, 정점이 n개 있으면 첫 번째 정점을 선택할 때 n길, 두 번째 정점은 첫 번째를 제외한 $n-1$길, …과 같은 식의 작업을 모든 정점에 대해 수행합니다. 이 조합은 $n\times(n-1)\times...\times2\times1$길이라는 식으로 구할 수 있습니다.

앞 수식은 3장에서 설명한 바와 같이 $n!$로 나타나며 조사의 복잡도도 $O(n!)$이 됩니다. 이러한 계승의 복잡도는 입력의 수가 증가하면 현실적으로 계산하기 어려우므로 좀 더 효율적인 방식을 연구해야 합니다.

그래서 몇 가지 방법을 소개합니다. 여기서는 경로 자체를 구하는 것이 아니라, 어느 정점에 어느 정도의 비용으로 이동할 수 있는지를 생각합니다.

[Column] 경로의 수를 구하는 문제

최단 경로 문제를 듣고, 교과서 등에 자주 쓰이는 그림 6-3과 같은 간단한 문제를 떠올리는 사람도 있을 것입니다. 왼쪽 아래에서 시작해 오른쪽이나 위쪽으로 움직이는 것을 반복해 맨 오른쪽 위로 이동할 때의 최단 경로가 몇 개인지를 구하는 문제입니다.

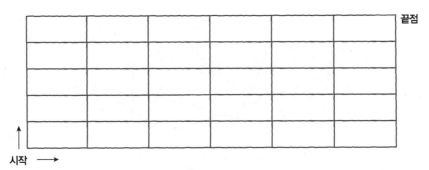

그림 6-3 최단 경로 문제의 예

어떤 길로 가더라도 반드시 오른쪽 또는 위쪽으로 이동하므로 경로의 길이는 동일합니다. 즉, 왼쪽 아래에서 오른쪽 위까지의 경로를 모두 구하는 문제입니다. 학교에서 순열과 조합을 배울 때 사용되며, 오른쪽으로 m회, 위로 n회 이동하는 경우 해당 패턴 수는 조합으로 구할 수 있습니다. $m+n$회 중에서 m회 오른쪽으로 이동하면 수학적으로는 $_{m+n}C_m$이라는 계산으로 구할 수 있습니다(여기서 해당 계산을 활용하지 않으므로 자세한 내용은 생략합니다).

방금 소개한 해결 방법은 조합의 계산 방법을 알아야 풀 수 있지만, 초등학생도 사용할 수 있는 방법으로 교차점을 통과하는 패턴 수를 왼쪽 아래부터 순서대로 더하며 쓰는 방법도 알려져 있습니다(그림 6-4).

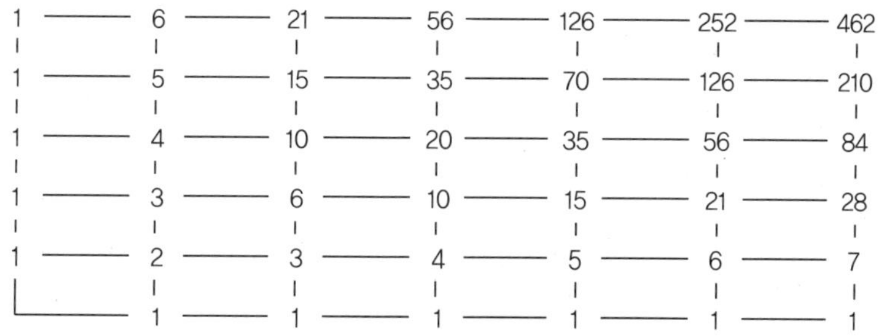

그림 6-4 교차점을 지나는 패턴 수를 집계

아래쪽과 왼쪽의 교차점에 적혀 있는 숫자를 더한 결과를 써내려가는 방식(간단한 덧셈)으로 쉽게 구할 수 있습니다. 프로그래밍에서도 이 방법이 편리하며, 동적 계획법(코드 6-1) 및 메모이제이션(코드 6-2)을 사용해 쉽게 구현할 수 있습니다.

코드 6-1 near_route1.py

```python
M, N = 6, 5

route = [[0 for i in range(N + 1)] for j in range(M + 1)]

# 가로 방향의 첫 1행을 설정
for i in range(M + 1):
    route[i][0] = 1

for i in range(1, N + 1):
    # 세로 방향의 첫 1열을 설정
    route[0][i] = 1
    for j in range(1, M + 1):
        # 왼쪽과 아래쪽의 교차점에 적혀 있는 숫자를 더함
        route[j][i] = route[j - 1][i] + route[j][i - 1]

print(route[M][N])
```

실행 결과_ near_route1.py(코드 6-1) 실행

```
> python near_route1.py
462
>
```

코드 6-2 near_route2.py

```python
import functools

M, N = 6, 5

# 파이썬에서는 아래 1행만 추가하면 재귀 처리를 메모이제이션(memoization)할 수 있음
@functools.lru_cache(maxsize = None)
def search(m, n):
    if (m == 0) or (n == 0):
        return 1

    return search(m - 1, n) + search(m, n - 1)

print(search(M, N))
```

실행 결과_ near_route2.py(코드 6-2) 실행

```
> python near_route2.py
462
>
```

6.2 벨만-포드 알고리즘

Point 최단 경로 문제를 해결하기 위해 사용되는 벨만–포드 알고리즘은 정점을 묶은 변의 가중치를 갱신하면서 문제를 푼다는 것을 이해합니다.

Point 벨만–포드 알고리즘에서는 변의 값이 음수인 경우에도 사용할 수 있습니다.

6.2.1 변의 가중치에 주목하기

벨만–포드 알고리즘Bellman–Ford algorithm은 변의 가중치에 주목하여 문제를 푸는 방법입니다. 예를 들어 6장의 첫 번째 그래프에서 정점 간 비용을 구하는 것을 생각해봅니다. 각 변의 비용은 그림 6–5처럼 설정하겠습니다.

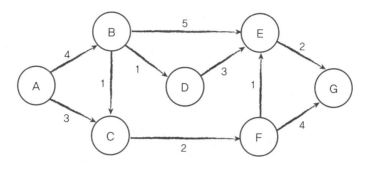

그림 6-5 정점 간 비용

각 정점에 대한 출발점에서의 비용을 구하기 위해, 설정한 초깃값에서 변의 가중치를 사용해 순서대로 갱신하는 작업을 반복하여 더 이상 갱신할 수 없게 되면 처리를 종료합니다.

6.2.2 초깃값으로 무한대 설정하기

출발점부터 각 정점까지 비용의 초깃값으로 출발점은 0을, 그 외의 정점은 '무한대'를 설정합니다(그림 6-6). 파이썬에서는 무한대를 float('inf')로 설정할 수 있지만, 다른 프로그래밍 언어의 경우에는 '99999999'와 같이 큰 값을 사용해도 좋습니다.

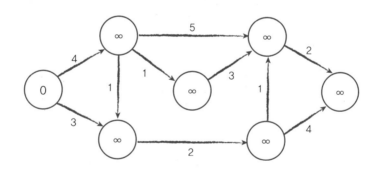

그림 6-6 비용의 초깃값

이 비용은 출발점에서 정점에 이르는 최단 경로 길이의 잠정값으로, 계산이 진행됨에 따라 점점 줄어듭니다.

여기서 행하는 처리는 다음 단계의 반복입니다.

　1. 한 변을 선택합니다.

2. 선택한 변의 비용을 사용해 양 끝 정점의 비용을 갱신합니다(비용이 적은 정점에 변의 비용을 더한 값이, 다른 쪽 정점의 비용보다 적은 경우).

6.2.3 비용 갱신하기

모든 변 중에서 하나를 선택합니다. 예를 들어 정점 A와 B를 연결하는 변을 선택합니다(그림 6-7). 이때 A(0)와 B(무한대)의 비용을 비교하면 A 쪽이 작고, A의 비용에 변의 비용을 더하면 B의 비용보다 적어지므로 B의 비용을 A의 비용에 변의 비용을 더한 값으로 갱신합니다.

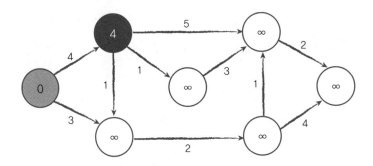

그림 6-7 정점 B의 비용을 갱신

다음으로 정점 A와 C를 연결하는 변을 선택합니다(그림 6-8). 여기서도 A의 비용에 변의 비용을 더하면 C의 비용보다 적어지므로 C의 비용을 갱신합니다.

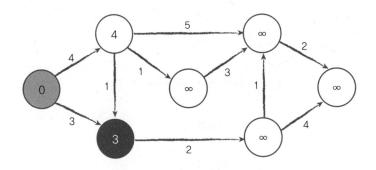

그림 6-8 정점 C의 비용을 갱신

다음으로 정점 B와 C를 연결하는 변을 선택합니다. B의 비용에 변의 비용을 더하면 C의 비용보다 많아지므로 C의 비용은 갱신되지 않습니다. 즉 A → B → C보다 A → C라는 경로를 선택하면 비용이 적은 것을 알 수 있습니다.

이러한 과정을 모든 변에 수행합니다. 임의의 순서로 실시할 수 있지만, 여기서는 정점의 번호를 알파벳순으로 처리합니다. 끝까지 갱신하면 그림 6-9처럼 됩니다.

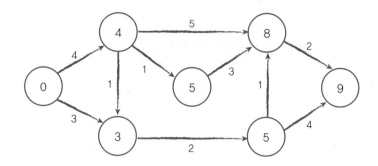

그림 6-9 첫 번째 갱신 완료 시점

여기서 다시 처음부터 동일한 작업을 수행합니다. 이 작업을 반복해 모든 정점에 대해 비용을 갱신하지 않게 되면 처리를 종료합니다. 이로써 그림 6-10처럼 출발점에서 모든 정점에 대한 최소 비용을 구할 수 있습니다. A부터 G까지의 최소 비용은 8이 됩니다.

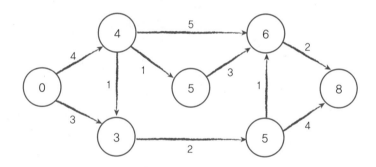

그림 6-10 비용이 변하지 않게 된 시점

6.2.4 프로그램 작성하기

프로그램을 구현할 때는 정점과 가지의 데이터를 어떻게 저장할지 고려해야 합니다. 벨만-포드 알고리즘은 변에 주목하므로 변의 단위로 데이터를 표현하는 쪽이 다루기 쉬울 것입니다.

따라서 리스트를 사용해 요소 하나를 변 하나로 나타내기로 합니다. 이때 출발점과 끝점의 번호, 그리고 비용이라는 세 가지 요소를 가집니다. 예를 들어 정점 A와 B를 연결하는 변의 경우 [0, 1, 4]와 같은 리스트입니다.

또한 정점의 개수를 인수로 하여 최단 경로 길이를 반환하는 함수를 작성합니다. 이 함수는 정점 비용의 초깃값을 설정해 비용이 변하는 동안 정점 비용을 갱신하는 처리를 반복합니다.

예를 들어 코드 6-3처럼 구현할 수 있습니다.

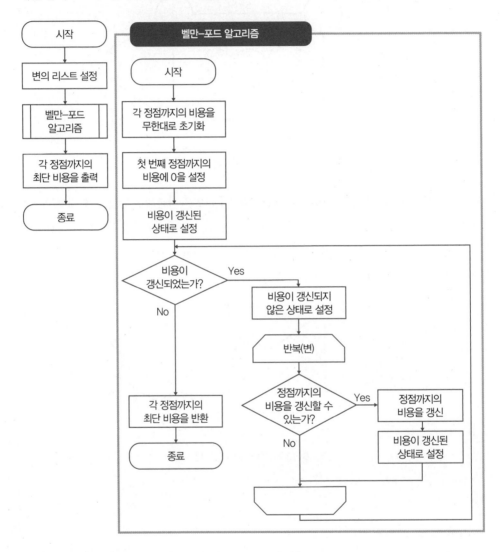

코드 6-3 bellman_ford.py
___

```
def bellman_ford(edges, num_v):
    dist = [float('inf') for i in range(num_v)] ── 초깃값으로 무한대를 설정
    dist[0] = 0

    changed = True
```

```
    while changed: ─┤비용이 갱신되는 동안 반복│
        changed = False
        for edge in edges: ─┤각 변을 반복│
            if dist[edge[1]] > dist[edge[0]] + edge[2]:
                # 정점까지의 비용을 갱신할 수 있으면 갱신
                dist[edge[1]] = dist[edge[0]] + edge[2]
                changed = True

    return dist

# 변의 리스트(출발점, 끝점, 비용의 리스트)
edges = [
    [0, 1, 4], [0, 2, 3], [1, 2, 1], [1, 3, 1],
    [1, 4, 5], [2, 5, 2], [4, 6, 2], [5, 4, 1],
    [5, 6, 4]
]

print(bellman_ford(edges, 7))
```

실행 결과_ bellman_ford.py(코드 6-3) 실행

```
> python bellman_ford.py
[0, 4, 3, 5, 6, 5, 8]
>
```

6.2.5 벨만-포드 알고리즘에서 주의할 점

여기서는 변의 비용으로 모두 양숫값을 이용합니다. 실제로 환승 안내나 내비게이션 등의 경우 변의 비용으로 시간 및 요금, 거리 등을 생각할 수 있습니다. 이들은 모두 양숫값이지만, 만약 음숫값이 쓰이더라도 벨만-포드법을 사용할 수 있습니다. 다만, 음숫값으로 반복되는 경로(폐로)가 있을 경우 해당 경로를 계속 돌면 비용이 계속 적어지므로 대상에서 제외합니다.

정점 수를 n으로, 변의 수를 m으로 했을 때, 1회차 갱신(내부 for 문)은 변의 수만큼 반복하므로 복잡도는 $O(m)$입니다. 이 과정을 모든 정점에 반복한 경우 최대 n회 반복하여 끝날 것이므로, 전체 복잡도는 이를 곱한 $O(mn)$이 됩니다(그 이상의 단계가 필요한 경우에는 폐로가 됩니다).

6.3 데이크스트라 알고리즘

Point 최단 경로 문제를 풀기 위해 사용되는 데이크스트라 알고리즘은 비용이 최소가 되는 정점을 찾아 나가면서 푼다는 것을 이해합니다.

Point 데이크스트라 알고리즘은 변의 값이 음수인 경우는 사용할 수 없지만, 벨만–포드 알고리즘보다 빠른 속도로 문제를 풀 수 있다는 것을 이해합니다.

6.3.1 정점에 주목해 최단 경로 찾기

데이크스트라 알고리즘은 어느 정점에 연결된 정점을 후보로 하여 비용이 가장 적어지는 정점을 선택하는 과정을 반복해 탐색하는 방법입니다. 벨만–포드 알고리즘이 모든 변에 대해 처리를 반복하는 데 반해, 데이크스트라 알고리즘은 선택할 정점을 고려해 효율적으로 최단 경로를 찾을 수 있습니다.

앞 벨만–포드 알고리즘에서 사용했던 그래프와 같은 것을 풀어봅시다. 이해를 돕기 위해 표 6–1을 만들어 생각해보겠습니다. 가로축에는 정점을, 세로축에는 비용의 총합을 취합니다.

표 6–1 비용과 정점의 관계

비용/정점	A	B	C	D	E	F	G
0	○						
1							
2							
3			○				
4		○					
5							
...							

첫 번째 정점 A는 비용 0에 배치하고 그 정점으로부터 도달할 수 있는 정점과 비용을 확인합니다. 예를 들어 첫 번째 정점 A에 연결된 것은 B와 C이므로, 각 정점에 해당하는 비용의 위치를 표시합니다.

다음으로, 최상단의 정점(비용이 가장 적은 정점)을 고려하면 이번에는 C이므로, C에서 도달할 수 있는 정점과 비용을 확인합니다. 그리고 대응하는 정점과 비용을 표시합니다(표 6–2).

표 6-2 정점 C에서의 비용을 추가

비용/정점	A	B	C	D	E	F	G
0	○						
1							
2							
3			○				
4		○					
5						○	
6							
…							

이를 반복하면 표시되는 위치는 점점 아래로 뻗어갑니다. 아직 처리하지 않은 정점에서 가장 가까운 위치에 있는 정점을 찾는 처리는 (정점을 하나씩 확인하게 되지만) 최소 비용의 후보인 정점을 고릅니다. 최단 비용이 확정된 정점에 표시해두고 표시되지 않은 정점부터 가장 적은 비용을 찾아갑니다. 모든 경로를 살펴보면 표 6-3이 완성됩니다.

표 6-3 모든 정점을 조사한 결과

비용/정점	A	B	C	D	E	F	G
0	○						
1							
2							
3			○				
4		○					
5			○			○	
6					○		
7							
8				○			○
9				○			○
10							
11							

데이크스트라 알고리즘은 비용이 최소인 것을 구하므로 그 외에는 탐색할 필요가 없습니다.

6.3.2 데이크스트라 알고리즘 구현하기

실제로 프로그램을 작성할 때는 표 6-1부터 표 6-3까지와 같은 테이블을 만들 필요는 없고 최소 비용 후보만 확인하면 됩니다.

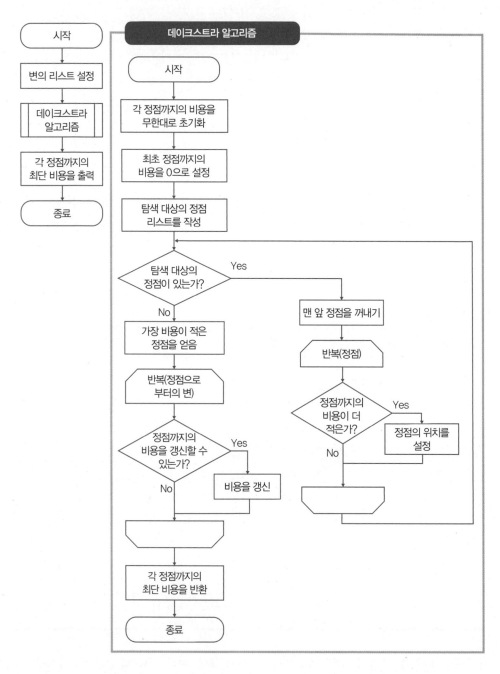

데이크스트라 알고리즘을 구현하면 코드 6-4처럼 작성할 수 있습니다. 자료구조는 벨만-포드 알고리즘으로 변경합니다. 데이크스트라 알고리즘은 한 정점부터의 변을 차례로 탐색하는 경우가 많으므로, 리스트의 인덱스로 출발점의 정점에서 비용을 꺼낼 수 있도록 합니다.

코드 6-4 dijkstra1.py

```
def dijkstra(edges, num_v):
    dist = [float('inf')] * num_v
    dist[0] = 0
    q = [i for i in range(num_v)]

    while len(q) > 0:
        # 가장 비용이 적은 정점을 찾기
        r = q[0]
        for i in q:
            if dist[i] < dist[r]:
                r = i ─── 비용이 적은 정점이 발견되면 갱신

        # 가장 비용이 적은 정점을 꺼내기
        u = q.pop(q.index(r))
        for i in edges[u]: ─── 꺼낸 정점의 변을 반복
            if dist[i[0]] > dist[u] + i[1]:
                # 정점까지의 비용을 갱신할 수 있다면 갱신하기
                dist[i[0]] = dist[u] + i[1]
    return dist

# 변의 리스트(끝점과 비용의 리스트)
edges = [
    [[1, 4], [2, 3]], ─── 정점 A부터의 변 리스트
    [[2, 1], [3, 1], [4, 5]], ─── 정점 B부터의 변 리스트
    [[5, 2]], ─── 정점 C부터의 변 리스트
    [[4, 3]], ─── 정점 D부터의 변 리스트
    [[6, 2]], ─── 정점 E부터의 변 리스트
    [[4, 1], [6, 4]], ─── 정점 F부터의 변 리스트
    [] ─── 정점 G부터의 변 리스트
]

print(dijkstra(edges, 7))
```

```
> python dijkstra1.py
[0, 4, 3, 5, 6, 5, 8]
>
```

6.3.3 복잡도를 생각하여 처리 속도 향상하기

데이크스트라 알고리즘의 복잡도를 살펴보면 n개의 정점을 확인하는 처리를 각각 n회 수행하므로, 기본적으로 중첩 반복문의 복잡도인 $O(n^2)$이 됩니다. 그런데 각 정점을 탐색하더라도 탐색 횟수는 1회뿐이므로, 복잡도는 변의 수를 m으로 하면 $O(m)$이며 알고리즘 전체에서는 $O(m + n^2)$입니다. 하지만 m은 최대 $\frac{n(n-1)}{2}$이므로, 복잡도는 $O(n)$이 됩니다.

정점에서 나온 변을 탐색하는 처리는 절감할 수 없으므로 큐^{queue} 중에서 가장 가까이 있는 정점을 선택하는 처리를 고려합니다. 코드 6-4의 프로그램에서는 큐에 있는 모든 정점을 반복 처리했지만, 이번에는 자료구조를 바꾸어보겠습니다.

바꿀 자료구조는 '우선순위가 있는 큐'입니다. 피보나치 힙$^{Fibonacci\ heap}$[1]이라는 힙의 자료구조를 사용하여 거리가 짧은 것부터 꺼내는 큐를 만듭니다. 우선순위가 있는 큐는 저장된 정점 n개 중 가장 작은 것을 $O(logN)$으로 꺼낼 수 있는 큐입니다. 이것으로 전체 시간 복잡도를 $O(m + nlogn)$으로 계산할 수 있습니다. 그러나 피보나치 힙을 이용한 우선순위가 있는 큐는 구현이 복잡해지므로, 실제 사용 시 그만큼 처리 속도를 향상하기가 어렵습니다. 대부분 5장의 힙 정렬에서 설명한 것 같은, 간단한 힙을 이용한 우선순위가 있는 큐를 사용합니다.

6.3.4 힙에 의한 우선순위가 있는 큐 구현하기

여기서는 간단한 힙으로 구현합니다(코드 6-5). 힙에 대해서는 힙 정렬로 구현한 것을 응용하여 우선순위가 있는 큐를 만듭니다. 힙에서는 첫 번째 요소가 가장 작은 값이며, 요소를 꺼낼 때마다 재구성해 그 순서를 유지합니다.

---

1 옮긴이: 우선순위 큐(priority queue) 연산을 위한 자료구조로 힙 정렬된 트리를 모아놓은 자료 구조입니다(출처: 위키백과 https://ko.wikipedia.org/wiki/피보나치_힙).

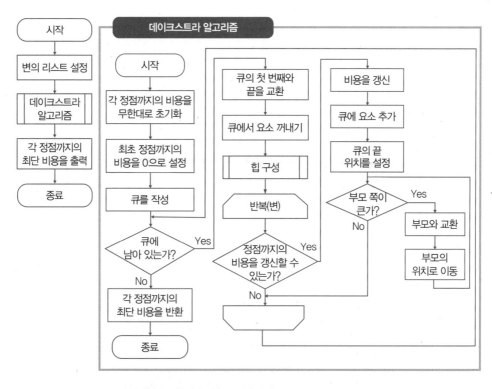

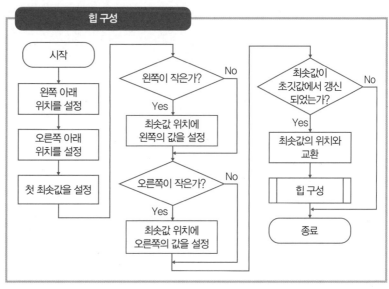

```python
def min_heapify(data, i):
    left = 2 * i + 1
    right = 2 * i + 2
    min = i

    if left < len(data) and data[i][0] > data[left][0]:
        min = left ──── 왼쪽이 작은 경우에는 최솟값의 위치에 왼쪽을 설정
    if right < len(data) and data[min][0] > data[right][0]:
        min = right ──── 오른쪽이 작은 경우에는 최솟값의 위치에 오른쪽을 설정
    if min != i:
        data[i], data[min] = data[min], data[i]
        min_heapify(data, min)


def dijkstra(edges, num_v):
    dist = [float('inf')] * num_v
    dist[0] = 0
    q = [[0, 0]]

    while len(q) > 0:
        # 큐에서 최소인 요소를 꺼내기
        q[0], q[-1] = q[-1], q[0]
        _, u = q.pop()

        # 큐를 재구성
        min_heapify(q, 0)

        # 각 변의 비용을 탐색
        for i in edges[u]:
            if dist[i[0]] > dist[u] + i[1]:
                dist[i[0]] = dist[u] + i[1]
                q.append([dist[u] + i[1], i[0]])
                j = len(q) - 1
                while (j > 0) and (q[(j - 1) // 2] > q[j]):
                    q[(j - 1) // 2], q[j] = q[j], q[(j - 1) // 2]
                    j = (j - 1) // 2
    return dist


edges = [
    [[1, 4], [2, 3]],
```

```
        [[2, 1], [3, 1], [4, 5]],
        [[5, 2]],
        [[4, 3]],
        [[6, 2]],
        [[4, 1], [6, 4]],
        []
]

print(dijkstra(edges, 7))
```

실행 결과_ dijkstra2.py(코드 6-5) 실행

```
> python dijkstra2.py
[0, 4, 3, 5, 6, 5, 8]
>
```

이 힙을 사용하면 전체 복잡도는 O$((m+n)\log n)$입니다.

또한, 5장처럼 힙의 라이브러리를 사용하면 코드 6-6처럼 더 쉽게 이해할 수 있습니다.

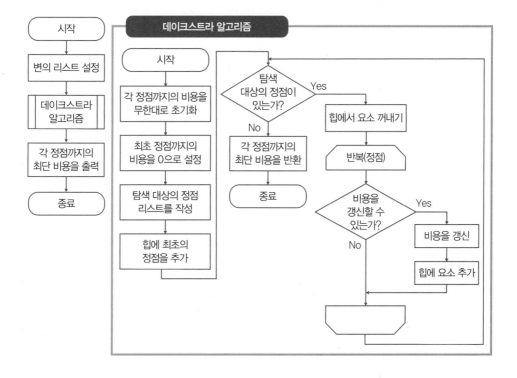

```python
import heapq

def dijkstra(edges, num_v):
    dist = [float('inf')] * num_v
    dist[0] = 0
    q = []
    heapq.heappush(q, [0, 0])

    while len(q) > 0:
        # 힙에서 요소 꺼내기
        _, u = heapq.heappop(q)
        for i in edges[u]:
            if dist[i[0]] > dist[u] + i[1]:
                # 정점까지의 비용을 갱신할 수 있다면 갱신해 힙에 등록
                dist[i[0]] = dist[u] + i[1]
                heapq.heappush(q, [dist[u] + i[1], i[0]])
    return dist

# 변의 리스트(끝점과 비용의 리스트)
edges = [
    [[1, 4], [2, 3]],
    [[2, 1], [3, 1], [4, 5]],
    [[5, 2]],
    [[4, 3]],
    [[6, 2]],
    [[4, 1], [6, 4]],
    []
]

print(dijkstra(edges, 7))
```

실행 결과_ dijkstra3.py(코드 6-6) 실행

```
> python dijkstra3.py
[0, 4, 3, 5, 6, 5, 8]
>
```

또한, 각 정점으로의 경로를 구할 때 통과한 지점을 저장해나가는 방법도 있습니다. 끝점의 위치도 인수로 전달해 끝점에 도달한 경우에는 경로를 반환하고, 그렇지 않으면 통과점을 리스트에 추가하면서 탐색하면 코드 6-7처럼 쓸 수 있습니다.

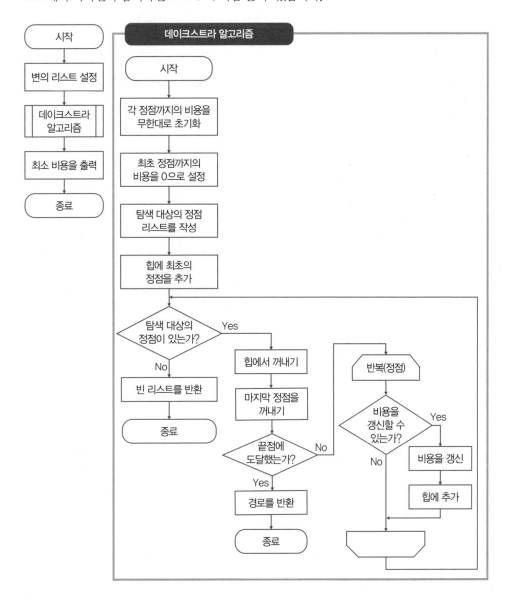

```python
import heapq

def dijkstra(edges, num_v, goal):
    dist = [float('inf')] * num_v
    dist[0] = 0
    q = []
    heapq.heappush(q, [0, [0]])

    while len(q) > 0:
        # 힙에서 요소 꺼내기
        _, u = heapq.heappop(q)
        last = u[-1]

        if last == goal:
            return u
        for i in edges[last]:
            if dist[i[0]] > dist[last] + i[1]:
                # 정점까지의 비용을 갱신할 수 있다면 갱신해 힙에 등록
                dist[i[0]] = dist[last] + i[1]
                heapq.heappush(q, [dist[last] + i[1], u + [i[0]]])
    return []

# 변의 리스트(끝점과 비용의 리스트)
edges = [
    [[1, 4], [2, 3]],
    [[2, 1], [3, 1], [4, 5]],
    [[5, 2]],
    [[4, 3]],
    [[6, 2]],
    [[4, 1], [6, 4]],
    []
]

print(dijkstra(edges, 7, 6))
```

실행하면 다음과 같이 정점의 번호가 리스트로 출력됩니다.

```
> python dijkstra4.py
[0, 2, 5, 4, 6]
>
```

6.3.5 데이크스트라 알고리즘에서 주의할 점

데이크스트라 알고리즘도 벨만-포드 알고리즘처럼 최단 경로를 구할 수 있지만, 비용의 값에 음수가 들어 있으면 올바른 경로를 구할 수 없는 경우가 있습니다. 따라서 비용의 값에 음수 변이 존재하지 않는 경우에는 데이크스트라 알고리즘을 사용하고, 존재하는 경우에는 처리에 시간이 걸려도 벨만-포드 알고리즘을 사용하는 것이 일반적입니다.

데이크스트라 알고리즘은 라우팅 프로토콜로 유명한 OSFP[Open Shortest Path First]에도 사용됩니다.

6.4 A* 알고리즘

Point 불필요한 경로를 탐색하지 않음으로 처리 속도를 향상하는 A* 알고리즘이 있습니다.

Point A* 알고리즘은 비용의 추정값이 중요하다는 점을 이해합니다.

6.4.1 불필요한 경로를 최대한 탐색하지 않기

A*(에이스타) 알고리즘은 데이크스트라 알고리즘에서 발전한 것으로, 끝점과 멀어지는 불필요한 경로를 검색하지 않도록 고안해 처리 속도를 향상합니다. 예를 들어 그림 6-11에서 A → G로 가는 경로를 조사할 때 역방향인 X와 Y를 향해 이동하면 명백히 낭비입니다.

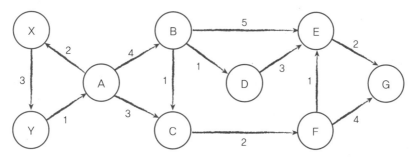

그림 6-11 끝점과 역방향 경로도 있는 예

A*는 멀어지고 있음을 판단하기 위해 시작부터 끝점까지의 비용뿐만 아니라, 현재 위치에서 끝점에 대한 비용의 추정값을 고려합니다. 그리고 시작 지점에서부터 실제로 걸린 비용과 끝점에 대한 비용의 추정값을 서로 더하는 방법 등을 사용합니다. 이로써 추정 비용도 고려한 경로를 구할 수 있습니다.

비용을 추정할 때는 지도 등의 경로에서 평면상의 직선거리를 사용하는 방법이 있습니다. 여기서는 간단히 하기 위해 그림 6-12의 선을 따라 이동하는 경로를 생각해봅시다. S 지점부터 G 지점까지 이동합니다.

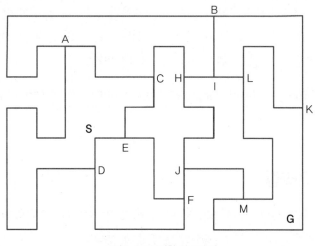

그림 6-12 복잡한 경로의 예

앞 그림을 보면 복잡하게 보이지만, 각 분기점까지의 거리를 살펴보면 실제로는 그림 6-13과 같은 그래프로 표현할 수 있습니다.

이런 그래프가 있으면 데이크스트라 알고리즘 등으로 풀 수 있을 것입니다.

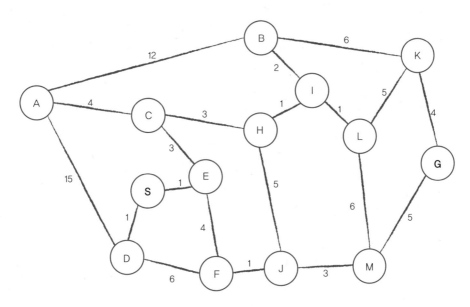

그림 6-13 그림 6-12를 그래프로 변환

6.4.2 비용의 추정값 고려하기

비용의 추정값으로 각 노드에서 끝점까지의 직선거리를 사용해봅니다. 그림 6-13이라면 그림 6-14처럼 맨해튼 거리Manhattan distance를 추정 비용으로 사용할 수 있습니다. 맨해튼 거리는 각 좌표 차이의 절댓값을 사용하므로, 어떤 경로에서든 같은 거리를 얻을 수 있습니다.

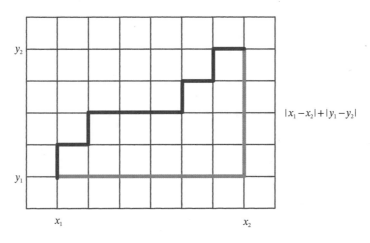

$$|x_1 - x_2| + |y_1 - y_2|$$

그림 6-14 맨해튼 거리

각 지점 간 비용(거리)에 더해, 끝점에서부터의 맨해튼 거리를 추정값으로 사용해 데이크스트라 알고리즘과 동일하게 구현하려고 합니다. 여기서는 이동 대상 노드에서부터 끝점까지의 맨해튼 거리를 비용의 추정값으로 사용합니다.

그림 6-12에서 끝점까지의 맨해튼 거리를 노드 안에 쓰면 그림 6-15와 같습니다.

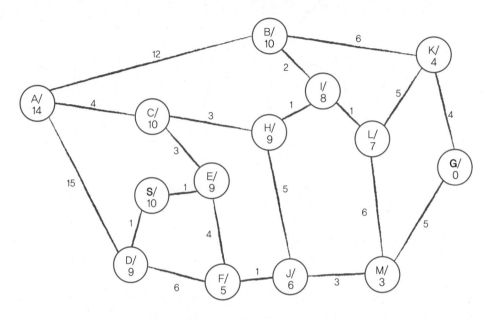

그림 6-15 비용을 반영한 그래프

비용의 추정은 어디까지나 예상값이며 정확하지 않습니다. 맨해튼 거리뿐만 아니라 다양한 계산 방법이 있으며, 물론 수동으로 직접 설정할 수도 있습니다.

그러나 비용의 추정값을 실젯값보다 크게 잡아버리면 A* 알고리즘에서는 최단 경로를 반드시 찾을 수 있다고 말할 수 없습니다. 비용은 고정되어야 하며, 비용이 바뀌면 최적의 해답을 찾을 수 없습니다.

6.4.3 A* 알고리즘 구현하기

비용의 추정값으로 사전에 정점의 거리를 계산한 결과를 인수로 전달합니다. 코드 6-7을 약간 변경해 구현하면 코드 6-8처럼 쓸 수 있습니다.

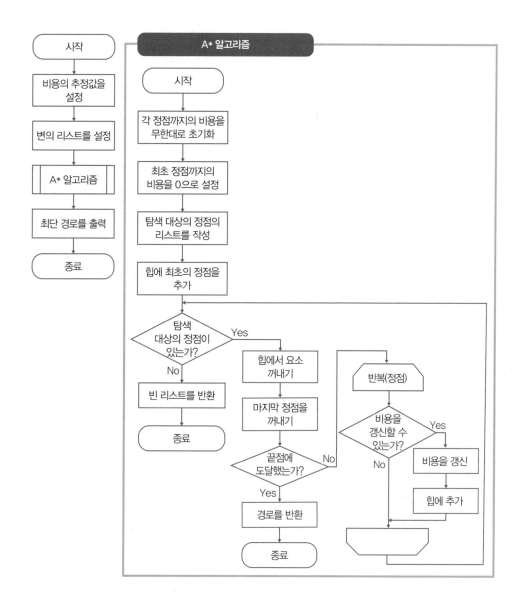

코드 6-8 astar.py

```python
import heapq

def astar(edges, nodes, goal):
    dist = [float('inf')] * len(nodes)
    dist[0] = 0
    q = []
    heapq.heappush(q, [0, [0]])
```

```
    while len(q) > 0:
        _, u = heapq.heappop(q)
        last = u[-1]
        if last == goal:
            return u
        for i in edges[last]:
            if dist[i[0]] > dist[last] + i[1]:
                dist[i[0]] = dist[last] + i[1]
                heapq.heappush(q, [dist[last] + i[1] + nodes[i[0]], u + [i[0]]])

    return []

# 비용의 추정값
nodes = [
    10, 14, 10, 10, 9, 9, 5, 0, 9, 8, 6, 4, 7, 3
]

# 변의 리스트(끝점과 비용의 리스트)
edges = [
    [[4, 1], [5, 1]],
    [[2, 12], [3, 4], [4, 15]],
    [[1, 12], [9, 2], [11, 6]],
    [[1, 4], [5, 3], [8, 3]],
    [[1, 15], [0, 1], [6, 6]],
    [[0, 1], [3, 3], [6, 4]],
    [[4, 6], [5, 4], [10, 1]],
    [[11, 4], [13, 5]],
    [[3, 3], [9, 1], [10, 5]],
    [[2, 2], [8, 1], [12, 1]],
    [[6, 1], [8, 5], [13, 3]],
    [[2, 6], [7, 4], [12, 5]],
    [[9, 1], [11, 5], [13, 6]],
    [[7, 5], [10, 3], [12, 6]]
]

print(astar(edges, nodes, 7))
```

실행하면 다음과 같은 출력 결과를 얻을 수 있습니다.

```
> python astar.py
[0, 5, 6, 10, 13, 7]
>
```

그림 6-15의 그래프에서 S를 0, A를 1, B를 2, …와 같이 알파벳순으로 번호를 매겼으므로, 이 결과는 S(0) → E(5) → F(6) → J(10) → M(13) → G(7) 순서로 이동하는 게 최단 경로임을 보여줍니다.

코드 6-8의 예라면 데이크스트라 알고리즘이나 A* 알고리즘을 사용해도 처리 시간은 크게 달라지지 않지만, 탐색할 양이 줄었습니다. 그래프의 규모가 커지면 그 효과도 커지므로 좀더 효율적으로 탐색할 수 있습니다. 실제로 구할 정밀도와 처리 시간 등을 고려해 알고리즘을 선택하는 것이 좋습니다. 이외에도 분할 정복법^{divide and conquer}과 양방향 검색 등 최단 경로를 찾는 여러 방식이 있습니다. 여러 가지 자료를 검색해 자세히 알아보세요.

6.5 완전 탐색 알고리즘

Point 앞쪽부터 문자열을 순차적으로 탐색하는 방법을 배웁니다.

Point 파이썬으로 문자열을 처리하는 방법을 배웁니다.

6.5.1 인덱스가 없는 문자열에서 특정 문자열 찾기

긴 문장 속에서 특정 문자열을 찾을 때, 검색엔진이라면 대량으로 보유하고 있는 웹사이트 중에서 특정 키워드로 검색합니다. 사용자라면 열려 있는 웹페이지에서 특정 단어가 어디에 있는지 찾아볼 수도 있습니다.

검색엔진의 경우에는 빠른 검색을 제공하기 위해 N-gram[2] 등의 방법으로 인덱스를 작성하는 등 다양한 연구를 하고 있습니다.

---

2 주어진 문장을 연속된 n개의 문자로 분할해 인덱스를 만드는 방법입니다. 예를 들어 $n = 2$일 경우 "이 책은 알고리즘의 입문서입니다"라는 문장을 "이 ", " 책", "책은", "은 ", " 알", "알고", "고리", "리즘", "즘의", "의 ", " 입", "입문", "문서", "서입", "입니", "니다"와 같이 나눕니다.

6.5.2 일치하는 문자 위치를 앞에서부터 찾기

문자열 탐색을 구현하는 방법을 생각해보겠습니다. 쉽게 떠올릴 수 있는 것은 앞에서부터 차례대로 일치하는 문자열을 찾는 방법입니다. 여기서는 문서 파일 등의 검색 대상을 텍스트^{text}, 찾아낼 문자열을 패턴^{pattern}이라고 합니다.

예를 들어 'DYITBOOK DYSHOP'이라는 텍스트에서 'DYS'라는 패턴이 최초로 등장하는 위치를 찾는 경우에는 맨 앞의 'D'를 비교해 일치하는지 확인합니다(그림 6-16). 최초의 'D'가 일치하므로 다음의 'Y'를 비교합니다. 이것도 일치하지만 다음의 'T'와 'S'는 일치하지 않으므로, 그 다음에는 맨 앞에서 한 문자 다음으로 옮겨서 일치하는 문자 찾기를 반복합니다.

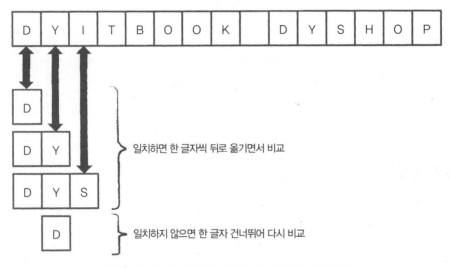

그림 6-16 일치하는 위치를 순서대로 찾는 완전 탐색 알고리즘

이렇게 앞에서부터 차례로 반복하는 방법을 완전 탐색 알고리즘$^{Brute-force\ algorithm}$이라고 합니다. 말 그대로 '무식하게 힘을 사용해서$^{Brute-force}$' 하는 일이라 효율은 그다지 좋지 않습니다.

6.5.3 완전 탐색 알고리즘 구현하기

파이썬으로 완전 탐색 알고리즘을 구현하면 코드 6-9처럼 쓸 수 있습니다.

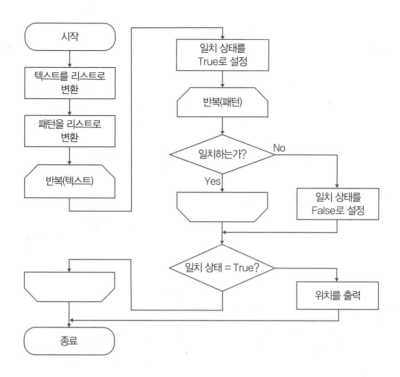

코드 6-9 search_string.py

```
text = list('DYITBOOK DYSHOP')  ── 텍스트를 리스트로 변환
pattern = list('DYS')  ── 패턴을 리스트로 변환

for i in range(len(text)):
    match = True  ── 일치하는 것으로 보고 탐색 시작
    for j in range(len(pattern)):
        if text[i + j] != pattern[j]:
            match = False  ── 일치하지 않음
            break
    if match:  ── 모든 문자가 일치하면 출력
        print(i)
        break
```

실행 결과_ search_string.py(코드 6-9) 실행

```
> python search_string.py
9
>
```

파이썬의 list 함수로 문자열을 한 문자씩 저장한 리스트로 만들 수 있습니다. 텍스트 리스트와 패턴 리스트가 일치하는지 한 글자씩 확인하면서 반복 실행하여 패턴과 정확하게 일치하는 곳이 있으면 검색을 종료합니다.

이 정도 크기라면 처리가 순식간에 종료되지만, 긴 텍스트의 경우에는 시간이 오래 걸립니다.

6.6 보이어-무어 알고리즘

Point 끝부터 비교하여 건너뛸 문자를 고려하는 보이어-무어 알고리즘을 배웁니다.

Point 완전 탐색 알고리즘의 처리 시간과 비교합니다.

6.6.1 완전 탐색 알고리즘의 문제점

완전 탐색 알고리즘에서 문제가 되는 점은 비교하는 문자가 불일치할 경우 한 문자를 옮겨서 패턴을 처음부터 탐색해야 한다는 것입니다. 이때 패턴이 일치하지 않는 시점에서 큰 폭으로 건너뛸 수 있다면 속도를 더 높일 수 있을 것입니다.

예를 들어 'DYITBOOK' 최초의 'DYI'와 패턴의 'DYS'를 비교하여 다음 글자인 'Y'에서 비교하는 것이 아니라, 3글자만큼 이동해 'T'부터 비교하면 속도를 높일 수 있습니다.

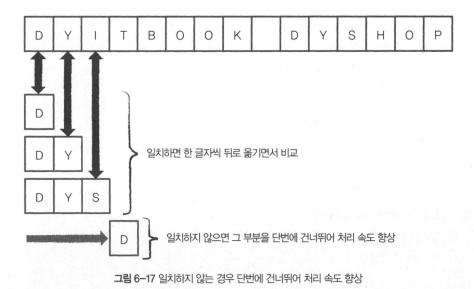

그림 6-17 일치하지 않는 경우 단번에 건너뛰어 처리 속도 향상

문자열 탐색을 효율적으로 수행하는 알고리즘으로 KMP^{Knuth Morris Partt} 알고리즘이나 보이어–무어^{Boyer–Moore} 알고리즘이 있습니다. 다만 KMP 알고리즘은 이론상으로는 빠른 알고리즘이지만, 실제로는 그만큼 빠르게 처리할 수 없다고 알려졌습니다

6.6.2 문자열 끝부터 비교해 패턴에 포함되지 않는 문자 건너뛰기

이름 그대로 보이어와 무어라는 두 사람이 개발한 보이어–무어 알고리즘은 탐색 패턴에 대한 전처리를 수행하는 동시에 패턴을 '끝부터 비교'해 처리 속도를 향상합니다.

전처리에서는 패턴의 각 문자에 대해 몇 문자를 건너뛸지 미리 계산합니다. 패턴에 포함되지 않은 문자가 텍스트에 등장하면 텍스트와 일치하는 일이 없으므로 패턴의 문자 수만큼 건너뜁니다. 패턴에 포함된 문자의 경우에는 뒤에서부터 해당 문자까지의 문자 수만큼 건너뜁니다.

즉 'DYS'라는 패턴을 검색하는 경우(그림 6–18) 'S'는 0문자, 'Y'는 1문자, 'D'는 2문자, 그 외에는 3문자 건너뛰는 것으로 간주합니다(실제로는 0문자를 건너뛰는 것은 의미가 없으므로 'S'도 3글자 건너뜁니다).

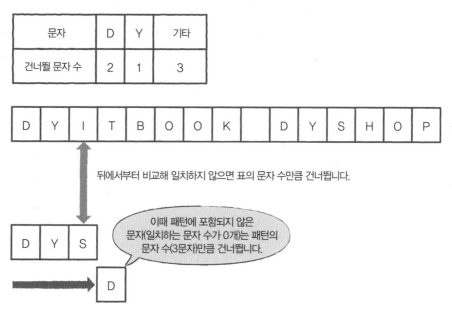

그림 6–18 끝부터 비교해 단번에 건너뛰는 보이어–무어 알고리즘

프로그램으로 구현해보겠습니다(코드 6-10). 건너뜀 문자 수를 미리 사전(연관 배열)으로 만들고 그 길이만큼 건너뜁니다. 이 사전은 앞에서부터 순서대로 생성하며, 동일한 문자가 패턴에 여러 번 등장하는 경우에는 덮어써서 오른쪽 끝의 위치를 사용할 수 있습니다.

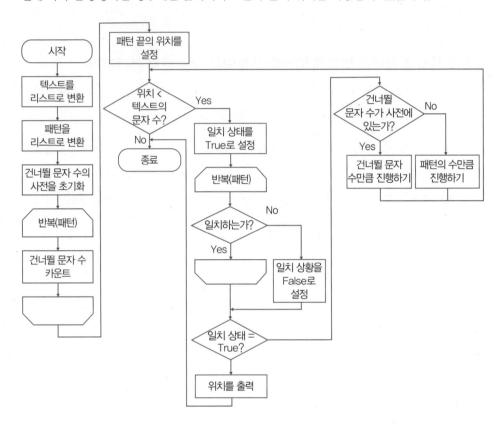

코드 6-10 search_string_bm.py

```python
text = list('DYITBOOK DYSHOP')
pattern = list('DYS')
skip = {}

for i in range(len(pattern) - 1):
    skip[pattern[i]] = len(pattern) - i - 1 ── 건너뛸 문자 수를 셈

i = len(pattern) - 1
while i < len(text):
    match = True
    for j in range(len(pattern)):
        if text[i - j] != pattern[len(pattern) - 1 - j]:
```

```
            match = False
            break
    if match:
        print(i - len(pattern) + 1)
        break
    if text[i] in skip:
        i += skip[text[i]] ──┤ 준비한 문자 수만큼 위치를 옮김 │
    else:
        i += len(pattern) ──┤ 패턴의 문자 수만큼 위치를 옮김 │
```

실행 결과_ search_string_bm.py(코드 6-10) 실행

```
> python search_string_bm.py
9
>
```

6.6.3 처리 시간 비교하기

실제로 긴 문자열을 할당했을 때 처리 시간에 얼마나 차이가 나는지 완전 탐색 알고리즘과 보이어-무어 알고리즘을 비교해 살펴봅니다. 이때 문자열의 내용에 따라 처리 시간이 크게 달라질 것을 고려하여 여기에서는 다음 세 가지 처리를 수행합니다.

- **한국어 위키백과의 문자열**

    한국어 위키백과의 여러 가지 문서 중 약 70,000자가 넘는 제법 길이가 긴 문서를 이용합니다.

- **임의의 문자열**

    '가'에서 '힣'까지의 문자를 무작위로 약 70,000자를 배열하여 작성한 문장입니다.

- **같은 문자가 많이 들어 있는 문자열**

    'ABCDEFGHIJKLMNOPQRSTUVWXYZ'라는 문자열을 반복해 약 70,000자가 되도록 작성한 문장입니다.

각각 끝에 있는 25자 정도의 문자열을 찾아보겠습니다. 실제로 프로그램을 실행해 처리 시간을 비교하면 표 6-4와 같습니다. 일반적으로 사용되는 문자열의 경우, 내용의 차이에 따른 처리 시간에는 그다지 차이가 나지 않음을 알 수 있습니다.

표 6-4 문자열 탐색의 처리 시간 비교

	완전 탐색 알고리즘	보이어-무어 알고리즘
한국어 위키백과의 문자열	0.09초(CPU 시간: 0.145)	0.05초(CPU 시간: 0.086)
임의의 문자열	0.09초(CPU 시간: 0.130)	0.05초(CPU 시간: 0.086)
같은 문자가 많이 들어 있는 문자열	0.10초(CPU 시간: 0.145)	0.04초(CPU 시간: 0.086)

즉, 25자 정도라면 도중까지 일치한 상태에서 내용이 불일치되어 다시 처리를 시도하는 데 따른 영향이 그리 크지 않은 것으로 볼 수 있습니다.

또한, 70,000자 정도의 문자열에서 키워드 하나를 찾을 뿐이라면 현대 컴퓨터에서는 완전 탐색 알고리즘으로도 순식간에 처리할 수 있습니다. 방대한 데이터에서 반복해 검색하는 경우에는 보이어-무어 알고리즘이 유효할 때도 있지만, 목적에 따라 구분해 사용합시다.

6.7 역폴란드 표기법

Point 역폴란드 표기법의 표현과 계산 순서를 이해합니다.

Point 스택을 사용해 계산할 수 있습니다.

6.7.1 연산자를 앞에 놓는 폴란드 표기법

계산기 프로그램을 만드는 상황을 생각해봅시다. 예를 들어 '4 + 5 * 8 - 9 / 3'과 같은 문자열이 주어졌을 때 이를 계산하여 '41'이라는 결과를 출력하는 프로그램입니다.

주어진 문자열을 앞에서부터 순서대로 처리하는 방법도 생각할 수 있지만, 곱셈과 나눗셈을 먼저 처리해야 하므로 구현하기가 조금 어렵습니다. 괄호가 들어간 '4 * (6 + 2) - (3 - 1) * 5'와 같은 식을 생각하면 더욱 복잡해집니다.

처리가 어려운 이유는 연산자가 숫자 사이에 있기 때문입니다. 이러한 쓰기 방식을 중위 표기법infix notation이라고 합니다. 일반적인 수학식의 작성은 중위 표기법에 따른 것입니다. 이를 쉽게 하기 위해 연산자를 앞에 두는 폴란드 표기법(전위 표기법prefix notation)과 뒤에 두는 역폴란드 표기법(후위 표기법postfix notation)이 있습니다.

폴란드 표기법을 사용하면 '1 + 2'라는 계산을 '+ 1 2'와 같이 표기합니다. 앞에서 살펴본 수학식의 '4 + 5 * 8 − 9 / 3'은 '− + 4 * 5 8 / 9 3'으로, '4 * (6 + 2) − (3 − 1) * 5'는 '− * 4 + 6 2 * − 3 1 5'와 같이 표기합니다.

이처럼 괄호를 사용하지 않고 연산을 고유하게 표현할 수 있는 점이 폴란드 표기법의 특징으로, 앞에서부터 순서대로 처리하는 것만으로 답을 구할 수 있습니다. 다만 여러 수를 구분하기 위해 구분 기호가 필요하며, 일반적으로 공백이 사용됩니다.

또한, 그림 6−19와 같은 트리 구조로 생각할 수 있으므로 프로그램의 처리도 간단합니다. 예를 들어 리스프[LISP]와 같은 프로그래밍 언어는 폴란드 표기법으로 여겨집니다.

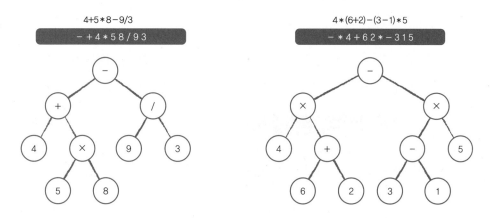

그림 6−19 폴란드 표기법의 트리 구조

6.7.2 연산자를 뒤에 두는 역폴란드 표기법

역폴란드 표기법은 연산자를 뒤에 씁니다. 앞에서 살펴본 예에서 '4 + 5 * 8 − 9 / 3'은 '4 5 8 * + 9 3 / −'로, '4 * (6 + 2) − (3 − 1) * 5'는 '4 6 2 + * 3 1 − 5 * −'처럼 표기합니다.

역폴란드 표기법은 '1 + 2'를 '1 2 +'처럼 쓰므로 '1과 2를 더한다'는 구어체 표현과 비슷합니다. 역폴란드 표기법도 폴란드 표기법과 마찬가지로 여러 수를 구분하기 위해 구분 기호가 필요하며 공백으로 구분해 표현합니다.

역폴란드 표기법으로 작성된 식은 스택으로 처리하기 쉽다는 특징이 있습니다. 처음부터 순서대로 읽어서 숫자라면 스택에 쌓고, 연산자라면 스택에서 값을 꺼내 계산한 결과를 다시금 스택에 쌓는 작업을 반복하는 것만으로도 계산할 수 있습니다.

예를 들어 '4 6 2 + * 3 1 - 5 * -'의 경우에는 그림 6-20과 같은 순서로 처리합니다.

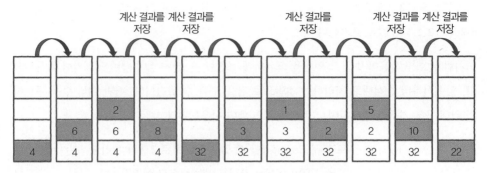

그림 6-20 '4 6 2 + * 3 1 - 5 * -'의 처리 절차

이를 처리하는 프로그램을 작성하면 코드 6-11처럼 쓸 수 있습니다. 여기서는 사칙 연산의 연산자에만 대응하고 있습니다. 또한 스택에서 요소를 꺼낼 때는 넣은 순서와 반대이므로, 꺼내는 순서에 주의하지 않으면 뺄셈이나 나눗셈의 결과가 바뀌어 버립니다.

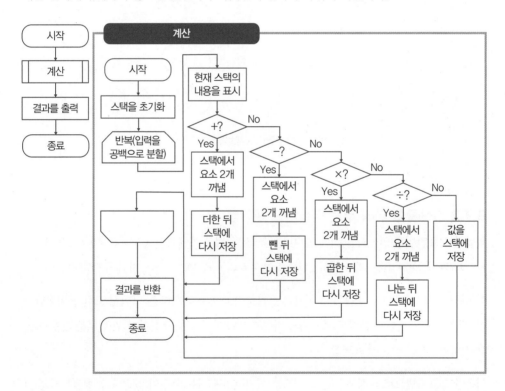

```
def calc(expression):
    stack = []
    for i in expression.split(' '):
        # 현재 스택의 내용을 표시
        print(stack)

        if i == '+':
            # +의 경우 스택에서 요소 2개를 꺼내 더한 뒤 다시 저장
            b, a = stack.pop(), stack.pop()
            stack.append(a + b)
        elif i == '-':
            # -의 경우 스택에서 요소 2개를 꺼내 뺀 뒤 다시 저장
            b, a = stack.pop(), stack.pop()
            stack.append(a - b)
        elif i == '*':
            # *의 경우 스택에서 요소 2개를 꺼내 곱한 뒤 다시 저장
            b, a = stack.pop(), stack.pop()
            stack.append(a * b)
        elif i == '/':
            # /의 경우 스택에서 요소 2개를 꺼내 나눈 뒤 다시 저장
            b, a = stack.pop(), stack.pop()
            stack.append(a // b)
        else:
            # 연산자 이외(숫자)인 경우 그 값을 저장
            stack.append(int(i))
    return stack[0]


print(calc('4 6 2 + * 3 1 - 5 * -'))
```

실행 결과_ calc.py(코드 6-11) 실행

```
> python calc.py
[]
[4]
[4, 6]
[4, 6, 2]
[4, 8]
[32]
```

```
[32, 3]
[32, 3, 1]
[32, 2]
[32, 2, 5]
[32, 10]
22
>
```

폴란드 표기법과 역폴란드 표기법은 5장에서 설명한 스택 등을 처리하는 데 공부가 될 뿐만 아니라, 트리 구조를 처리하는 프로그램에도 적용할 수 있으므로 많이 쓰입니다.

6.8 유클리드 호제법

Point 수학적 개념을 구현하여 처리 속도를 향상할 수 있는 알고리즘이 있음을 이해합니다.

Point 유클리드 호제법을 구현해봅니다.

6.8.1 최대공약수를 효율적으로 구하기

두 자연수의 최대공약수greatest common factor를 구하는 방법으로 유클리드 호제법Euclidean algorithm이 유명합니다. 약수divisor를 구하려면 2장에서 설명한 소수prime number를 구하는 방식을 활용할 수 도 있지만, 유클리드 호제법을 사용하면 빠르게 구할 수 있습니다.

유클리드 호제법互除法은 그 이름대로 제법除法, 즉 '나누기'를 반복해 계산합니다. 그 배경에는 최대공약수에 대한 다음 정리가 있습니다.

> **정리**
> 두 자연수 a, b에 대해 a를 b로 나눈 몫을 q, 나머지를 r이라고 하면 'a와 b의 최대공약수'는 'b와 r의 최대공약수'
> 와 같습니다.

이 정리를 사용하면 다음과 같은 순서로 최대공약수를 구할 수 있습니다(증명은 생략합니다).

1) a를 b로 나누고 나머지 r_0을 구하기

2) b를 r_0으로 나누고 나머지 r_1을 구하기

3) r_0을 r_1로 나누고 나머지 r_2를 구하기

4) 나머지가 0이 된 시점에, 나누는 수가 최대공약수가 됨

예를 들어 $a = 1274, b = 975$의 경우 다음과 같이 최대공약수를 구합니다.

1) $1274 \div 975 = 1$ 나머지 299

2) $975 \div 299 = 3$ 나머지 78

3) $299 \div 78 = 3$ 나머지 65

4) $78 \div 65 = 1$ 나머지 13

5) $65 \div 13 = 5$ 나머지 0

따라서 최대공약수는 '13'입니다. 이를 프로그램으로 구현해보겠습니다. 최대공약수는 영어로 'Greatest Common Divisor'이므로 gcd라는 함수명으로 만듭니다.

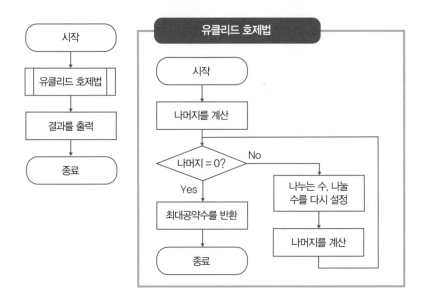

코드 6-12 gcd1.py

```
def gcd(a, b):
    r = a % b

    while r != 0:
        a, b = b, r
        r = a % b ─── 나머지 구하기
```

```
    return b

print(gcd(1274, 975))
```

실행 결과_ gcd1.py(코드 6-12) 실행

```
> python gcd1.py
13
>
```

나머지를 직접 대입해 더 간단히 작성할 수도 있습니다. 코드 6-13의 방법을 사용하면 함수 gcd의 인수 b가 0인 경우에도 오류 없이 처리할 수 있습니다.

코드 6-13 gcd2.py

```
def gcd(a, b):
    while b != 0:
        a, b = b, a % b

    return a

print(gcd(1274, 975))
```

실행 결과_ gcd2.py(코드 6-13) 실행

```
> python gcd2.py
13
>
```

6.8.2 고급 알고리즘 배우기

6장에서는 최단 경로 문제나 문자열 탐색 등 실무에 도움이 되는 알고리즘을 소개했습니다. 또한, 컴퓨터를 사용해 수학적 아이디어를 효율적으로 처리하는 방식을 설명했습니다.

최근에는 자주 사용되는 알고리즘의 경우 라이브러리로 제공할 때가 많다 보니 알고리즘 코드를 직접 구현할 일이 많지 않습니다. 하지만 실무에서 처리해야 할 복잡한 알고리즘을 직접 구현하는 것은 드문 일이 아닙니다.

이러한 경우 알고리즘의 개념과 복잡도를 구하는 방법을 알고 있는 것만으로도 여러 구현 방법 중에서 적합한 것을 선택할 수 있습니다. 또한, 구현해본 처리의 실행에 시간이 오래 걸리는 경우 등 해당 처리를 개선해야 할 때도 알고리즘에 관한 지식은 필수입니다.

이 책에서는 어디까지나 입문 관련 내용을 다뤘습니다. 하지만 그 외에도 고급 알고리즘이 많이 알려져 있습니다. 만약 알고리즘에 관심이 있다면 전문 서적을 읽고 프로그래밍 대회나 수학 퍼즐과 같은 문제를 풀어보는 것도 좋겠습니다.

파이썬뿐만 아니라 다른 프로그래밍 언어로 쓰인 알고리즘 책이나 웹사이트는 많이 공개되어 있으므로, 그러한 내용을 파이썬으로 구현해보는 것도 좋은 공부가 될 것입니다. 꼭 직접 코딩하면서 경험해보세요.

문제 1 같은 문자가 연속될 경우, 해당 문자의 출현 횟수를 세어 압축하는 알고리즘을 생각해봅니다. 여기서는 0과 1의 두 문자로 구성된 문자열을 횟수로만 표현합니다. 이것은 팩스(FAX) 압축 등에 쓰이는 방법입니다.

예를 들어 '0000001111111001110000000001111'을 [6, 7, 2, 3, 8, 4]라는 리스트로 변환하는 프로그램을 만들어보세요. 문자열은 반드시 '0'에서 시작하며, '1'로 시작하는 경우에는 리스트의 첫 번째 요솟값을 0으로 바꿔야 합니다.

부록

A

파이썬 개발 환경
구축하기

파이썬을 처음 접하는 분을 위해 파이썬 개발 환경을
구축하는 두 가지 방법을 설명합니다. 또한 앞으로 파
이썬으로 프로그램을 만들 때 알아야 할 가상 환경 만
들기와 패키지 설치 및 삭제 방법을 설명합니다.

A.1 파이썬의 처리 시스템 알아보기

프로그래밍 언어는 '언어 규격'과 '처리 시스템processing system'의 두 가지로 나눌 수 있습니다. 언어 규격은 문법 등을 결정하므로 프로그래밍 언어의 소스 코드를 작성하는 방법을 결정합니다. 처리 시스템은 프로그래밍 언어가 동작하기 위한 전체 구성을 뜻하며, 같은 프로그래밍 언어라도 운영체제나 하드웨어에 맞춰 여러 기업이 다양한 처리 시스템을 만들고 있습니다.

파이썬에도 여러 처리 시스템이 존재하지만 모두 무료로 이용할 수 있으며, 상업적으로 이용해도 문제없습니다. 그중에서도 가장 널리 쓰이는 것이 C로 구현한 'CPython'입니다.

처리 시스템은 크게 세 부분으로 구성됩니다(그림 A-1). 소스 코드에서 문법을 '해석/변환'하는 부분, 자주 사용되는 기능으로 사전에 준비된 '라이브러리', 소프트웨어를 실제로 작동/실행하는 '환경'입니다.

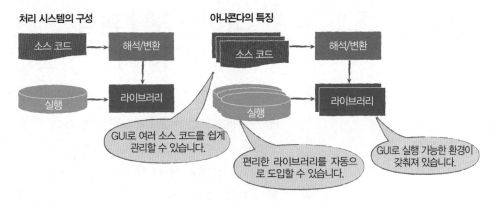

그림 A-1 처리 시스템의 구성과 아나콘다의 특징

A.2 파이썬 개발 환경 설치하기

파이썬 개발 환경은 공식 사이트에서 개발 환경에 필요한 파일을 다운로드해 설치하는 것이 가장 좋은 방법입니다. 파이썬 2는 현재 지원을 종료했으므로 파이썬 3을 설치합니다. 이 책을 출간하는 시점의 최신 버전은 3.10.x입니다.

파이썬 공식 사이트에 접속해 [Download] 〉 [Download for OS 이름]에서 〈Python 3.x.x〉를 선택해 파이썬 개발 환경 설치 파일을 다운로드합니다.

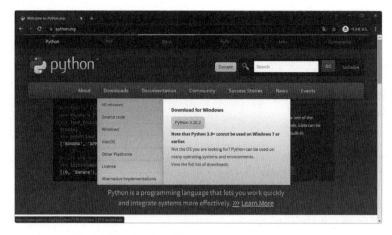

그림 A-2 파이썬 개발 환경 설치 파일 다운로드

A.2.1 윈도우에 설치하는 경우

개발 환경 설치 과정은 기본적으로 〈Next〉를 눌러 설치해도 됩니다. 사용자가 꼭 선택해야 하는 부분만 별도로 설명하겠습니다.

처음 설치 프로그램을 실행했을 때는 윈도우의 어떤 경로든 파이썬을 실행할 수 있도록 하는 [Add Python 3.x to PATH]가 지정되지 않습니다. 해당 옵션을 체크 표시해서 지정합니다. 그리고 사용자가 설치 옵션을 지정해서 파이썬을 설치하는 [Customize installation]를 선택합니다.

그림 A-3 파이썬 설치 과정의 특징 1

고급 설치 옵션에서는 윈도우의 모든 사용자가 파이썬을 이용하는 상태로 설치하는 [Install for all users], 파이썬 표준 라이브러리를 바로 사용할 수 있도록 미리 컴파일해두는 [Precompile standard library], 파이썬 프로그램을 수정할 때 필요한 디버깅 기호를 사용할 수 있도록 하는 [Download debugging symbols]가 선택되지 않았습니다. 이를 선택한 후 〈Install〉을 누릅니다.

그림 A-4 파이썬 설치 과정의 특징 2

A.2.2 macOS에 설치하는 경우

[설치 유형]으로 이동하면 크게 두 가지 항목에서 설치 옵션을 선택할 수 있습니다. 〈사용자화〉를 누릅니다.

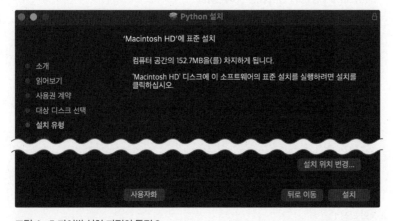

그림 A-5 파이썬 설치 과정의 특징 3

다음 소개하는 항목을 선택하거나 선택하지 않을 수 있습니다. 모든 항목에 체크가 되었는지 확인하고 〈설치〉를 누르는 것이 좋습니다. 특히 이전 버전(2.x)과의 호환성을 유지(macOS 는 파이썬 2.x 버전이 설치되어 있음)하려고 유닉스 도구를 /usr/local/bin에 설치하는 [UNIX command-line tools]와 파이썬 패키지나 라이브러리를 설치하는 도구인 pip를 설치하거나 업그레이드하는 [Install or upgrade pip]가 선택되어 있는지 꼭 확인합니다.

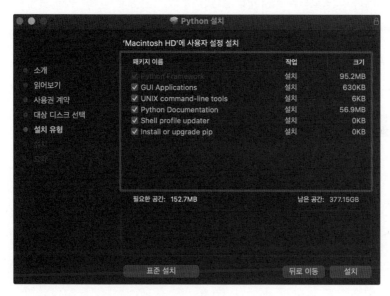

그림 A-6 파이썬 설치 과정의 특징 4

한편 macOS의 경우에는 Homebrew, 리눅스의 경우에는 apt나 yum과 같은 패키지 관리 시스템을 사용해 파이썬 개발 환경을 설치하는 방법도 있습니다.

Homebrew를 이용해 파이썬 개발 환경을 설치하는 경우

```
$ brew install python
```

apt를 이용해 파이썬만 설치하는 경우

```
$ sudo apt install python3.10
```

A.3 아나콘다로 파이썬 설치하기

파이썬은 공식 사이트에서 파일을 다운로드해 설치할 수 있지만, 수많은 라이브러리까지 한 꺼번에 설치해주지 않습니다. 그래서 이 책에서는 '아나콘다'라는 배포판(일괄적으로 설치할 수 있는 패키지) 설치 방법을 소개합니다. 아나콘다에는 자주 사용하는 라이브러리가 기본적으로 제공되며, GUI에서 소스 코드를 작성하고 실행할 수 있는 환경 등 초보자에게 유용한 기능이 다양하게 준비되어 있습니다.

아나콘다는 https://www.anaconda.com/products/individual에서 다운로드할 수 있습니다(그림 A-7). 이 책을 출간하는 시점의 최신 버전은 Anaconda 2021.11입니다.

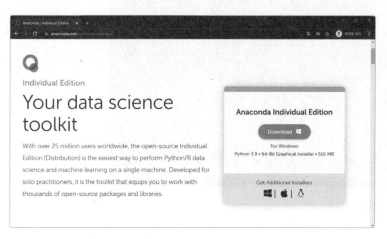

그림 A-7 아나콘다 다운로드

파이썬 버전으로는 2.x와 3.x를 선택할 수 있으며 여기서는 기본값인 3.x를 선택합니다. 설치할 환경의 운영체제(윈도우, macOS, 리눅스)와 CPU 종류(64비트, 32비트)에 따라 최적인 버전을 선택해 설치 파일을 다운로드합니다.

A.3.1 윈도우에 설치하는 경우

다운로드한 설치 파일을 실행합니다. 아나콘다 역시 화면의 지시에 따라 〈Next〉를 누르기만 하면 됩니다. 사용자가 꼭 선택해야 하는 부분만 별도로 설명하겠습니다.

먼저 설치 경로를 지정하는 상황입니다. 기본 설정 그대로 설치하면 큰 문제는 없으나 혹시 하드디스크 용량 등의 문제로 설치 경로를 바꿀 때는 폴더 이름에 공백이 없도록 만들어 설정하기 바랍니다. 예를 들어 'Program Files'처럼 공백이 있는 폴더 이름은 오류 발생의 원인이 될 수도 있습니다.

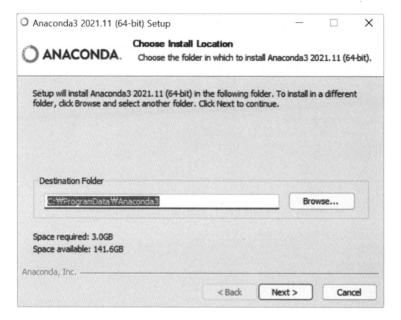

그림 A-8 아나콘다 설치 과정의 특징 1

[Add Anaconda to my PATH environment variable]는 윈도우 PATH 환경 변수에 아나콘다 실행 파일을 추가하는 것입니다. 해당 옵션을 선택해 설치하면 현재 윈도우에 설치된 소프트웨어에 따라 아나콘다를 제거하고 다시 설치해야 하는 문제가 생길 수도 있으니 기본적으로 선택하지 않은 상태로 설치합니다. 참고로 아나콘다는 [시작] → [Anaconda] → [Anaconda (64-bit)] → [Anaconda Prompt] 혹은 [Anaconda PowerShell Prompt]를 선택해 실행할 것을 권합니다.

[Register Anaconda as my default Python 3.x]는 아나콘다를 기본 파이썬 3.x으로 등록합니다. 비주얼 스튜디오(Visual Studio)의 파이썬 도구, 파이참(PyCharm), Wing IDE, PyDev, MSI 바이너리 패키지로 설치하는 기본 파이썬 개발 환경 등이 설치되어 있을 때 아나콘다를 시스템의 기본 Python 3.x 버전으로 자동 감지합니다. 만약 A.2에서 파이썬 개발 환경도 설치했고, 아나콘다도 같이 사용하고 싶다면 기본적으로 선택된 상태를 해제하고 설치합니다.

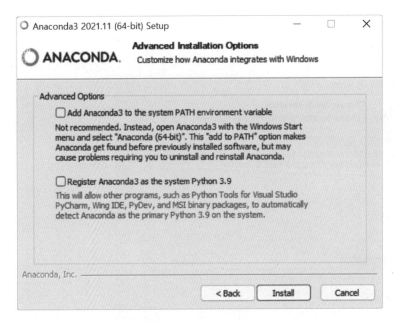

그림 A-9 아나콘다 설치 과정의 특징 2

[Anaconda Individual Edition Tutorial]은 아나콘다를 처음 사용하는 분에게 필요한 튜 토리얼 페이지로 연결합니다. [Getting Started with Anaconda]는 아나콘다 가이드 문서 로 연결합니다. 이 책을 읽는 데는 불필요하니 선택하지 않은 상태로 〈Finish〉를 누릅니다.

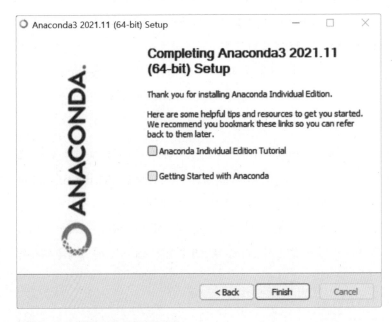

그림 A-10 아나콘다 설치 과정의 특징 3

설치를 완료한 후에는 그림 A-11처럼 윈도우의 시작 메뉴에 아나콘다가 나타납니다. 이때 [Anaconda Navigator]를 실행합니다.

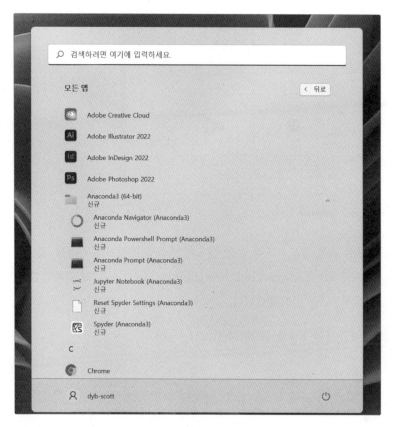

그림 A-11 시작 메뉴에 추가된 Anaconda3 메뉴

추가 패키지 설치 등도 이 GUI 기능을 사용하면 간단합니다. 1장에서 소개한 것처럼 IDE(통합 개발 환경)를 사용한다면 그림 A-11 아래의 [Spyder]를 실행합니다(그림 A-12).

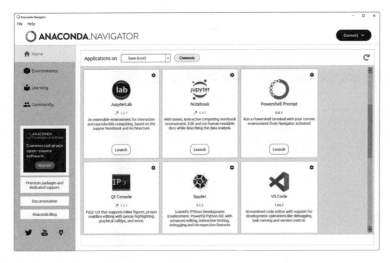

그림 A-12 Anaconda Navigator GUI(메뉴)

Vim이나 Emacs, 비주얼 스튜디오 코드와 같은 별도의 텍스트 편집기를 사용할 경우에는 그림 A-11의 두 번째에 있는 [Anaconda Powershell Prompt] 또는 세 번째에 있는 [Anaconda Prompt]를 사용하는 것이 좋습니다.

파이썬의 버전을 확인하려면 다음 명령을 실행합니다(그림 A-13).

Python 버전 확인

```
> python --version
Python 3.9.7
>
```

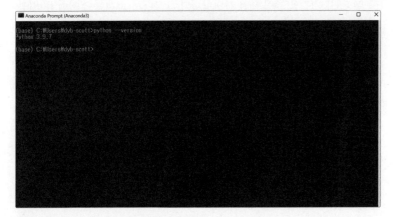

그림 A-13 Anaconda Prompt로 명령을 실행

아나콘다 버전이나 운영체제에 따라 출력되는 메시지의 내용은 바뀔 수 있습니다.

그림 A-13처럼 표시되면 설치가 무사히 완료된 것입니다. 만약 설치가 완료된 후 앞에서 설명한 명령을 실행해도 이러한 메시지가 나타나지 않는다면 컴퓨터를 다시 시작해주세요.

A.3.2 macOS에 아나콘다 설치하기

macOS 및 리눅스에도 아나콘다를 설치할 수 있습니다. macOS는 설치 마법사 화면의 지시에 따라 〈계속〉을 누르면 문제 없이 설치되므로 자세한 설명은 생략하겠습니다.

A.4 파이썬 가상 환경 만들기

파이썬은 다양한 라이브러리나 패키지를 사용하므로 필요한 것만 사용하려면 가상 환경을 만드는 것이 좋습니다. 혹시 서로 간섭할 수 있는 라이브러리나 패키지의 영향을 막을 수 있고, 해당 가상 환경만 지우면 언제나 초기 파이썬 개발 환경을 유지할 수 있기 때문입니다.

명령 프롬프트 혹은 터미널에서 파이썬 가상 환경을 실제로 설치할 폴더(혹은 디렉터리)의 바로 상위 폴더로 이동합니다. 그리고 다음 명령을 실행합니다.

```
# 윈도우
> python -m venv 가상환경디렉터리이름

# macOS
$ python3 -m venv 가상환경디렉터리이름
```

다운로드한 예제 파일 안 디렉터리를 방금 만든 '가상 환경 디렉터리 이름'에 복사해둡니다. 그리고 다음 명령을 실행해 파이썬 가상 환경으로 진입합니다.

```
# 윈도우 명령 프롬프트
> .\가상환경디렉터리이름\Scripts\activate.bat

# Windows PowerShell
> .\가상환경디렉터리이름\Scripts\Activate.ps1

# macOS
$ source ./가상환경디렉터리이름/bin/activate
```

참고로 Windows PowerShell은 기본적으로 외부 스크립트를 실행해서 생기는 보안 문제를 차단하기 위해 스크립트를 실행하지 않도록 설정했습니다. 만약 앞 명령으로 가상 환경을 실행할 수 없다면 '관리자로 실행'으로 Windows PowerShell을 실행한 후 다음 명령을 실행해서 외부 스크립트를 실행할 수 있게 바꿉니다.

```
> Set-ExecutionPolicy Unrestricted
```

가상 환경을 종료할 때는 다음 명령을 실행합니다.

```
> deactivate
```

A.5 여러 버전의 파이썬으로 전환하기

여러 개발 프로젝트에 참여한다면 프로젝트마다 사용하는 파이썬 버전이 다를 수 있습니다. 이러한 경우에는 개발 환경에서 사용할 파이썬의 버전을 전환해 사용해야 합니다. 루비^{Ruby} 프로그래밍 언어에는 rbenv 등의 도구가 있으며, 파이썬에서도 비슷한 도구가 있습니다.

아나콘다를 설치한 경우에는 앞서 그림 A-12에서 설명한 [Anaconda Navigator]를 사용하면 간단합니다. 그림 A-14처럼 왼쪽 메뉴에서 [Environments]를 선택하고 화면 하단의 〈Create〉를 누르면 파이썬 버전을 선택할 수 있습니다.

그림 A-14 Anaconda Navigator(GUI 메뉴)

아나콘다를 사용하지 않을 때는 파이썬 패키지에서 제공하는 py.exe라는 도구를 많이 사용합니다(윈도우의 경우).

macOS에서는 pyenv가 유명합니다. 여러 파이썬 환경을 디렉터리 단위로 쉽게 전환할 수 있으며 새 버전도 간단하게 도입할 수 있습니다. Homebrew를 사용하는 것이 일반적이며, 다음과 같이 pyenv를 설치하여 각 명령을 실행합니다.

Homebrew로 pyenv 설치하기

```
$ brew install pyenv
```

설치 가능한 파이썬의 버전 확인하기

```
$ pyenv install --list
```

특정 버전의 파이썬 설치하기

```
$ pyenv install 3.10.2
```

설치된 파이썬 버전 확인하기

```
$ pyenv versions
system
* 3.10.2(set by /Users/masuipeo/.pyenv/version)
3.7.11
3.6.4
```

현재 디렉터리에서 사용하는 파이썬의 버전 전환하기

```
$ pyenv local 3.10.2
```

모든 디렉터리에서 사용하는 파이썬의 버전 전환하기

```
$ pyenv global 3.10.2
```

A.6 패키지 설치 및 삭제

파이썬에 기본적으로 설치되어 있는 라이브러리 이외의 패키지를 추가 설치하면 통계 및 머신 러닝 등 다양한 기능을 쉽게 다룰 수 있습니다.

아나콘다를 사용하는 경우에는 기본으로 파이썬의 여러 가지 외부 패키지를 제공하며, 제공되지 않는 것은 [Anaconda Navigator]나 conda 명령으로 간단히 설치할 수 있습니다.

아나콘다가 없더라도 파이썬에는 pip 명령어가 있어서 패키지 이름을 지정하는 것만으로 설치할 수 있습니다. 예를 들어 2장에서 소개한 SymPy 패키지를 설치하려면 다음과 같은 명령을 입력합니다.

패키지 설치 방법

```
$ conda install sympy
또는
$ pip install sympy
```

패키지를 사용할 필요가 없을 때는 다음과 같은 명령으로 삭제할 수 있습니다.

패키지 삭제 방법

```
$ conda uninstall sympy
또는
$ pip uninstall sympy
```

패키지를 업데이트할 경우에는 다음과 같이 실행합니다.

패키지 업데이트 방법

```
$ conda update sympy
또는
$ pip install --upgrade sympy
```

설치한 패키지들을 목록화해두면 좋습니다. 다음 명령을 실행합니다.

패키지 목록화 방법

```
$ pip freeze > requirements.txt
```

requirements.txt를 따로 저장해두면 나중에 해당 파일을 이용해 목록화한 패키지들을 한꺼번에 설치할 수 있습니다. 다음 명령을 실행합니다.

목록화한 패키지 설치 방법

```
$ pip install -r requirements.txt
```

A.7 파일이나 프로그램을 실행할 때 문제가 발생하는 경우

- **다른 버전의 파이썬이 설치된 경우**

  현재 사용하는 운영체제에 다른 버전의 파이썬이 설치되어 있으면 에러가 발생할 수 있습니다. 사용하지 않는 파이썬 버전이 설치되어 있을 때는 설치하기 전에 삭제해 문제 발생을 막을 수 있습니다.

- **설치 디렉터리 이름에 한글이 포함된 경우**

  운영체제의 사용자 이름으로 한글을 사용하는 경우, 설치 디렉터리의 이름에 한글이 저장되어 설치에 실패하거나 설치 후 제대로 작동하지 않을 수 있습니다. 파이썬 개발 환경을 설치할 위치로는 영문 디렉터리 이름을 사용합시다.

- **권한 부족으로 파이썬 프로그램을 실행할 수 없는 경우**

  관리자 권한이 없어 py 파일이나 아나콘다에서 제공하는 각종 프로그램을 실행할 수 없다는 메시지가 나오는 경우가 있습니다. 이때는 파일이나 프로그램을 마우스 오른쪽 단추로 눌러 '관리자 권한으로 실행' 메뉴를 선택합니다. 예를 들어 [Anaconda Prompt]를 관리자 권한으로 실행하려면 [시작] → [Anaconda3] → [Anaconda Prompt]를 마우스 오른쪽 단추로 클릭해 [자세히] → [관리자 권한으로 실행]을 선택합니다.

부록

B

이해도 Check!
정답

각 장의 마지막에 소개했던 '이해도 Check!'의 모범
답안을 소개합니다.

[1장] 이해도 Check!

얻을 수 있는 출력은 다음과 같습니다.

```
3
7
3
```

함수 calc에서 변수 x에 4를 더하고 있지만, 전역 선언되지 않았으므로 지역 변수로 처리됩니다. 인수로 x가 지정되었으므로 호출된 시점의 x값이 사용되며, 그 값에 4를 더해 반환합니다.

즉, 첫 번째 x는 함수 calc가 호출되지 않았기 때문에 초기 설정된 값 3이, 다음 calc(x)에서는 인수 3에 4를 더한 7이 출력됩니다. 마지막 x는 함수 calc에 의해 변경되지 않으므로 초기 설정값 3이 그대로 출력됩니다.

얻을 수 있는 결과는 다음과 같습니다.

```
[3]
[7]
[7]
```

함수 calc에서 인수로 전달된 변수 a의 리스트에서 맨 앞 요솟값에 4를 더해 반환합니다. 인수로 리스트가 전달된 경우는 참조 전달pass by reference이므로 그 리스트의 내용을 고쳐 씁니다.

즉, 첫 번째 a는 함수 calc가 호출되지 않았기 때문에 초기 설정된 리스트 [3]이, 다음의 calc(a)에서는 인수 리스트에서 맨 앞 요소에 4를 더한 리스트 [7]이 출력됩니다. 마지막 a는 함수 calc에 의해 변경되었으므로 변경된 리스트 [7]이 출력됩니다.

얻을 수 있는 결과는 다음과 같습니다.

```
[3]
[4]
[3]
```

함수 calc에서 인수로 전달된 변수 a의 리스트를 고쳐 써 반환합니다. 인수로서 리스트가 전달되면 참조로 전달하지만, 그 내용을 바꾸어 쓸 뿐이며 원래의 리스트는 덮어쓰지 않습니다.

즉, 첫 번째 a는 함수 calc가 호출되지 않았기 때문에 초기 설정된 리스트 [3]이, 다음의 calc(a)에서는 바꾸어 쓰인 리스트 [4]가 출력됩니다. 마지막 a는 함수 calc에 의해 변경되지 않으므로 초기 설정된 리스트 [3]이 출력됩니다.

[2장] 이해도 Check!

문제 1

윤년의 조건에 일치할 때 True, 그 이외의 경우 False를 반환하는 함수를 작성합니다. 문제로 주어진 1950년부터 2050년까지 이 함수를 반복 실행하는 프로그램을 만들 수 있습니다.

leap_year.py

```python
def is_leap_year(year):
    if year % 4 == 0:
        if year % 100 == 0 and year % 400 != 0:
            return False
        else:
            return True
    else:
        return False

for i in range(1950, 2051):
    print(str(i) + ' ' + str(is_leap_year(i)))
```

실행 결과

```
1950 False
1951 False
1952 True
1953 False
1954 False
1955 False
...
2046 False
```

```
2047 False
2048 True
2049 False
2050 False
```

문제 2

주어진 서기 연도로부터 조선시대 왕조 계보를 반환하는 프로그램을 만듭니다.

chosun.py

```python
import sys

def chosun(year):
    if year < 1392:
        print('조선시대 전입니다.')
    elif year < 1398:
        print('태조 ' + str(year - 1391) + '년')
    elif year < 1400:
        print('정종 ' + str(year - 1397) + '년')
    elif year < 1418:
        print('태종 ' + str(year - 1399) + '년')
    elif year < 1450:
        print('세종 ' + str(year - 1417) + '년')
    elif year < 1452:
        print('문종 ' + str(year - 1449) + '년')
    else:
        print('범위를 벗어났습니다.')

input_year = input('연도 입력: ')

if not input_year.isdecimal():
    print('정수를 입력하세요')
    sys.exit()

change_year = int(input_year)

chosun(change_year)
```

실행 결과

```
> python chosun.py
연도 입력: 1380
조선 시대 전입니다.
> python chosun.py
연도 입력: 1,380
정수를 입력하세요.
> python chosun.py
연도 입력: 1432
세종 15년
>
```

[3장] 이해도 Check!

문제 1

① O(1)

신장이나 체중이 늘어도 처리 시간은 변하지 않으므로 O(1)입니다.

② O(n^2)

세로 방향과 가로 방향으로 중첩 for 문을 실행하므로 O(n^2)입니다.

③ O(n)

항의 수가 늘어났을 뿐이므로 O(n)입니다.

[4장] 이해도 Check!

문제 1

256가지

층이 하나씩 늘어날 때마다 멈춤/멈추지 않음의 두 가지가 증가합니다. 즉, 층수와 조합에 대한 다음의 표를 만들 수 있습니다.

층수	2	3	4	5	6	7	8	9	10
조합	1	2	4	8	16	32	64	128	256

일반적으로 층을 n으로 하면 그 조합의 수는 2^{n-2}으로 표현할 수 있습니다.

문제 2

5,000,000명

(부산광역시 + 경기도 용인시 + 경기도 평택시)

단순히 모든 조합을 살펴보면 각 도시를 '선택한다'와 '선택하지 않는다'의 두 가지가 있으며, 23개의 도시를 조사해야 합니다. 이는 현실적이지 않습니다.

목표 500만 명을 넘으면 그 이상 추가해도 가까워지지 않습니다. 또한, 지금까지 조사한 값보다 500만 명과의 차이가 큰 경우에도 조사할 필요는 없습니다.

이러한 조건을 고려해 부산광역시부터 '선택한다'와 '선택하지 않는다'의 패턴을 가지치기하면서 재귀적으로 탐색합니다.

또한, 오차를 구하려면 500만 명과의 차이의 절댓값을 사용합니다. 파이썬에서는 abs라는 함수로 절댓값을 구할 수 있습니다.

pref_korea.py

```python
# 목푯값
goal = 5000000

# 각 도시의 인구
pref = [
    3416918, 2925967, 2453041, 1525849, 1496172, 1193894, 1147037,
    1068641, 1061440, 1044579, 942649, 840047, 828947, 818760,
    702545, 654963, 652845, 650599, 565392, 542713, 521642,
    506494, 489202
]

# 500만 명에 가까운 인구 수
min_total = 0
```

```python
# 두 지역의 인구 수를 저장하는 임시 변수
local_temp = 0

# 지역 1~3 인구 수의 인덱스를 저장
local_index1 = 0
local_index2 = 0
local_index3 = 0

def search(total, pos):
    global min_total, local_temp, local_index1, local_index2, local_index3
    if pos >= len(pref):
        return
    if total < goal:
        if abs(goal - (total + pref[pos])) < abs(goal - min_total):
            min_total = total + pref[pos]
            local_temp = total
            local_index1 = pos
        search(total + pref[pos], pos + 1)
        search(total, pos + 1)

    for local_index2 in range(22):
        for local_index3 in range(22):
            if local_temp - pref[local_index2] == pref[local_index3]:
                break
        break

search(0, 0)
print(min_total)
print(pref[local_index1])
print(pref[local_index2])
print(pref[local_index3])
```

실행 결과

```
> python pref_korea.py
5000000
521642
3416918
1061440
>
```

[5장] 이해도 Check!

문제 1

나타날 가능성이 있는 값의 리스트를 미리 작성하여 각 발생 횟수를 0으로 설정해둡니다. 주어진 데이터를 순서대로 탐색하여 각 값의 출현 횟수를 세고, 마지막으로 그 수만큼 각각의 값을 출력합니다.

bucket_sort.py

```python
data = [9, 4, 5, 2, 8, 3, 7, 8, 3, 2, 6, 5, 7, 9, 2, 9]

# 횟수를 저장할 리스트
result = [0] * 10

for i in data:
    # 횟수를 셈
    result[i] += 1

# 결과 출력
for i in range(10):
    for j in range(result[i]):
        print(i, end=' ')
```

실행 결과

```
> python bucket_sort.py
2 2 2 3 3 4 5 5 6 7 7 8 8 9 9 9
>
```

[6장] 이해도 Check!

문제 1

처리 중인 값은 0 또는 1이므로 flag라는 변수로 관리하며, 다른 값이 나올 때 flag 변숫값을 반전(0이면 1, 1이면 0)합니다.

같은 값이 계속되면 몇 번이나 계속되는지 횟수를 세고, 다른 값이 나타나면 지금까지의 센 횟수만큼의 숫자를 리스트에 추가합니다. 그리고 count 변수를 초기화(1)하고 flag값을 반전 합니다.

fax.py

```python
data = '000000111111100111000000001111'
flag = 0
count = 0
result = []

for i in list(data):
    if int(i) == flag:
        count += 1
    else:
        result.append(count)
        count = 1
        flag = 1 - flag

result.append(count)
print(result)
```

실행 결과

```
> python fax.py
[6, 7, 2, 3, 8, 4]
>
```

[찾아보기]